高等学校小学教育专业系列教材

现代汉语

主　编　杜宇虹　严巧云　牟田莉
副主编　吴晓佳　路浩丽　杜英子
　　　　付　琼　朱圣元　张红英

南京大学出版社

图书在版编目(CIP)数据

现代汉语 / 杜宇虹,严巧云,牟田莉主编. — 南京：南京大学出版社,2024.5(2025.8重印)
ISBN 978-7-305-27800-6

Ⅰ.①现… Ⅱ.①杜… ②严… ③牟… Ⅲ.①现代汉语—高等师范院校—教材 Ⅳ.①H109.4

中国国家版本馆 CIP 数据核字(2024)第 093669 号

出版发行　南京大学出版社
社　　址　南京市汉口路 22 号　　邮　编　210093
书　　名　现代汉语
　　　　　XIANDAI HANYU
主　　编　杜宇虹　严巧云　牟田莉
责任编辑　曹　森　　　　　　　　编辑热线　025-83686756
照　　排　南京南琳图文制作有限公司
印　　刷　南京百花彩色印刷广告制作有限责任公司
开　　本　787 mm×1092 mm　1/16 开　印张 16.75　字数 376 千
版　　次　2024 年 5 月第 1 版　2025 年 8 月第 2 次印刷
ISBN 978-7-305-27800-6
定　　价　49.80 元

网址　http://www.njupco.com
官方微博　http://weibo.com/njupco
微信服务号　NJUyuexue
销售咨询热线：(025) 83594756

＊版权所有,侵权必究
＊凡购买南大版图书,如有印装质量问题,请与所购图书销售部门联系调换

前 言

党的二十大报告强调:"加大国家通用语言文字推广力度。"这为新时代新征程上大力推广和全面普及国家通用语言文字提供了根本遵循和行动指南。近年来,高等教育不断改革,为满足时代发展的需要,把培养应用型、服务型师范毕业生作为重要的培养目标。同时为了顺应社会发展并提升师范生就业竞争力,我们致力于推动以学生为中心的教学模式转变,因此编撰了本书,旨在推动传统纸质教材向立体化、多元化教材的革新,以更好地满足现代教育的需求。

本教材以任务驱动引领每一章节知识点的讲解,重在知识的掌握及能力的提高。在每一章节安排上设置了形象化、视觉化的知识结构图——知识树,以学习者为视角的学习目标,简洁的经典的学习内容以及训练内容,特别是在各个章节后面附有小学语文教学实际应用的内容。参编者是来自国家骨干院校品牌专业的教学一线教师、国际一流大学的汉语教师和经验丰富的重点小学的一线教师。本教材坚持正确的政治方向和价值取向,深刻领会党的二十大报告内容,将党的二十大精神融入各模块的教学内容中,将思政育人元素与教材深度融合,选材用例方面既彰显了校企结合、产教融合的特色,又融入了前沿的思政内容和最新统编版小学语文教材内容。同时,以扫二维码的形式嵌入音频、视频和文本内容等,借助电教化手段增强学生的学习的可感性,并配以教学PPT、教案等内容,方便授课教师使用。本教材观念新、方法新、形式新,不断更新和丰富的教材背后的教学资源,将对现代汉语课给予强有力的支撑。

  本教材的编写、音视频的制作等工作得到武汉城市职业学院的杜宇虹、鄂州职业大学的严巧云、仙桃职业学院的牟田莉、湖北幼儿师范高等专科学校的吴晓佳、新乡职业技术学院的路浩丽、香港科技大学的杜英子、武汉城市职业学院的付琼、仙桃职业学院的朱圣元、湖北理工学院的张红英以及武汉大学附属小学的多位教师的大力支持和辛苦付出,在此一并表示感谢。同时,希望业内人士积极提出宝贵意见,给予批评指正!

  感谢南京大学出版社编辑的辛勤付出!

编　者
2024 年 4 月

目　录

第一章　概　述 ……………………………………………………………… 1
　第一节　现代汉语及其特点 ……………………………………………… 2
　第二节　现代汉语方言 …………………………………………………… 6
　第三节　怎样学习现代汉语 ……………………………………………… 9

第二章　语　音 ……………………………………………………………… 11
　第一节　语音概说 ………………………………………………………… 12
　第二节　声　母 …………………………………………………………… 21
　第三节　韵　母 …………………………………………………………… 31
　第四节　声　调 …………………………………………………………… 42
　第五节　语流音变 ………………………………………………………… 47
　第六节　语音规范化 ……………………………………………………… 54
　第七节　语音知识在小学语文教学中的运用 …………………………… 62

第三章　汉　字 ……………………………………………………………… 71
　第一节　汉字概说 ………………………………………………………… 72
　第二节　汉字的形体 ……………………………………………………… 75
　第三节　汉字规范化 ……………………………………………………… 96
　第四节　汉字知识在小学语文教学中的运用 …………………………… 102

第四章　语　汇 ……………………………………………………………… 107
　第一节　语汇概说 ………………………………………………………… 108
　第二节　词的构造 ………………………………………………………… 111
　第三节　词　义 …………………………………………………………… 114
　第四节　现代汉语语汇的组成 …………………………………………… 123
　第五节　语汇的发展和规范化 …………………………………………… 128
　第六节　语汇知识在小学语文教学中的运用 …………………………… 131

第五章 语　法 ·· 137
第一节　语法概说 ·· 138
第二节　词类的划分 ·· 140
第三节　短　语 ·· 149
第四节　单　句 ·· 155
第五节　复　句 ·· 173
第六节　句　群 ·· 184
第七节　常用标点符号 ··· 188
第八节　语法知识在小学语文教学中的运用 ···················· 196

第六章 修　辞 ·· 201
第一节　修辞概说 ·· 202
第二节　修辞的范围 ·· 204
第三节　修辞格 ·· 226
第四节　修辞知识在小学语文教学中的运用 ···················· 257

参考文献 ··· 262

微信扫描二维码

✓课件申请
✓样书申请
✓教学资源

教师服务入口

✓在线答题
✓拓展资源
✓加入教师资格考试圈

学生服务入口

扫码查看
学习资源

第一章
概　述

 知 识 树

概述
├─ 现代汉语及其特点
│   ├─ 现代汉民族共同语
│   └─ 现代汉语的特点
├─ 现代汉语方言
│   ├─ 什么是现代汉语方言
│   └─ 现代汉语方言的分布及特点
└─ 怎样学习现代汉语
    ├─ 现代汉语课的性质、内容和任务
    └─ 学习现代汉语的方法

 学习目标

掌握现代汉语及其特点，了解现代汉语方言的分布情况和特点，对照自己的方言，加强现代汉语学习的自信心，掌握学习现代汉语的方法。

第一节　现代汉语及其特点

一、现代汉民族共同语

现代汉语是现代汉民族所使用的语言。现代汉语有多种方言,也有民族共同语。现代汉民族共同语是以北京语音为标准音,以北方话为基础方言,以典范的现代白话文著作为语法规范的普通话。

人们用语言进行交际,有口语和书面语两种形式。文字出现以前,语言只有用口、耳进行交际的口头形式,我们称作口头语言,也就是口语,有了文字以后才产生了书面语,距今只有几千年。

世界上的语言有上千种。绝大多数民族都有自己的语言,我国是一个多民族的国家,境内有汉语、藏语、蒙语、维吾尔语、壮语、苗语、布依语和土家语等几十种语言。汉语分布在全国各地,是汉民族的语言,同时也是我国各民族之间的交际用语。

从有文字开始算起,汉语已经有3 000多年的历史。为了便于学习和研究,我们把汉语划分为古代汉语和现代汉语。现代汉语从广义上说,是从1919年五四运动一直到现在汉民族用来交际的语言,其中包括各地区的方言。我国幅员辽阔,方言之间差异很大,许多地区之间如果各用自己的家乡话交谈,常常是无法相互听懂的。汉族人民在相互交往中普遍使用一种通用的语言,那就是现代汉民族的共同语——普通话。

普通话是国家法定的全国通用的语言,是现代汉族最重要的交际工具。它在全国范围内通用,民族地区可以使用共同语,也可以同时使用本民族的语言和方言。我国宪法中提到"国家推广全国通用的普通话",这并不是说要消灭少数民族语言或者方言,主要是为了消除不同地区的语言隔阂,便于语言交际,少数民族语言和方言都可以在一定区域内继续使用。

同世界上其他民族共同语一样,普通话也是在同一民族内部通过长期的互相交往,在方言的基础上逐渐形成的。在形成的过程中,北京话有着特殊的地位。自从公元1153年金朝迁都燕京开始,北京成为一国首都,以后元、明、清三代都定都在这里,几百年来,北京一直是全国政治、经济、文化的中心。北京话的影响逐渐扩大,地位日益重要。一方面,北京话作为官府的通用语言传播到全国各地,发展成为官话;另一方面,白话文学作品更多地受到北方话的影响,这样,以北京话为代表的北方方言在整个社会中便处于非常重要的地位。

到了21世纪初,特别是五四运动时期,随着民族民主运动的高涨,适应社会需要的白话文终于取代了文言文,成为正式的书面语言。在"白话文运动"彻底动摇了文言文统治地位的同时,又掀起了"国语运动",在口语方面增强了北京话的代表性。这两个运动互相推动,互相影响,使书面语和口语逐渐接近,形成了现代汉民族的共同语。

中华人民共和国成立以后,国家的统一,人民的团结,政治、经济、文化的发展,对在历史发展过程中逐渐形成的民族共同语进一步提出了规范化的要求。1955年国家召开了现代汉语规范化问题学术会议,会议确定把汉民族共同语称为"普通话",并提出向全国大力推广的任务。国务院于1956年2月发布的《关于推广普通话的指示》正式确定了现代汉民族的共同语的含义。现在普通话正在全国广泛使用,它不仅是方言区人民之间的重要交际工具,也是国内各民族人民之间的交际工具,其社会作用和影响日益扩大。

普通话"以北京语音为标准音",这是从整体上来说的,并不是说北京话任何一个语音成分都是标准的,都是普通话的成分,普通话不包括北京话里的某些土语、土音。普通话实际上是规范化的现代汉语书面语的口语形式。普通话"以北方话为基础方言",是说普通话的语汇是以北方话语汇为基础,北方话语汇有普遍性,但并不是说凡是北方话所有的词语都可以进入普通话。北方话地区很广,各地区使用的词语也有分歧,有些地方性很强的词,说出来只有较小地区的人能听懂,这就不适合吸收到普通话里。为了丰富语汇,普通话也要从方言、古代汉语和外来语中吸收一些必要的词语。普通话"以典范的现代白话文著作为语法规范",现代著名作家的优秀白话文作品是准确的、合乎语法规律的,但是在语法逻辑上存在的某些不典范的内容是要排除在外的。总之,要进行现代汉语规范化工作,使它更加明确、一致。

汉语在国际上有很大的影响。汉语是使用人口最多的语言,使用人数约占全世界人口的五分之一。汉语是联合国的六种工作语言之一(其他五种是英语、俄语、法语、西班牙语、阿拉伯语)。在历史上,汉语对邻邦的语言产生过巨大的影响。其中受影响最深的是日本、韩国、朝鲜和越南。这四个国家的语言都大量地吸收过汉语的语词,甚至依靠汉语借词作为构成新词的基础。过去这四个国家曾经长期使用过汉字。直到现在,日本还保留着1 000多个汉字和日本假名文字同时使用。

二、现代汉语的特点

现代汉语是属于汉藏语系的语言,与属于印欧语系的英语、西班牙语等语言有很大的区别。

(一) 语音方面

音节界限分明,乐音较多,声调富有高低变化,语调抑扬顿挫,具有很强的音乐性。具体表现在以下方面:

(1) 没有复辅音。在汉语的一个音节内,辅音主要出现在音节的开头,只有少数辅音出现在音节末尾。无论开头和结尾，都没有两个或三个辅音连在一起的现象，不会出现像印欧语里 sk、str 之类的辅音丛。

(2) 元音占优势。元音是现代汉语共同语音节中不可缺少的成分。一个音节可以只有一个单元音，还可以有二合元音、三合元音。而且不只是一个元音的音节占有相当大的比例，因为元音是乐音，所以汉语语音乐音成分比例大。

(3) 有声调。每个音节都有声调，声调具有区别语素、词的语音形式从而区别意义的作用。例如："妈"(mā)、"麻"(má)、"马"(mǎ)、"骂"(mà)，因为声调的不同而意义有别。声调可以使音节和音节之间界限分明，又富于高低升降的变化，于是形成了汉语音乐性强的特殊风格。这种情况在印欧语系里极为罕见。印欧语普遍属于非声调语言，词的意义与读音的高低升降无关。

(4) 音节结构规律性强，负载信息量大。现代汉语的基本音节有 410 个左右，加上不同的声调，一共也只有 1 300 多个。印欧语中，如英语，音节总数大大超过汉语。音节数量有限，意味着音节负载信息的能量大，使用的效率高。同时，音节的构成规律性强，结构形式简短，声、韵两部分最多 4 个音素（不计过渡音），音节与音节界限分明，音节的结构形式比较整齐。

(二) 语汇方面

(1) 汉语的词形较短，单音节语素多。这些单音节语素构成大量单音词和双音词。

(2) 双音节词占优势。汉语词汇在发展过程中逐渐趋向双音节化。过去的单音节词有的被双音节词代替，如"目—眼睛""石—石头"。有些多音节短语也被缩减为双音节词，如"军人家属—军属""中国人民政治协商会议—政协"。新创造的词也多为双音节的，如"土豪""网红"。现代汉语词汇中的三音节词也有所发展，但双音节词仍然是多数。

(3) 构词主要采用词根复合法。汉语的双音节词绝大多数为合成词，构词主要采用词根复合方式，按句法关系构成，与词组合成短语的构造原则基本一致。词根复合法是现代汉语共同语广泛应用的最主要的构词法，这也明显不同于印欧语。

(三) 语法方面

(1) 汉语表示语法意义以语序和虚词为主要语法手段，缺乏形态。例如"干不了"和"不干了"因为语序不同，所表示的意义不一样。在"我和妈妈""我的妈妈"中，"和"表示并列关系，"的"表示偏正关系，由于虚词"和"与"的"不同，所表示的语法关系和意义也不相同。印欧语则不同，如英语，在词根上附加改变词的语法性质而不是改变词汇意义的词缀。名词有单、复数的变化，代词有性、数、格的变化，动词有时态的变化；动词、形容词可以加上改变语法性质的后缀-tion、-ness 之类转化为名词，如 produce(生产，动词)、production(生产，名词)、happy(幸福，形容词)、happiness(幸福，名词)。

（2）词、短语和句子的构造原则基本一致。无论是语素组成的合成词，词组成的短语，词或短语组成的句子，都有主谓、动宾、补充、偏正、联合五种基本语法结构关系，如"雪崩"，短语"积雪崩落"，句子"积雪崩落了。"等都是有陈述关系的主谓结构。

（3）词类具有多功能性，与句法成分之间不存在简单的对应关系。汉语里同一类词可以充当多种成分，词在语法方面呈现出多功能性。反之，同一种句法成分又可以由几类词充当，所以词类和句法成分之间的对应关系，不像印欧语那样简单，因此汉语的兼类词（同形异类词）比较多。如动词，既可以充当谓语，也可以充当主语、宾语等句法成分，形式都不改变；印欧语则不一样，大致说来，动词与谓语对应，名词与主语、宾语对应，形容词与定语对应，副词与状语对应，词类的功能比较单纯，与句法成分之间有一种比较简单的对应关系。汉语因为词类不变形，造成句子的构造原则和短语的构造原则基本一致；印欧语不同，如英语，句子是一套构造原则，谓语里的主要动词要用限定形式，同主语在人称、数量等方面保持一致，短语是另一套原则，短语中如果有动词，只能是非限定形式。

（4）汉语具有独特的词类和短语，句式也多样化。现代汉语共同语中有非常丰富的量词，有用以表达各种语气差别的语气词，有印欧语没有与之对应的动补结构、主谓谓语句等句法结构和句式。句法成分定语、状语不像印欧语那样可以位于中心语之前或之后，主谓句的主语不像印欧语那样通常不能省略，而且不能简单地用"名词短语＋动词短语"来概括现代汉语共同语的句子。

此外，汉语的特点还体现在所使用的文字方面。汉语是世界上唯一的几千年来一直使用表意文字的语言，表示语素意义的汉字字符数以万计，它具有在书面上区别汉语众多同音词和同音语素的重要作用。汉字还具有超时空性，它能记录语音上差别极大的古今汉语（包括各种方言）乃至记录不同语系的外族语言。

思考与练习

1. 什么是现代汉民族共同语？
2. 现代汉语有什么特点？
3. 目前联合国的六种工作语言是哪些？

第二节 现代汉语方言

一、现代汉语方言概述

语言在它的历史发展过程中,时而分化、时而统一,方言就是在分化和统一的复杂历程中形成的。一般来说,历史长、使用人口多、通行范围广的语言,往往会出现较多的方言。古老的汉语发展到了今天,先后产生过多种汉语方言。

汉语方言俗称地方话,是语言的地域性变体,是通行于某一地方的语言。它不是独立于民族语言之外的另一种语言,而只是局部地区使用的语言。

我国有七大方言区,这些方言分别是北方方言、吴方言、湘方言、赣方言、客家方言、闽方言和粤方言。在复杂的方言区内,有的可以再分列若干方言片(又称"次方言"),甚至再分为"方言小片",直到一个个地点方言(某市、某县、某镇、某村的话),如广州话、武汉话等。

二、现代汉语方言的分布及特点

1. 北方方言

北方方言是现代汉民族共同语的基础方言,以北京话为代表,内部一致性较强。在汉语各方言中,它的分布地域最广,使用人口约占汉民族总人口的73%。北方方言可以分为四个次方言,即华北、东北方言,西北方言,西南方言和江淮方言。① 华北、东北方言,分布在北京、天津、河南、河北、山东、东北三省以及内蒙古的一部分地区。② 西北方言,分布在西北各省,汉族聚居的地区,包括山西、陕西、甘肃等省以及青海、宁夏、新疆、内蒙古的一部分地区。③ 西南方言,分布在四川、云南、贵州三省以及湖北大部分地区,还有广西西北部、湖南西北角的小块地区。④ 江淮方言,分布在安徽、江苏两省的长江以北、淮河以南地区(徐州、蚌埠一带属华北、东北方言,不包括在内),此外,镇江以西、九江以东的长江南岸的沿江一带(如南京、镇江等地)也属江淮方言区。

2. 吴方言

分布在上海市、江苏省长江以南镇江以东地区(不包括镇江)、南通的小部分、浙江的大部分。典型的吴方言以苏州话为代表。吴方言内部存在一些分歧现象。杭州曾做过南宋都市,杭州城区的吴语就带有浓厚的"官话"色彩。吴方言使用人口约占汉族总人口的 7.2%。

3. 湘方言

分布在湖南省大部分地区(西北角除外),以长沙话为代表。湘方言内部还存在新湘语和老湘语的差别。新湘语通行在长沙等较大城市,受北方方言的影响较大。湘方言使用人口约占汉族总人口的 3.2%。

4. 赣方言

分布在江西省大部分地区(东北沿长江地区和南部除外)和湖北东南部,以南昌话为代表。使用人口约占汉族总人口的 3.3%。

5. 客家方言

以广东梅县话为代表。客家人分布在广东、福建、台湾、江西、广西、湖南、四川等省,其中以广东东部和北部、福建西部、江西南部和广西东部为主。客家人从中原迁徙到南方,虽然居住分散,但客家方言仍自成系统,内部差别不太大。四川客家人与广东客家人相隔千山万水,彼此可以交谈。使用人口约占汉族总人口的 3.6%。

6. 闽方言

现代闽方言主要分布区域跨越六省,包括福建和南海大部分地区、广东东部潮汕地区、雷州半岛部分地区、浙江南部温州地区的一部分、广西的少数地区、台湾地区的大多数汉人居住区。闽方言使用人口约占汉族总人口的 5.7%。闽方言可分为闽东、闽南、闽北、闽中、莆仙五个次方言。其中最重要的是闽东方言,分布在福建东部闽江下游,以福州话为代表。闽南方言分布在闽南二十四县、台湾及广东东部潮汕地区、雷州半岛、海南省及浙江南部,以厦门话为代表。

7. 粤方言

以广州话为代表,当地人叫"白话"。分布在广东中部、西南部和广西东部、南部的约一百来个县,以及香港、澳门特别行政区。粤方言内部语有分歧,四邑(台山、新会、开平、恩平四县)话、阳江话和桂南粤方言等都各有一些有别于广州话的语音特色。使用人口约占汉族总人口的 4%。

现代汉语方言使用及分布情况和主要特点汇总见表 1-1。

表 1-1 现代汉语方言使用及分布情况和主要特点表

方言名称	代表	使用人口	占汉族总人口比例	分布的地区	主要特点
北方方言	北京话	约 84 000 万	73%	长江以北地区、西南地区、湖北、湖南、江西部分地区	无浊声母,有 zh ch sh 和 z c s,有韵尾-n 和-ng,多为四个声调,西北方言多鼻化韵
吴方言	上海话	约 10 000 万	7.2%	上海市、江苏东南、浙江大部	有浊声母,多数地区只有 z c s,有韵尾-n、-ng 和喉塞音,有七或八个声调,韵母中单元音较多,复元音较少

(续表)

方言名称	代表	使用人口	占汉族总人口比例	分布的地区	主要特点
湘方言	长沙话	约6 000万	3.2%	湖南大部	浊声母日渐消失,有 zh ch sh 和 z c s,有韵尾-n 和-ng,有五或六个声调,有 f 与 h、n 与 l 相混的现象
赣方言	南昌话	约2 900万	3.3%	江西大部、湖北东南部	只有 z c s,有韵尾-n、-ng,有六个声调,有 l 无 n,有 d 与 t 相混现象
客家方言	梅县话	约4 800万	3.6%	广东、福建、台湾、江西、广西、湖南、四川的一部分	只有 z c s,有韵尾-n、-ng 和-m,有喉塞音韵尾-p、-t、-k,有六个声调,有 f 与 h 相混的现象
闽方言	闽东福州话	约1 400万	合并5.7%	福建北部、台湾一小部分	厦门、潮州有浊声母,大部分地区只有 z c s,有韵尾-n、-ng 和-m,有喉塞音韵尾-p、-t、-k,有七或八个声调,没有 f,zh ch 与 d t 相混的现象
	闽南厦门话	约3 600万		福建南部、广东东部、海南一部分、台湾大部	
粤方言	广州话	约6 000万	4%	广东大部、广西南部、东部	没有浊声母,有 z c s,有韵尾-n、-ng 和-m,有喉塞音韵尾-p、-t、-k,有九或十个声调,没有 j q x,有 f 与 h 相混的现象

汉语方言与普通话的差别,从语音、语汇、语法三个方面看,语音方面的差别最为突出,语汇方面的差别虽然也相当大,但没有语音那样明显,语法方面的差别,比较起来,就要小得多了。

就与普通话差别的远近来说,上述各大方言中,闽方言、粤方言与普通话距离最大,吴方言次之,湘方言、赣方言和客家方言与普通话距离相对较小。我们研究和了解汉语方言,其目的之一就是要找出方言与普通话的差异及其对应规律,从而有效推广普通话。

思考与练习

1. 什么是汉语方言?
2. 我国有哪七大方言?
3. 你的家乡话属于哪一种方言?举例说说你的方言与普通话的区别。

第三节 怎样学习现代汉语

一、现代汉语课的性质、内容和任务

现代汉语知识是师范专业学生的一门重要的基础课,它比较系统地介绍了语音、汉字、语汇、语法、修辞、逻辑等方面的基本知识,并根据理论联系实际的原则,加强基本技能的训练,着重培养同学们理解、运用汉语的能力和逻辑思维的能力,提高说普通话的水平,为将来从事小学语文教学打下坚实的基础。

二、学习现代汉语的方法

第一,要理解知识、掌握知识,并在实践中把知识转化为能力。教材中所讲授的现代汉语知识,是基本的、实用的知识。这些知识是每一个师范生必须具备的。只有具备了这些知识,才能对语文建立科学的认识,才能把知识转化为能力。

第二,要反复练习。学习现代汉语知识,光记一些基本概念、基本规律,是学不好的。一定要在理解知识的基础上反复练习,把知识转化为能力。要养成勤于动脑、动口、动手的良好学习习惯,力求收到实效。

第三,要注重应用。学习了现代汉语知识,要注意应用。在日常生活、学习、工作中要经常使用学过的知识,在我们的言谈、写作以及将来的小学语文教学中,就应该自觉地运用有关知识进行检验和指导。如有用词不恰当或造句不通顺等语言不规范的情况,就要改正,久而久之就能逐渐减少甚至避免说话、作文中所常犯的语病以及方言现象,达到辞通意达的境界。只有这样做,才能够巩固知识、提高能力,在学习和工作中游刃有余。

思考与练习

1. 现代汉语包括哪六大基础知识?
2. 我们该怎样学好现代汉语?

第二章 语　音

扫码查看
学习资源

 知 识 树

```
       ┌ 语音概说 ┌ 语音的性质
       │         │ 语音的基本概念
       │         │ 记音符号
       │         └ 普通话音节的拼写规则
       │
       │ 声母 ┌ 发音部位和发音方法
       │      │ 声母的发音
       │      └ 声母辨正
       │
       │ 韵母 ┌ 韵母的构成和分类
语音 ──┤      │ 韵母的发音
       │      └ 韵母辨正
       │
       │ 声调 ┌ 声调的性质和作用
       │      │ 调值和调类
       │      └ 声调辨正
       │
       │ 语流音变 ┌ 变调
       │          │ 轻声
       │          │ 儿化
       │          └ "啊"变
       │
       │ 语音规范化 ┌ 语音规范化概说
       │            └ 误读字正音
       │
       └ 语音知识在小学语文教学中的运用 ┌ 了解小学教材中的汉语拼音特点
                                        │ 指导小学生正确发音
                                        └ 小学语文教材中的语音现象
```

 学习目标

　　掌握现代汉语语音的基本概念和汉语拼音,掌握声母、韵母、声调以及语流音变的常识和正确读法,了解异读词读音规范等问题,具备小学语文教师语音教学的基本素质,能够指导小学生正确使用语言知识。

第一节 语音概说

一、语音的性质

语音是语言的物质外壳,语音跟自然界其他声音一样,都具有物理属性。语音是人的发音器官发出来的,所以它又具有生理属性,语音有表达意义的功能,这种功能是社会成员赋予的,因此,它还具有社会属性。语音的性质可以从物理属性、生理属性和社会属性三个方面分析。

1. 语音的物理属性

语音同其他声音一样,是一种物理现象。物体振动产生声波,语音是发音体振动周围的空气或其他媒介物质而形成声波,声波传到耳内,震动耳膜,刺激了听觉神经,人便听到了声音。

从物理属性上看,声音具有音高、音强、音长、音色四种要素。

(1) 音高,即声音的高低。它是由音波的振动频率决定的。声音的高低是由声波在一定的时间里振动次数的多少来决定的。振动次数多的声音高,振动次数少的声音低。语音的高低同声带的长短、厚薄、松紧有密切的关系。一般来说,长的、厚的声带颤动得慢,声音低;短的、薄的声带振动得快,声音高。女人、小孩儿的声带比较短薄,所以声音高;成年男人的声带比较长厚,所以声音低。同一个人声音也有高有低,因为人有绷紧和放松声带的能力。音高在汉语里是构成声调的主要因素,它有区别意义的作用。例如"妈""麻""马""骂"的不同,就是靠音高的变化区别开来的。

(2) 音强,即声音的强弱。它是由音波的振幅决定的。发音体振动的幅度叫作"振幅",振幅大声音就强;振幅小声音就弱。发音体振幅的大小又取决于发音时用力的大小,语音的强弱同发音时呼出的气流量的大小有关,呼出的气流大,声音强;呼出的气流小,声音就弱。声母b—p、d—t、g—k 就是这样。b、d、g 呼出的气流少,p、t、k 呼出的气流多,所以 p、t、k 的声音比 b、d、g 要强。另外,轻声有时也能区别意义。

(3) 音长,即声音的长短,它是由声波振动持续时间的长短决定的。振动持续时间长,声音长;振动持续时间短,声音短。同是"啊"(ā)的声音,表示应答时比较短,表示沉吟思索时就比较长。

(4) 音色,即声音的特色,也是声音的本质,所以又称"音质"。它由声波组合形式的不同决定。语音的不同音色与发音器官的状况(发音部位和发音方法的变化)有直接关系,我们说"啊"(ā)的时候,嘴巴张得大些,说"衣"(yī)的时候嘴巴张得小些,这就形成了不同的音色。音色是语音区别意义的决定性因素。

任何声音都是音高、音强、音长、音色的统一体,语音也不例外。但是,在各种语言中,语音各要素被利用的情况并不完全相同。在任何语言中,音色都是区别意义的最重要的要素,其他要素的作用各不相同。汉语中音高的作用特别重要,音强和音长在语调和轻声里也起重要作用。

2. 语音的生理属性

语音是由人的发音器官发出来的,发音器官及其活动决定语音的生理属性。人的发音器官分为三大部分。

(1) 呼吸器官。这部分包括喉头以下的气管和肺。肺是呼吸气流的活动风箱,气流是发音的原动力,它是由肺输送的。肺部呼出的气流,通过支气管、气管到达喉头,作用于声带、咽喉、口腔、鼻腔等发音器官,便发出不同的语音。

(2) 喉头和声带。喉头由甲状软骨、环状软骨和两块杓状软骨组成,上通咽头,下连气管。声带位于喉头的中间,是两片富有弹性的薄膜。声带前端附着在甲状软骨上,后端分别跟两块杓状软骨相连结。两片声带放松或拉紧,使声门打开或关闭。从肺呼出的气流通过关闭的声门时,就引起声带振动发出声音。人们控制声带松紧的变化可以发出高低不同的声音。

(3) 口腔和鼻腔。从前往后看,口腔上部可分为上唇、上齿、上齿龈、硬腭、软腭和小舌六个部位,口腔下部可分为下唇、下齿和舌头三大部分。舌头又可分为舌尖、舌面和舌根三部分。口腔的后面是咽头,咽头上通鼻腔,下接喉头。鼻腔和口腔靠软腭和小舌隔开。软腭和小舌上升时鼻腔闭塞,口腔畅通,这时发出的声音叫作口音;软腭和小舌下垂,口腔后部闭塞,气流只能从鼻腔呼出,这时发出的声音叫作纯鼻音。如果口腔内无阻碍,气流从鼻腔或口腔自由吸入与呼出,这是自然呼吸状态。

3. 语音的社会属性

语音不同于一般声音,它在社会交际中代表一定的意义,用什么样的语音形式来表示什么样的意义,不是由个人决定的,而是由社会约定俗成的。

语音的社会属性还表现在语音的系统性上。各种语言或方言都有自己的语音系统。例如普通话的语音系统中,n 和 l 是两个不同的语音单位,能区别意义;而在四川、湖北、湖南、安徽、南京等许多地方的语音系统中,则同属一个语音单位,不能区别意义。各民族语言和他们的方言的语音系统,是在一定地区的社会集团中,在长期的历史过程中形成的,语音的表意功能与语言的民族性和地域性密切相关,这都充分说明语音具有明显的社会性质。

语音的社会属性是语音的本质属性,是语音区别于其他声音的重要标志。

二、语音的基本概念

1. 音素

音素是对音节进行分析得出的最小的语音单位。音素分析是语音分析的基础。

语音是由肺里呼出气流经过发音器官的节制或阻碍形成的,舌头、嘴唇等器官做出不同的活动,气流在发音器官的不同活动中透出来,就形成不同的音素。每一个音素都具有不同的音色。例如:"妈"(mā)从音节的角度可以划分成"m"和"a"两个不同的音素。"壮"(zhuàng)可以分为"zh、u、a、ng"四个不同的音素。这里的每一个音素都是从音节中分析出来的。

分析音素是语音分析的基础。我们学习语音,先要建立音素的概念,并学会分析音素,养成语音分析的习惯。

每一个音素都具有不同的音色。普通话共有 32 个音素。

元音音素有 10 个:a o e i u ü ê er -i(前) -i(后)

辅音音素有 22 个:b p m f d t n l g k h j q x z c s zh ch sh r ng

普通话里一般是一个字母代表一个音素,也有两个字母代表一个音素的情况。(如表 2-1 所示)

表 2-1 普通话音素表

书写办法	音素符号
一个字母代表一个音素	a o e u b p m f d t n l g k h j q x z c s r
一个字母代表几个音素	i→bi 的 i;zi 的-i(前);zhi 的-i(后)
两个字母代表一个音素	er zh ch sh ng
一个字母加一个符号代表一个音素	ê ü

2. 元音和辅音

发音时气流受阻的声音叫辅音,也叫子音,如 b p m f d t n l 等;发音时气流振动声带、不受阻碍而形成的音叫元音,又叫母音,如 a o e i u ü 等。普通话没有复辅音。

元音和辅音的主要区别有以下四点:

(1) 辅音发音时,气流在通过咽头、鼻腔、口腔的过程中,一定要受到某部位的阻碍;而元音发音时,不受上述各部位的阻碍。这是元音和辅音最主要的区别。

(2) 辅音发音时,发音器官形成阻碍的部位特别紧张;而元音发音时发音器官各部位保持均衡的紧张状态。

(3) 辅音发音时气流较强;元音发音时气流较弱。

(4) 辅音发音,声带不一定振动;元音发音,声带一定振动。所以元音比辅音响亮。

3. 音节

音节是语音最小的自然单位。划分音节的标准,应当以发音器官肌肉紧张度的增减为依据。每一次肌肉的紧张就形成一个音节。一个音节可以是一个音素,也可以由几个音素合成。例如:

è(饿)　　　hé(和)　　　tài(太)　　　niǎo(鸟)　　　chuāng(窗)

以上例字分别由一个、两个、三个和四个音素构成一个音节。汉语音节最多有四个音素。一般说来，汉语音节和汉字是一致的，一个汉字就是一个音节，但是儿化音节例外。如"小孩儿"的"孩儿"(háir)，写成两个字，读成一个音节。

4. 声母、韵母、声调

汉语传统的音节结构分析法把一个音节分成声母、韵母、声调三部分。

(1) 声母指音节开头的辅音。例如在"妈"(mā)这个音节里，辅音"m"就是它的声母。有的音节不以辅音开头，即没有声母，我们称之为零声母音节。例如"偶"(ǒu)、"额"(é)，就是零声母音节。

(2) 韵母指音节中声母后面的部分。例如在"妈"(mā)这个音节里，"a"就是它的韵母。对于零声母音节来说，整个音节便由韵母构成，例如"爱"(ài)。

声母、韵母和元音、辅音，名称不一样，意思也不同。声母、韵母是就音节的结构而言的，属于汉语语音学的概念范畴；元音、辅音是就音素的性质而言的，属于普通语音学概念范畴。

声母由辅音构成，即所有的声母全都是辅音，但辅音不全都是声母。例如"唱"(chàng)音节中的"ng"是辅音，但是它不能充当声母，只能作韵尾。

韵母主要由元音构成，普通话所有的元音都可作韵母，但韵母不一定全都是元音。例如"an、ang"等韵母里就有辅音"-n""-ng"。

(3) 声调指音节的高低升降。普通话有平、升、曲、降四种调型。此外，还有高度及长度的区分。声调有区别意义的作用。

三、记音符号

(一)《汉语拼音方案》

现代汉语有自己的记音符号，要想了解这些记音符号就要掌握《汉语拼音方案》。

《汉语拼音方案》是一套拼写以北京语音为标准音的普通话的拼音字母和拼音方式，是由1958年2月11日第一届全国人民代表大会第五次会议通过的。它是根据普通话语音系统制定的给汉字注音和拼写普通话语音的方案，是记写中华人民共和国的专有名词和词语的国际标准。《汉语拼音方案》由字母表、声母表、韵母表、声调符号、隔音符号这五部分组成。

字母表列出了26个拉丁字母作为汉语拼音字母，规定了字母的顺序、名称、体式。

声母表列出了21个辅音声母，它的顺序是按照辅音的发音部位和发音方法排列的。

普通话共有39个韵母，韵母表内列出了35个，表内未列入的还有4个，即ê、er、-i(前)、-i(后)。表内横行按a(包括e、o)行、i行、u行、ü行排列；竖行按单韵母、复韵母、鼻韵母排列。

声调采用符号标调法,便于教学;轻声不标调。

隔音符号是为了避免音节界限的混乱而设计的。

(二)《汉语拼音方案》的用途

(1) 给汉字注拼音。汉字难认、难记、难写。注音读物对儿童识字、成人扫盲、少数民族和外国朋友学习汉语都有很大的帮助。

(2) 推广普通话。学习普通话光靠口耳传授,容易忘记,掌握了汉语拼音方案,就可以随时查字典,反复练习,纠正方音,加快普通话的学习进程。

(3) 作为少数民族创造和改革文字的共同基础。我国已有十几个少数民族以汉语拼音方案为基础,创造或改革了本民族的文字,目前正在实验或推行。

(4) 音译中外的人名、地名和一些科技术语,编制索引,用于电报、旗语、工业产品代号、电子计算机编码、盲字及聋哑人"汉语手指字母"等。

(5) 作为拼写中国专有名词、人名、地名的国际标准。

(三) 汉语拼音的书写

汉语拼音字母采用的是拉丁(英文 latin 的译音)字母。拉丁字母原是古代罗马人使用的拉丁文字的字母,后来有所补充,成了现在的样子。这种字母笔画简单,构形清楚,便于书写和阅读,目前已有 120 多个国家采用。它是世界上最通用的字母,也是现代科学广泛使用的符号。这套字母用于汉语注音已有很长历史,在我国有一定的群众基础。实践证明,拉丁字母能够比较精确地记录普通话音素的实际读音,比过去使用的注音字母优越。国际化和音素化正是《汉语拼音方案》两个明显的特点。

汉语拼音字母共有四种体式:大楷、小楷、大草、小草。楷体是印刷用的字体,草体是手写的字体,如表 2-2 所示。语文课本上用的汉语拼音字母叫哥特体,它是楷体,但又接近草体,线条均匀,没有粗细之分,没有装饰线,便于书写。哥特体与常见的罗马体有两个字母字形差别较大,一个是 a、a,一个是 g、g。

表 2-2 汉语拼音字母的两种不同字体

印刷体		手写体		印刷体		手写体	
大写	小写	大写	小写	大写	小写	大写	小写
A	a	*A*	*a*	N	n	*N*	*n*
B	b	*B*	*b*	O	o	*O*	*o*
C	c	*C*	*c*	P	p	*P*	*p*
D	d	*D*	*d*	Q	q	*Q*	*q*

(续表)

印刷体	手写体	印刷体	手写体
大写 小写	大写 小写	大写 小写	大写 小写
E e	*E e*	R r	*R r*
F f	*F f*	S s	*S s*
G g	*G g*	T t	*T t*
H h	*H h*	U u	*U u*
I i	*I i*	V v	*V v*
J j	*J j*	W w	*W w*
K k	*K k*	X x	*X x*
L l	*L l*	Y y	*Y y*
M m	*M m*	Z z	*Z z*

大楷字母的样式和笔顺是：

A A B B C C D D E E F F
G G H H I I J J K K L L
M M N N O O P P Q Q R R
S S T T U U V V W W X X
Y Y Z Z

小楷字母的样式和笔顺是：

a b c d e f g
h i j k l m n
o p q r s t
u v w x y z

书写哥特体小楷字母，要注意下面几点：
(1) 要掌握基本笔画。
① | （一竖，自上而下）
② ┘ （竖左钩）
③ └ （竖右钩）
④ C （左半圆，自上而下）
⑤ ⊃ （右半圆，自上而下）
⑥ o （圆圈，自上向右，一笔写成）
⑦ ╲ （右斜，自上而下）
⑧ ╱ （左斜，自上而下）
⑨ ┐ （左弯竖）
⑩ ┌ （右弯竖）
(2) 要掌握笔顺。
(3) 要注意字母位置。
① 占中格的，有13个字母，它们是：

acemnorsuvwxz

② 占中上格的，有8个字母，它们是：

bdfhiklt

③ 占中下格的，有4个字母，它们是：

gpqy

④ 还有一个 j,除占中格外,还要占上格和下格:

这里要说明一点,就是无论是占中上格或占中下格,都不是把上、下格占满。

《字母表》有三个用处:一是按国际通用顺序规定了汉语拼音字母的排列顺序,既便于记诵,又便于按音序编制索引、资料、名单等;二是规定了汉语拼音字母的体式,既便于书写,又便于分清形体;三是规定了每个汉语拼音字母的名称,便于称呼。

每个字母所代表的音叫本音,本音是用来拼音的。字母除了有本音之外,还有它的名称音。名称音是为了便于称呼,是字母的"姓名"。26 个字母当中,元音字母只有 a、o、e、i、u 五个,其他都是辅音字母。元音发音响亮,所以元音字母就以本音为名称。辅音是念不响亮、听不清楚的,称呼起来很不方便,所以辅音字母必须附加元音作为名称,叫"名称音"。

f(êf)、l(êl)、m(êm)、r(ar)、s(ês),本音前附加元音为名称音。

b(bê)、c(cê)、d(dê)、g(gê)、h(ha)、j(jie)、k(kê)、n(nê)、p(pê)、q(qiu)、t(tê)、v(vê)、x(xi)、z(zê),本音后附加元音为名称音(读作 wa、ya 的 w、y,是起隔音作用的字母)。

《字母表》是用来标名称音的符号,是我国 1918 年公布的注音字母(后来改称为注音符号)。它是一套汉字笔画式符号,1958 年《汉语拼音方案》公布后已不再使用。

《字母表》分为四组,读名称音时都要用普通话的阴平声调,行末的字母押韵,好像一首诗歌,念起来十分顺口。念的时候,四组分四句念,第一句 a、b、c、d、e、f、g;第二句 h、i、j、k、l、m、n;第三句念完 o、p、q,稍顿,再念 r、s、t;第四句念完 u、v、w,稍顿,再念 x、y、z。

用汉语拼音字母标下来的名称音是这样:

a　　bê　　cê　　dê　　e　　êf　　gê;
ha　　i　　jie　　kê　　êl　　êm　　nê;
o　　pê　　qiu,　　ar　　ês　　tê;
u　　vê　　wa,　　xi　　ya　　zê.

声母的本音多不响亮,为了便于教学,在每个声母的本音后面,分别配上不同的元音,这样发出来的音叫呼读音。《汉语拼音方案》声母表中的声母都是标注的呼读音。

关于《汉语拼音方案》(见章首二维码中)。

四、普通话音节的拼写规则

普通话音节的拼写有一定的具体要求,也就是拼写规则。《汉语拼音方案》中规定的拼写规则主要有以下几个方面:

1. w、y 的使用

w、y 是隔音字母。i、u、ü 的开头的韵母自成音节时,要使用 w 或 y。如:鲜艳 xiānyàn、演员 yǎnyuán。

2. 隔音符号"'"的用法

a、o、e 开头的音节连接在其他音节后面的时候,为了避免音节的界限不清,就要用隔音符号隔开。如:平安 píng'ān,莲藕 lián'ǒu,企鹅 qǐ'é。

3. 省写

(1) iou、uei、uen 在与声母相拼时,分别省写成 iu、ui、un。如:修 xiū,追 zhuī,存 cún。

(2) ü 和 j、q、x 相拼时,要省去上面的两点。如:"句、取、续"应分别写成"jù、qǔ、xù"。

4. 大写字母的用法

(1) 句子的开头,诗行的开头,第一个字母要大写。如:

国家推广全国通用的普通话。

Guójiā tuīguǎng quánguó tōngyòng de pǔtōnghuà.

(2) 国名、地名、书名、文章标题或机关、商店等专有名称,每个词语的第一个字母要大写,或全部大写。如:

Zhōngguó(中国)   Běijīng(北京)

(3) 一个人的姓和名要分开写,每一部分的第一个字母要大写。如:

Máo Zédōng(毛泽东)   Zhū Dé(朱德)

5. 分词连写和移行

给词语注音时,要以词为单位,同一个词的几个音节要连着写,词与词之间要分开写;一个多音节词在一行内写不完时,须按音节分开,移至下一行写。如:

Shuō pǔtōnghuà, xiě guīfàn zì.

关于《汉语拼单方案》(见章首二维码中)。

思考与练习

1. 语音有哪三种属性?
2. 语音的四要素是指什么?在普通话里,主要靠什么区别意义?
3. 什么是音节?什么是音素?
4. 什么是声母、韵母、声调?
5. 声母与辅音、韵母与元音的关系是怎样的?
6. 《汉语拼音方案》包括哪五个部分的内容?

第二节 声母

一、发音部位和发音方法

（一）声母的发音部位

声母的发音部位是指在发辅音声母时，气流在发音器官中受到阻碍的部位。按发音部位的不同，声母可分为七类。

(1) 双唇音（b、p、m）：由上唇和下唇阻塞气流而形成。

(2) 唇齿音（f）：由上齿和下唇接近阻碍气流而形成。

(3) 舌尖前音（z、c、s）：由舌尖抵住或接近齿背阻碍气流而形成。

(4) 舌尖中音（d、t、n、l）：由舌尖抵住上齿龈阻碍气流而形成。

(5) 舌尖后音（zh、ch、sh、r）：由舌尖抵住或接近硬腭前部阻碍气流而形成。

(6) 舌面前音（j、q、x）：由舌面前部抵住或接近硬腭前部阻碍气流而形成，又简称"舌面音"。

(7) 舌面后音（g、k、h）：由舌面后部抵住或接近软腭阻碍气流而形成，又俗称"舌根音"。

（二）声母的发音方法

声母的发音方法，是指发音时喉头、口腔和鼻腔节制气流的方式和状况。各种发音方法，都要经过成阻→持阻→除阻这三个过程。声母可以从气流被阻碍的方式、声带是否振动、气流的强弱等三个方面来看。

1. 从气流被阻碍的方式看

根据形成阻碍和解除阻碍的方式的不同，可以把普通话声母分为塞音、擦音、塞擦音、鼻音、边音五类。

(1) 塞音：b、p、d、t、g、k，发音时，发音部位形成闭塞，软腭上升，堵塞鼻腔的通路，气流冲破阻碍，迸裂而出，爆发成声。

(2) 擦音：f、h、x、sh、r、s，发音时，发音部位接近，留下窄缝，软腭上升，堵塞鼻腔的通路，气流从窄缝中挤出，摩擦成声。

(3) 塞擦音：j、q、zh、ch、z、c，发音时，发音部位先形成闭塞，软腭上升，堵塞鼻腔的通路，然后气流将阻塞部位冲开一条窄缝，从窄缝中挤出，摩擦成声。先破裂，后摩擦结合成一个音。就是说塞擦音的前一半是塞音，后一半是擦音，前后两半结合紧密,成为一个语音单位,是一个辅音,是一个音素,并不是两个辅音的复合(复辅音)。

(4) 鼻音:m、n,发音时,口腔中的发音部位完全闭塞,软腭下降,打开鼻腔通路,气流振动声带,从鼻腔通过发音。

(5) 边音:l,发音时,舌尖与上齿龈接触,但舌头的两边仍留有空隙同时软腭上升,阻塞鼻腔的通路,气流振动声带,从舌头的两边或一边通过。

2. 声带是否颤动

发音时,声带振动的是浊音,又叫带音;声带不振动的是清音,又叫不带音。普通话21个声母中,浊音共有 m、n、l、r 四个,其余声母都是清音。

3. 气流的强弱

塞音、塞擦音有送气音和不送气音的分别。发送气音时,肺部呼出的气流比较强,共有 p、t、k、q、c、ch 六个;发不送气音时,肺部呼出的气流比较弱,共有 b、k、g、j、z、zh 六个。

二、声母的发音

1. b 双唇不送气清塞音

发音时,双唇闭合同时软腭上升,打开而成闭鼻腔通路,气流到达双唇后蓄气,双唇凭借积蓄在口腔中的气流突然打开而成声。如:

标兵 biāobīng　　　冰雹 bīngbáo　　　辨别 biànbié

2. p 双唇送气清塞音

发音的情况和 b 相比,只是多一股较强的气流,其余相同。如:

撇开 piēkāi　　　匹配 pǐpèi　　　朋友 péngyou

3. m 双唇浊鼻音

发音时,双唇闭合,软腭下降,打开鼻腔通路,气流在口腔受到阻碍后,从鼻腔透出而成声。如:

谩骂 mànmà　　　眉目 méimù　　　谬论 miùlùn

4. f 唇齿清擦音

发音时,下唇接近上齿,形成窄缝,软腭上升,关闭鼻腔通路,使气流从唇齿间的窄缝摩擦通过而成声,如:

仿佛 fǎngfú　　　丰富 fēngfù　　　肺腑 fèifǔ

5. z 舌尖前不送气清塞擦音

发音时,舌尖轻轻抵住齿背,在阻塞处积蓄气流,软腭上升,关闭鼻腔通路,突然解除阻塞时,在原形成阻塞的部位之间保持适度的间隙,使气流从间隙透出而成声。如:

自尊 zìzūn　　　造作 zàozuò　　　总则 zǒngzé

6. c 舌尖前送气清塞擦音

发音的情况和 z 相比，只是多一股较强的气流，其余都相同。如：

苍翠 cāngcuì　　　　从此 cóngcǐ　　　　粗糙 cūcāo

7. s 舌尖前清擦音

发音时，舌尖接近齿背，形成间隙，同时软腭上升，关闭鼻腔通路，使气流从间隙摩擦通过而成声。如：

色素 sèsù　　　　思索 sīsuǒ　　　　松散 sōngsǎn

8. d 舌尖中不送气清塞音

发音时，舌尖抵住上齿龈，形成阻塞，软腭上升，关闭鼻腔通路，气流到达口腔后蓄气，突然解除阻塞而成声。如：

颠倒 diāndǎo　　　　等待 děngdài　　　　电灯 diàndēng

9. t 舌尖中送气清塞音

t 的发音和 d 相比，只是多一股较强的气流，其余都相同。如：

探讨 tàntǎo　　　　妥帖 tuǒtiē　　　　疼痛 téngtòng

10. n 舌尖中鼻音

发音时，舌尖抵住上齿龈，形成阻碍，软腭下垂，打开鼻腔通路，声带颤动，气流在口腔受到阻碍，从鼻腔透出而成声。如：

男女 nánnǚ　　　　牛犊 niúdú　　　　牛奶 niúnǎi

11. l 舌尖中边音

发音时，舌尖抵住上齿龈的后部，阻塞气流从口腔中路通过的通道，软腭上升，关闭鼻腔通路，声带颤动，气流从舌头与两颊内侧形成的空隙通过而成声。如：

来临 láilín　　　　历史 lìshǐ　　　　类似 lèisì

12. zh 舌尖后不送气清塞擦音

发音时，舌头前部上举，舌尖抵住硬腭前端。同时软腭上升，关闭鼻腔通路。在形成阻塞的部位后面积蓄气流，突然解除阻塞时，在原来形成闭塞的部位之间保持适度的间隙，使气流从间隙透出而成声。如：

专制 zhuānzhì　　　　主张 zhǔzhāng　　　　助长 zhùzhǎng

13. ch 舌尖送气清塞擦音

发音的情况与 zh 相比，区别是有较强气流从间隙透出而成声。如：

出差 chūchāi　　　　长城 chángchéng　　　　惩处 chéngchǔ

14. sh 舌尖后清擦音

发音时，舌头前部上举，接近硬腭前端，形成适度的间隙，同时软腭上升，关闭鼻腔通路，使气流从间隙摩擦通过而成声。如：

山水 shānshuǐ　　　　生疏 shēngshū　　　　闪烁 shǎnshuò

15. r 舌尖后浊擦音

发音的情况和 sh 相比,只是声带颤动,其余都相同。如:

仍然 réngrán　　　　软弱 ruǎnruò　　　　柔韧 róurèn

16. j 舌面前不送气清塞擦音

发音时,舌尖抵住下齿背,使前舌面紧贴前硬腭,软腭上升,关闭鼻腔通路。在阻塞的部位后面积蓄气流,突然解除阻塞时,在原形成闭塞的部位之间保持适度的间隙,使气流从间隙透出而成声。如:

积极 jījí　　　　加紧 jiājǐn　　　　家眷 jiājuàn

17. q 舌面前送气清塞擦音

发音和 j 的区别,只是多一股较强的气流,其余都相同。如:

强求 qiǎngqiú　　　　恰巧 qiàqiǎo　　　　亲切 qīnqiè

18. x 舌面前清擦音

舌尖抵住下齿背,使前舌面接近硬腭前部,形成适度的间隙,气流从空隙摩擦通过而成声。如:

消息 xiāoxi　　　　宣泄 xuānxiè　　　　学习 xuéxí

19. g 舌面后不送气清塞音

发音时,舌面后部隆起抵住硬腭和软腭交界处,形成阻塞,软腭上升,关闭鼻腔通路,气流在形成阻塞的部位后积蓄,突然解除阻塞而成声。如:

更改 gēnggǎi　　　　关卡 guānqiǎ　　　　管理 guǎnlǐ

20. k 舌面后送气清塞音

发音和 g 相比,只是多一股较强的气流,其余都相同。如:

宽阔 kuānkuò　　　　可靠 kěkào　　　　坎坷 kǎnkě

21. h 舌面后清擦音

发音时,舌面后隆起接近硬腭和软腭的交界处,形成间隙,软腭上升,关闭鼻腔通路,使气流从形成的间隙摩擦通过而成声。如:

豪华 háohuá　　　　航海 hánghǎi　　　　挥霍 huīhuò

三、声母辨正

声母辨正就是将某个音节方言中的读音与普通话读音进行对比分辨,再加以纠正。

(一) 分辨舌尖前音 z、c、s 和舌尖后音 zh、ch、sh、r

汉语方言中,能分清平舌音和翘舌音的地方不多,主要集中在北京官话区、中原官话区、兰银官话区、冀鲁官话区一带。多数汉语方言平、翘舌音不分或混读。如西南官话、江淮官话的绝大多数地方,只有平舌音 z、c、s,没有翘舌音 zh、ch、sh、r,即翘舌音混入平舌音,武汉话、成都话等会把"主力"读作"阻力",把"教师"读作"教司"。还有极少数方言区只出现 zh、ch、sh、r,没有 z、c、s,如江苏的连云港,湖北钟祥的旧口、胡集,湖北荆门的子陵、仙居,因而这些地方的人讲普通话,会把"粗布"读成"初步"。有的方言区虽然两组声母都有,但具体字的分派跟普通话不完全一致,如西安话中"周""唱""声"的声母是翘舌音,但"撑""产""山"的声母是平舌音,而"春""床""书"的声母读成了[pf][pf'][f]。至于我国南方地区,如吴方言、粤方言等中,这类问题会更加复杂。因而方言区的人学习普通话,分辨 zh、ch、sh、r 和 z、c、s 是一个很突出的问题。以下方法可以分辨这两组声母。

1. 把握发音要领

这两组声母的发音方法相同,发音部位不同,区分时就从发音部位加以比较。

舌尖前音 z、c、s 的发音部位是舌尖接触或接近上齿背。

舌尖后音 zh、ch、sh、r 是舌尖上翘,接触或接近硬腭前端。

2. 掌握记忆方法

普通话中,zh、ch、sh 声母字远远多于 z、c、s 声母字。我们可以通过以下的方法来记忆。

(1) 形声字声旁类推。

独体字如果是翘舌音,由它做声旁的形声字一般也是翘舌音;独体字如果是平舌音,由它做声旁的形声字一般也是平舌音。如:

正—政 征 证 怔 症 整　　　真—镇 缜 稹 嗔
只—织 帜 职 帜 识 炽　　　中—种 钟 肿 盅
此—雌 雌 疵 呲　　　　　　次—瓷 茨 资 姿
子—字 籽 孜 仔　　　　　　采—菜 踩 睬 彩

(2) 不能简单类推的字。

有些独体字是翘舌音,但由它做声旁的形声字是平舌音;有些独体字是平舌音,但由它做声旁的形声字又是翘舌音。如:

察—(檫 镲 嚓)—擦　　　占—(站 战 沾 毡 粘)—钻
串—窜 蹿 撺 镩　　　　　束—漱 速 嗽
责—(啧 帻 箦)—债　　　宗—(淙 棕 综 踪 粽)—崇
则—(侧 测 厕 恻)—铡　　才—(材 财)—豺
寺—持 诗 痔 峙 侍 恃　　叟—(嫂 艘 搜 嗖 馊 飕)—瘦

(3) 记住声母韵母拼合规律。

① 在普通话中,与 ong 相拼的声母只有 s,没有 sh。如:送、松、耸、宋、颂、诵、怂、讼、菘、嵩都读 song,不读 shong。

② 平舌声母 s 与 en 相拼的字,常用的只有一个"森",其余都是翘舌音,如:身、深、申、伸、审、甚、肾。

③ 与 ua、uai、uang 相拼的声母全是翘舌音,没有平舌音。如:抓、爪(zhua)、刷、耍、唰(shua)、拽(zhuai)、揣、踹(chuai)、摔、甩、率、帅、衰、蟀(shuai)、装、撞、庄、壮、桩、幢、状(zhuang)、窗、床、闯、创、疮、怆(chuang)、双、霜、爽、孀(shuang)。

(二) 分辨鼻音 n 和边音 l

在汉语方言中,n、l 混读的现象相当普遍,如:西南官话的大部分地区、江淮官话的部分地区(扬州、南京等)、兰银官话的部分地区(兰州等)都存在这种现象。如长沙话常把"恼怒"说成"老路",在扬州话中 n、l 都读作 l,湖北江汉平原地区 l 读为 n,但是有的 n 有边音 l 色彩,而边音又有鼻化的色彩。分辨这两个声母的方法可以从以下几点入手:

1. 训练听辨能力

能从听觉上分辨出鼻音 n 和边音 l 的差异,是区分鼻音 n 和边音 l 的前提。

2. 掌握发音要领

这两个声母的发音部位相同,都是舌尖中音,舌尖都接触或接近上齿龈。它们的发音方法却不同:

发 n 音时,气流从鼻腔通过,口腔基本上呈闭合状态。

发 l 音时,气流从口腔和舌的两边流出,口腔张开,下颌松弛。

为了区分 n 和 l,我们可以尝试以下发音。

发边音 l 时,舌尖轻抵上齿齿龈,连续发 le-le-le、la-la-la、li-li-li。

发鼻音 n 时,舌尖抵住下齿背,舌面前部抵住上齿龈(以此来与边音 l 的发音部位相区别),气流从鼻腔通过,连续发 ne-ne-ne、na-na-na、ni-ni-ni。

3. 掌握记忆方法

汉语普通话中,鼻音 n 的字很少,边音 l 的字比较多。因此,可直接记常用的鼻音字,其余一般为边音字。常用的鼻音 n 的字可以分成两类记忆。

(1) 形声字声旁类推。

独体字如果是鼻音,由它做声旁的形声字一般也是鼻音,边音也是如此。如:

内—纳 钠 呐 衲

宁—柠 拧 狞 泞 咛

令—领 铃 玲 岭 龄 伶 羚

龙—拢 笼 聋 垄 咙 垅 珑

(2) 不能简单类推的字。

有些独体字是鼻音或边音,由它做声旁的形声字大多可类推,但极少数的字不能类推,要记住这些字。如:

liáng 良—(粮 踉 莨 浪 狼 廊 郎 榔 琅 啷)—娘 酿

ne—呢(其余都读 le—了 乐 氿 玏)

nü—女(其余都读 lü—绿 率 旅 屡 滤 吕)

nei—内 馁（其余都读 lei—类 累 雷 垒 勒 蕾 肋 磊 儡）
nang—囊 攮 齉 馕（其余都读 lang—浪 狼 廊 郎 榔 琅 啷）
neng—能（其余都读 leng—冷 棱 楞 愣 塄）
nin—您（其余都读 lin—林 临 淋 邻 磷 鳞 拎 吝 琳 霖）
nuan—暖（其余都读 luan—乱 卵 滦 峦 孪 挛 栾 鸾）

（3）记住声母韵母拼合规律。

① 在普通话里，韵母 ia uen 可以和边音 l 相拼，不和鼻音 n 相拼。如：
lia—俩，lun—论 轮 沦

② 在普通话里，韵母 en 可以和声母 n 相拼，不和边音 l 相拼。如：
nen—嫩 恁

（三）分辨声母 f 和 h

普通话中声母 f 与 h 分得非常清楚，而湘、赣、闽、粤、客家等方言中则存在着 f、h 混读的现象，江淮官话、西南官话也不同程度地存在着类似现象。有的地方把部分 h 声母字混入声母 f 字中，如长沙话、南昌话、重庆话中把"湖（hu）"说成"福（fu）"；有的把 f 混入 h，如厦门话、潮州话、湖北洪湖话中把"飞""风"说成"灰""烘"。

湖北方言中部分地区主要是把 h 声母字混入 f 声母字，这两个声母发音本身并不是很难，辨正的重点是对比记忆，弄清哪些字的声母是 f，哪些字的声母是 h，例如：

福—湖　　发—花　　佛—活　　肥—回
饭—换　　方—荒　　风—轰

另外，湖北方言中还有将"huai"读作"fai"的，但普通话中并没有"fai"这个音节。下面介绍一下声母 f 和 h 的记忆方法。

1. 读记对比词语

防空—航空　　　　　飞鱼—黑鱼
幅度—弧度　　　　　房后—皇后
浮面—湖面　　　　　公费—工会
废话—会话　　　　　开发—开花
附注—互助　　　　　仿佛—恍惚

2. 读练绕口令

（1）画凤凰
粉红墙上画凤凰，凤凰画在粉红墙。
红凤凰、黄凤凰，粉红凤凰花凤凰。

（2）化肥会挥发
黑化肥发灰，灰化肥发黑；
黑化肥发灰、会挥发，灰化肥挥发、会发黑；
黑化肥挥发、发灰会花飞，灰化肥挥发、发黑会飞花；

黑灰化肥会挥发、发灰黑讳为花飞,灰黑化肥会挥发、发黑灰为讳飞花;

黑灰化肥灰会挥发、发灰黑讳为黑灰花会飞,灰黑化肥灰会挥发、发黑灰为讳飞花化为灰。

黑化黑灰化肥灰会挥发、发灰黑讳为黑灰花会回飞,灰化灰黑化肥灰会挥发、发黑灰为讳飞花回化为灰。

(四)分辨声母 j、q、x 和 g、k、h

在普通话里声母 j、q、x 与 g、k、h 的词语区分非常清楚。但在南方一些方言中,如闽、粤、客家等方言常把普通话中一些 j、q、x 声母的字读成了 g、k、h 声母的字。兰银官话和西南官话也在一定程度上存在着这类现象。例如:

街道(jiē—gāi)　敲门(qiāo—kāo)　皮鞋(xié—hái)

这些声母在普通话和湖北方言中并不是一一对应的关系,而是呈现出一对多或多对一的复杂情况,学习时应注意区分。

普通话 j、q、x 与齐齿呼 ia、ian、iang、ie 相拼的部分字,在湖北方言中读成了 g、k、h 声母,带有普遍性。湖北人说普通话时要注意改读成 j、q、x 声,否则就是语音错误。如:

地窖(jiào)　豇(jiāng)豆　戒(jiè)指　角(jiǎo)落　项(xiàng)链
世界(jiè)　解(jiě)决　螃蟹(xiè)　飞翔(xiáng)　苋(xiàn)菜

(五)分辨 zh、ch、sh 和 j、q、x

普通话中声母 zh、ch、sh 和韵母 u 相拼的字,有时在一些方言中,如在武汉话、长沙话中读成了声母 j、q、x 与 ü 相拼的字。如把"猪(zhu)""春(chun)""书(shu)"分别说成 ju、qun、xu。另外,在发 j、q、x 音时,还要注意舌尖不能向前靠得太近,如果舌尖抵住齿背后面,就有 z、c、s 音的色彩,形成尖音。尖音是指 z、c、s 与 i、ü 类韵母拼合的音。普通话中没有尖音,汉语方言中,河北邯郸、山东青岛、河南郑州、江西萍乡、江苏苏州、广西南宁等地方言中都有尖音;湖北有尖音的地方集中在鄂东南的咸宁、大冶、通山、武穴、阳新一带。例如,河南郑州人会把"将""墙""祥"的声母读作 z、c、s。由于湖北许多地方翘舌音都混入 z、c、s,也会给尖音的出现提供条件。在普通话测试中,一些湖北人由于发 j、q、x 时舌尖靠上齿龈太紧,常会出现"尖音色彩"。这就应当注意,发 j、q、x 时,舌尖不要靠上齿龈太紧,尤其是要注意下列字的读音:谢、煎、将、降、酒、尖、妻、七、千、寝、墙、先、小、心、醒、叙、羡、席、习等。

(六)分辨送气音与不送气音

普通话声母有六个不送气音,即 b、d、g、z、zh、j,有六个送气音,即 p、t、k、c、ch、q。在一些方言里(如武汉话、广东梅县话、福建长汀话、南昌话、湖北咸宁话等),有一部分不送气音被读成了送气音,如武汉话中把"大概"的"概(gai)"读成了 kai,"跪(gui)"读成了 kui,"民族"的"族(zu)"读成了 cou 等。在学习普通话时,应该注意分辨。发送气音时,吐出的气流较强。发不送气音时,吐出的气流较弱。这部分的字不是很多,可记一些常用的字。下列字要注意改读作不送气的声母:倍、笨、鼻、病、别、稻、袋、独、敌、跪、共、坐、字、舅、件等。

(七) 分辨清音和浊音

普通话中浊音声母只有 m、n、l、r 这四个。但在一些方言中,比如吴、赣、湘等方言中还保留着中古汉语的一些浊辅音,有一套与清声母 b、d、g、z、zh、s 等相配的浊声母。如苏州话中的"拜"(中古清声母"帮"母)与"败"(中古浊声母"并"母)有别。这些方言区的人说普通话,就要把后边的浊声母字改读为相应的清声母字。平声字一般要改读为送气清声母,念阳平;仄声字一般要改读为不送气声母,念去声。

附录一:n、l 偏旁类推字对照表(见章首二维码中)。
附录二:zh、ch、sh 和 z、c、s 对照辨音字表(见章首二维码中)。
附录三:f、h 对照辨音字表(见章首二维码中)。

思考与练习

1. 什么是声母?
2. 什么是声母的发音部位和发音方法?
3. 平翘舌声母练习。

(1) 读记对比词语。

字纸—制止	阻力—主力
资源—支援	自学—治学
粗布—初步	六层—六成
木材—木柴	死记—史记
三角—山脚	搜集—收集
不曾—不成	私人—诗人

(2) 朗读下列兼有平翘舌词语。

zh—z	帐子	沼泽	渣滓	职责	种族	追踪
z—zh	载重	赞助	杂志	增长	作者	组织
ch—c	差错	车次	尺寸	揣测	春蚕	冲刺
c—ch	财产	彩绸	残春	餐车	磁场	粗茶
sh—s	上司	哨所	生丝	胜诉	神色	深思
s—sh	桑树	扫射	松鼠	算术	岁数	损伤

(3) 朗读绕口令。

① 四和十,十和四,十四和四十,四十和十四。说好四和十,得靠舌头和牙齿,谁说四十是"细席",他的舌头没用力;谁说十四是"时事",他的舌头没伸直。认真学,常

练习,十四、四十、四十四。

② 石狮寺前有四十四个石狮子,寺前树上结了四十四个涩柿子,四十四个石狮子不吃四十四个涩柿子,四十四个涩柿子倒吃四十四个石狮子。

4. 鼻边音声母练习。

(1) 读记分类词语。

n——泥泞　牛奶　恼怒　男女　南宁　农奴　能耐　袅娜

l——冷落　劳力　嘹亮　罗列　理论　流利　来历　力量

(2) 朗读对比辨音词语(l—n)。

隆重—浓重　　　　涝灾—闹灾
蓝色—难色　　　　褴褛—男女
旅伴—女伴　　　　连带—年代
无赖—无奈　　　　老子—脑子
老路—恼怒　　　　另有—宁有
留恋—留念　　　　流毒—牛犊
水流—水牛　　　　蓝天—南天

(3) 读记绕口令。

① 男教练和女教练

　　蓝教练是女教练,吕教练是男教练,
　　蓝教练不是男教练,吕教练不是女教练。
　　蓝南是男篮主力,吕楠是女篮主力,
　　吕教练在男篮训练蓝南,
　　蓝教练在女篮训练吕楠。

② 牛郎恋刘娘

　　牛郎年年恋刘娘,刘娘连连念牛郎。
　　牛郎恋刘娘,刘娘念牛郎。
　　郎恋娘、娘念郎,
　　念郎恋郎,恋娘念娘,念恋郎娘。

第三节 韵 母

一、韵母的构成和分类

(一) 韵母在音节结构中的构成

在一个音节结构中,韵母的结构可分为韵头、韵腹和韵尾。

(1) 韵头,又叫介音或介母,介于声母和韵腹之间。韵头只有 i、u、ü 三个,都是高元音,出现在韵腹前面,表示韵母发音的起点。如:"xiào(笑)"中的"i","zhuāng(庄)"中的"u","què(却)"中的"ü"。

(2) 韵腹是韵母的主干,是韵母中不可缺少的音素。与韵头、韵尾相比较,韵腹最清晰响亮,所以也叫"主要元音"。所有的元音都能出现在韵腹位置上。如:"shàng(上)"中的"a","huó(活)"中的"o","shī(诗)"中的"-i[ʅ]"。

(3) 韵尾是韵腹后面的音素。

① 元音韵尾,如:"méi(玫)"中的"i","hǎo(好)"中的"o","hòu(后)"中的"u"。

② 鼻辅音韵尾,如:"zhān(沾)"中的"n","jìng(静)"中的"ng"。

分析韵母的结构,记住要分析其实际发音,比如"wǔ(五)"的实际读音是[u],是韵腹,而"w"只不过是隔音用的字母,不要认为是韵头。又如"qiu(球)"的实际语音是[tɕʻiou],其韵腹是[o],分析韵母结构时要把拼写时省去的符号补出来。普通话韵母结构情况如表 2-3 所示:

表 2-3 普通话韵母结构表

韵母例字	韵母		
	韵头(高元音 i、u、ü)	韵(韵身)	
		韵腹(十个单元音)	韵尾(高元音 i、o、u 和鼻辅音 n、ng)
爱		a	i
游	i	o	u
文	u	e	n
月	ü	ê	
莺		i	ng
五		u	

(续表)

韵母例字	韵母		
	韵头(高元音 i、u、ü)	韵(韵身)	
		韵腹(十个单元音)	韵尾(高元音 i、o、u 和鼻辅音 n、ng)
邀	i	a	o
耳		er	
司		-i[ɿ]	
吃		-i[ʅ]	

(二) 韵母的分类

(1) 韵母按照音素的不同情况,可以分为单韵母、复韵母和鼻韵母三类,如表 2-4 所示。

① 单韵母:由一个元音音素构成的韵母。如:音节"jì(迹)"中的"i"、"pō(颇)"中的"o"、"yú"(于)中的"ü"、"zī(资)"中的"-i[ɿ]"。

② 复韵母:由两个或三个元音音素构成的韵母。如:音节"kǎi(慨)"中的"ai"、"xuè"(谑)中的"üê"、"záo(凿)"中的"ao"、"miù(谬)"中的"iu(iou)"。

③ 鼻韵母:由一个或两个元音和一个鼻辅音构成的韵母。如:音节"zhāng(张)"中的"ang"、"xīn(心)"中的"in"。

(2) 按韵母开头的发音口形,可以分为开口呼、齐齿呼、合口呼和撮口呼四类。

① 开口呼:没有韵头,韵腹不是 i、u、ü 的韵母,如:a、ou、en;

② 齐齿呼:i 或以 i 开头的韵母,如:i、iao、in;

③ 合口呼:u 或以 u 开头的韵母,如:u、uai、uen;

④ 撮口呼:ü 或以 ü 开头的韵母,如:ü、üe、üan。

表 2-4 韵母表

按结构分	按口形分				按韵尾分
	开口呼	齐齿呼	合口呼	撮口呼	
	按韵母分				
单韵母	a[A]	i[i]	u[u]	ü[y]	无韵尾韵母
	o[o]				
	e[ɤ]				
	ê[ɛ]				
	er[ər]				
	-i[ɿ][ʅ]				

(续表)

按结构分	按口形分				按韵尾分
	开口呼	齐齿呼	合口呼	撮口呼	
	按韵母分				
复韵母	ai[ai]	ia[iA]	ua[uA]	üe[yɛ]	元音韵尾韵母
	ei[ei]	ie[iɛ]	uo[uo]		
	ao[au]	iao[iau]	uai[uai]		
	ou[ou]	iou[iou]	uei[uei]		
鼻韵母	an[an]	ian[iɛn]	uan[uan]	üan[yan]	鼻音韵尾韵母
	en[ən]	in[in]	uen[uən]	ün[yn]	
	ang[aŋ]	iang[iaŋ]	uang[uaŋ]		
	eng[əŋ]	ing[iŋ]	ueng[uəŋ]		
			ong[uŋ]	iong[yŋ]	

二、韵母的发音

下面按照单韵母、复韵母和鼻韵母三类，分别说明它们的发音情况。

（一）单韵母的发音

1. 舌面韵母的发音

舌面元音在发音时，舌面起主要作用，其发音是有三个条件的：舌面的前后，舌位的高低，圆唇不圆唇。舌面韵母共有 a o e i u ü ê 7个。下面对每一个的发音进行描述。

a[A]舌面、央、低、不圆唇元音。发音时，口腔大开，舌位低，双唇呈自然展开，声带颤动。如"打靶"中的"a"。

o[o]舌面、后、半高、圆唇元音。发音时，舌后缩，后部隆起，口半开，舌位半高，嘴唇拢圆，声带颤动。如"薄膜"中的"o"。

e[ɤ]舌面、后、半高、不圆唇元音。发音时，舌位前后、高低与 o 基本相同，不同的是 o 是圆唇音，而 e 是不圆唇音。如"折射"中的"e"。

i[i]舌面、前、高、不圆唇元音。发音时，舌面前部隆起，舌头前伸，抵住下齿背，口腔开度小，嘴唇展开呈扁形，声带颤动。如"地皮""稀泥"中的"i"。

u[u]舌面、后、高、圆唇元音。发音时舌面后部突起，口腔开度很小，嘴唇收成圆形，声带颤动。如"互助""铺路"中的"u"。

ü[y]舌面、前、高、圆唇元音。发音时，舌位前后、高低与 i 基本相同，不同的是 ü 是圆唇音，而 i 是不圆唇音。如"区域""序曲"中的"ü"。

ê[ɛ]舌面、前、半低、不圆唇元音。发音时，舌面前部隆起，舌尖抵住下齿背，口腔半开,舌位半低,唇形不圆,声带颤动,ê[ɛ]只能给"欸"这一个汉字注音,此外,还能进入"üe、ie"这两个复韵母中。如"解决"中的"ê"。汉语拼音舌面元音图,如图2-1所示。

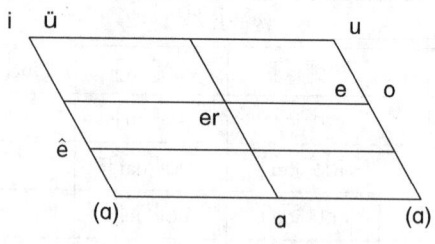

图 2-1 汉语拼音舌面元音图

2. 舌尖韵母的发音

-i[ɿ]:舌尖前、不圆唇元音。发音时,舌尖前伸靠近上齿背,口腔开度很小,嘴角向两边展开,声带颤动。如"司""此"中的-i[ɿ]只与 z、c、s 相拼。

-i[ʅ]:舌尖后、不圆唇元音。发音时,舌尖靠近(但不接触)硬腭前部,口腔开度很小,嘴角向两边展开,声带颤动。如"支持""时日"中的-i[ʅ]只与 zh、ch、sh 相拼。

舌尖前元音-i[ɿ]与舌尖后元音-i[ʅ]分别与舌面元音 i[i]形成互补关系,因此,《汉语拼音方案》只用1个 i 表示3个韵母。

3. 卷舌韵母的发音

er[ər]:卷舌、央、中、不圆唇元音。发音时,舌前中部上抬,舌尖向后卷,和硬腭前端相对,口腔开度略大,嘴角展开,声带颤动。如:"儿、而、耳、饵、尔、二"等韵母是 er,卷舌韵母 er 不与声母相拼,只能自成音节。单元音韵母发音表,如表2-5所示。

表 2-5 单元音韵母发音表

舌位高低	舌面						舌尖		卷舌
	舌位前后								
	前		央		后		前	后	央
	唇形圆展								
	不圆唇	圆唇	不圆唇	圆唇	不圆唇	圆唇	不圆唇	不圆唇	不圆唇
高	i[i]	ü[y]				u[u]	-i[ɿ]	-i[ʅ]	
半高					e[ɤ]	o[o]			
中									er[ər]
半低	ê[ɛ]								
低			a[A]						

(二)复韵母的发音

复韵母的发音,是一个元音向其他元音过渡的过程,每个元音的发音,依其地位

(韵头、韵腹、韵尾)的不同,有长短轻重的差异。发音时,元音的开口度、舌位、唇形等逐渐变化,气流连贯,形成一个整体的语音单位。

复韵母的发音以韵腹为中心,韵腹的发音最响亮,是韵母的主干。根据韵腹在韵母中的位置,可以把复韵母分成前响复韵母、后响复韵母和中响复韵母三类。前响和后响由二合元音构成,中响由三合元音构成。

1. 前响复韵母

发音的共同点:开头的元音开口度大,收尾的元音开口度小,舌位由低到高滑动;开头的元音响亮清晰,收尾的元音轻短模糊。前响复韵母共有 4 个。例如:

ai	海带 hǎidài	白菜 báicài	采摘 cǎizhāi
ei	肥美 féiměi	妹妹 mèimei	配备 pèibèi
ao	草帽 cǎomào	懊恼 àonǎo	报道 bàodào
ou	守候 shǒuhòu	抖擞 dǒusǒu	后头 hòutou

2. 后响复韵母

发音的共同点:开头的元音开口度小,收尾的元音开口度大,舌位由高向低滑动;收尾的元音响亮清晰,开头的元音短促不响亮。后响复韵母共有 5 个。例如:

ia	假牙 jiǎyá	加价 jiājià	恰恰 qiàqià
ie	结业 jiéyè	谢谢 xièxie	贴切 tiēqiè
ua	挂花 guàhuā	耍滑 shuǎhuá	娃娃 wáwa

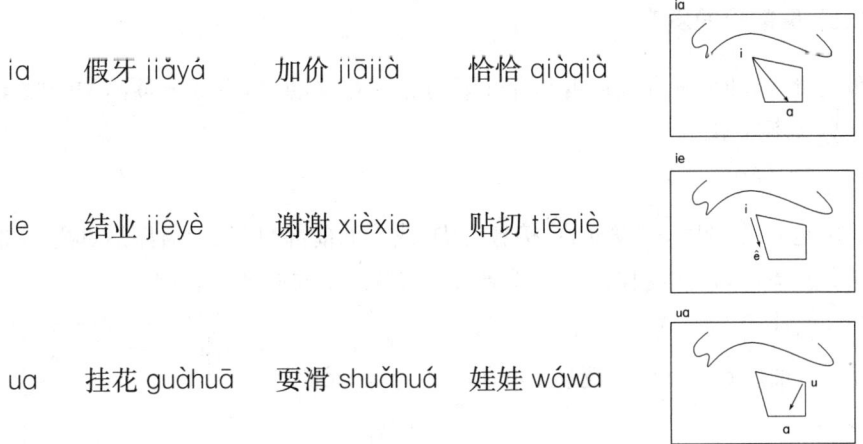

uo　过火 guòhuǒ　懦弱 nuòruò　坐落 zuòluò

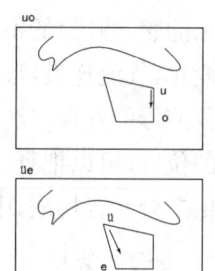

üe　绝学 juéxué　约略 yuēlüè　雀跃 quèyuè

3. 中响复韵母

发音的共同点：开头和收尾的元音开口度小，中间的元音开口度大，舌位先向低滑动，再由低向高滑动；开头的元音短促不响亮，中间的元音响亮清晰，收尾的元音轻短模糊。中响复韵母共有 4 个。如：

iao　教条 jiàotiáo　疗效 liáoxiào　渺小 miǎoxiǎo

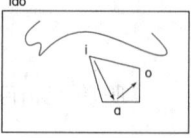

iou　求救 qiújiù　秋游 qiūyóu　优秀 yōuxiù

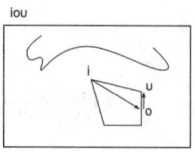

uai　怀揣 huáichuāi　摔坏 shuāihuài　外快 wàikuài

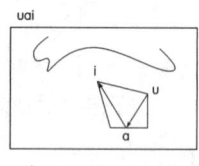

uei　垂危 chuíwēi　归队 guīduì　回味 huíwèi

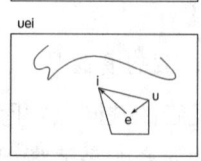

（三）鼻韵母的发音

鼻韵母发音时，发音位置由元音逐渐向鼻辅音移动，鼻音成分逐渐增强收尾，但该韵尾鼻音不除阻。

1. 前鼻韵母

韵尾是 n，发音时，先发元音，接着舌尖（或舌面前部）抵住上齿龈后部腭前部，使气流从鼻腔流出，以韵尾收音至发音结束。前鼻韵母共有 8 个。例如：

an　灿烂 cànlàn　泛滥 fànlàn　办案 bàn'àn

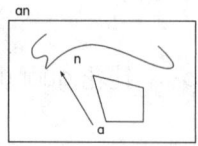

en　　本身 běnshēn　　沉闷 chénmèn　　人参 rénshēn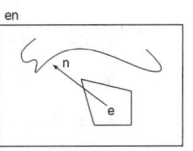

ian　　片面 piànmiàn　　浅显 qiǎnxiǎn　　惦念 diànniàn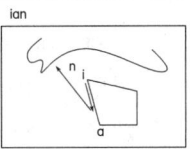

in　　邻近 línjìn　　亲信 qīnxìn　　殷勤 yīnqín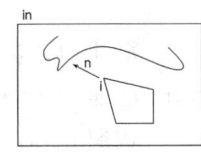

uan　　换算 huànsuàn　　专断 zhuānduàn　　婉转 wǎnzhuǎn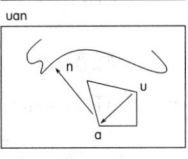

uen　　昆仑 kūnlún　　春笋 chūnsǔn　　温顺 wēnshùn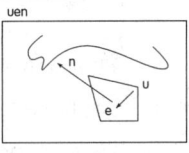

üan　　全权 quánquán　　渊源 yuānyuán　　轩辕 xuānyuán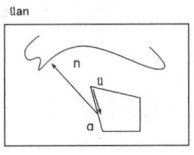

ün　　均匀 jūnyún　　军训 jūnxùn　　逡巡 qūnxún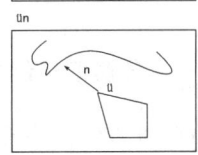

2. 后鼻韵母

韵尾是 ng，发音时，先发元音，接着舌头后缩，口大开，唇形不圆，舌面后部上升，舌根抵住软腭，发鼻音 ng。后鼻韵母共有 8 个。例如：

ang　　帮忙 bāngmáng　　商场 shāngchǎng　　厂房 chǎngfáng

eng　　丰盛 fēngshèng　　更正 gēngzhèng　　风筝 fēngzheng

ong　　从容 cóngróng　　轰动 hōngdòng　　肿痛 zhǒngtòng

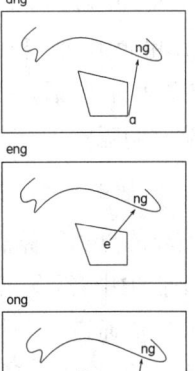

	想象 xiǎngxiàng
iang	响亮 xiǎngliàng
	亮相 liàngxiàng

	宁静 níngjìng
ing	明星 míngxīng
	姓名 xìngmíng

	汹涌 xiōngyǒng
iong	熊熊 xióngxióng
	炯炯 jiǒngjiǒng

	状况 zhuàngkuàng
uang	狂妄 kuángwàng
	双簧 shuānghuáng

	渔翁 yúwēng
ueng	蓊郁 wěngyù
	蕹菜 wèngcài

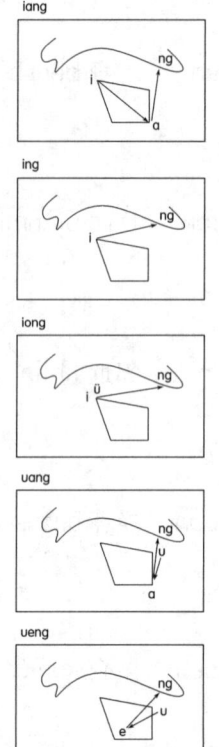

三、韵母辨正

（一）分辨前鼻韵母和后鼻韵母

有些方言发音分不清"民"和"名"，或分不清"陈"和"程"，这主要是由于前鼻音韵尾-n 和后鼻音韵尾-ng 相混所致。这种混同现象，多数表现为 en 和 eng、in 和 ing 不分，而 an 和 ang、ian 和 iang、uan 和 uang 混同的较少。例如：南京话、长沙话一般把这五对韵母的韵尾读成前鼻音韵尾-n；上海话、昆明话、兰州话、桂林话一般把 en 和 eng、in 和 ing 的韵尾读成前鼻音韵尾-n；而广西灵川话却把 an 和 ang、en 和 eng、in 和 ing、uan 和 uang 的韵尾都读成后鼻音韵尾-ng。在西北地区中，有些方言（如宁夏话、新疆话），一般把 en、in、uen、un 的前鼻音韵尾-n 读成后鼻音韵尾-ng。如何分辨它们呢？

1. 掌握-n 和-ng 发音要领

前鼻韵母和后鼻韵母的根本区别在于韵尾的发音部位的不同。前鼻韵母的韵尾-n 是舌尖中音，发完韵母元音后，舌尖向上齿龈移动并抵在上齿龈上，同时舌头封住口腔气流通道。

后鼻韵母-ng 是舌根音，发完韵母元音后，舌尖不动，舌根向上抬，抵在软腭上，同时舌根封住口腔气流通道。

另外,发-n 时上下门齿是相对的,口形较闭合;发-ng 时,上下门齿离得较远,口形略张开。

2. 掌握记忆方法

(1) 形声字声旁类推。

普通话中独体字是前鼻音韵母的字,比如"斤"的韵母是 in,由此类推,则"近、靳、新、芹、欣、薪、忻、昕"等都是 in 韵母字。又如:

申 shen——伸 神 审 呻 绅 婶 砷 胂 浉

分 fen——芬 纷 氛 酚 粉 份 忿 吩 汾 玢

宾 bin——槟 频 滨 鬓 濒 缤 殡 髌 傧 镔 摈

今 jin——妗 矜 衿 妗 琴 衾 芩 吟

普通话中独体字是后鼻音韵母的字,比如"丙"的韵母是 ing,由此类推,"病、柄、炳、邴、俩"等都是 ing 韵母字。又如:

正 zheng——征 整 政 证 怔 症

争 zheng——睁 挣 铮 筝 狰 峥 净 狰

平 ping——萍 评 坪 苹 枰 鲆

青 qing——情 请 青 晴 鲭 蜻 氰 鲭 箐 精 睛 靖 菁

(2) 利用声韵拼合规律记忆。

普通话 d、t、n、l 只拼 eng,不拼 en、in(扽 den、嫩 nen 除外)。武汉话中 d、t、n、l 与 en 相拼的音节,普通话都念 eng 韵母。例如:

灯 登 等 瞪 蹬 噔 邓 腾 誊 藤 疼 能 冷 楞 棱

丁 鼎 顶 定 订 钉 盯 叮 锭 听 亭 廷 挺 停 厅 庭 艇 婷

b、p、m、f 不拼 ong。普通话里 b、p、m、f 任何时候都不与 ong 韵母相拼,方言中 b、p、m、f 后面的 ong,普通话都念作 eng。例如:

崩 绷 蹦 镚 泵 迸 甭 蚌 朋 硼 棚 彭 鹏 捧 碰 蓬

盟 梦 猛 萌 蒙 孟 懵 檬 疯 奉 风 枫 丰 封 冯 逢

(3) 记住少数特别的字。

普通话 g 与 en 相拼的字较少,而与 eng 相拼的字较多。例如:

gen:跟 根 亘

geng:耕 更 梗 耿 庚 哽 羹 鲠 绠 埂 颈(脖颈儿)

普通话中 h 与 en 相拼的字只有四个,其余都是 eng 韵字。例如:

hen:痕 很 狠 恨

heng:哼 衡 亨 横 恒 珩 蘅 桁 鸻

普通话 in 韵母与 n 声母相拼只有一个"您"字,其余都是后鼻韵 ing。例如:

nin:您

ning:宁 凝 狞 咛 柠 拧 泞 佞 聍

普通话以"令"作声旁的字,绝大多数是 ing 韵母,少数是 in 韵母。例如:

lin：邻　拎

ling：龄、零、伶、铃、玲、聆、羚、翎、领、苓、囹

普通话以"圣"作声旁的字，除极个别外，都是 ing 韵。例如：

jin：劲(干劲)

jing：经、径、茎、颈、刭、迳、痉、胫、泾、劲(强劲)

（二）分辨韵母 e、o 和 uo

(1) 有些方言区把"e"发成"o"，如湖北武汉话、黄石话、成都话将普通话的"哥""课""喝"念成了"go、ko、ho"。

有些方言区把"o"发成"e"。东北方言中，则大多数将"o"发成了"e"，如哈尔滨、黑河、齐齐哈尔等地将"拨""泼""摸""佛"分别念成了 be、pe、me、fe。

(2) 有些方言 uo 和 e 不分。如，湖北荆州话、湖南常德话将普通话的"河""课""科"念成复韵母"uo"，湖北宜昌话把普通话的"可""哥""河""贺"等也念成复韵母"uo"。湖北鄂东南的大冶、武穴等地则把"火""果""货"(复韵母 uo)念成单韵母"o"。

分辨 e、o、uo 这三个韵母，除了利用形声字的声旁类推外，还可以利用普通话的拼合规律加以区分。

如在普通话里，单韵母 o 只跟声母 b、p、m、f 相拼，不跟其他声母相拼；而 uo、e ["什么"的"么(me)"除外]则刚刚相反，不跟 b、p、m、f 拼合，可以和其他声母(除 j、q、x 外)相拼。

在普通话里，g、k、h 可以与单韵母 e 相拼，不与单韵母 o 相拼。

（三）不丢失韵头 i 和 u

普通话的复韵母和鼻韵母的韵头 i 和 u，在有些方言区中却没有。如，广州话把"流"说成[lau]，"钻"说成[tsan]；上海话把"队"说成[de]，"吞"说成[t'ən]。西南官话和江淮官话也不同程度地存在这种情况。湖北武汉、仙桃、鄂东不少地方，把"最"说成[zei]，"吨"说成[tan]，"损"说成[san]；安庆话把"队"说成[tei]，"吞"说成[t'an]。此外，在广西桂林话、柳州话，湖南常德话，湖北宜昌话中，还有"咬""袄"同音的现象，这也是一种韵头的丢失。这些方言区的人学习普通话，应当注意增加韵头，有时声母、韵母、韵尾也要做相应的改变。

对于湖北人而言，丢失韵头"u"的现象非常普遍。如把 uei、uen、uan 错读为 ei、en、an。例如：

篡改	篆刻	璀璨	脆弱	尺寸
储存	纯粹	端详	锻炼	兑换
敦促	儿孙	关税	换算	混沌
温暖	团队	嘴唇	竹笋	坠落

(四) 分辨齐齿呼、合口呼和撮口呼

1. 区分齐齿呼和撮口呼

普通话的齐齿呼和撮口呼两类韵母,在少数方言区出现了混淆现象。
(1) 把齐齿呼念成撮口呼。
如:湖北的武汉话把"新鲜"说成"新宣","女婿"说成"女细","茄子"说成"瘸子"。
(2) 把撮口呼念成齐齿呼。
如:客家话、闽南话、西南官话的部分地区(如湖北钟祥、松滋部分地方,云南昆明、四川西昌)等地一般把撮口呼念成齐齿呼。把"吃鱼"说成"吃移","军人"说成"金人","拒绝"说成"自觉"。在说普通话时,要注意区分。

2. 区分合口呼和撮口呼

湖北的武汉、黄石、天门(东)等地,合口呼韵母混入撮口呼,主要限于普通话中 zh、ch、sh 与合口呼相拼的一部分字,如"猪""出""书",读作"居""区""虚"。

也就是将下列前者音节发成了后者音节:zhu-ju、zhun-jun、zhuan-juan、ru-yu、ruan-yuan、run-yun 等。学习普通话时应将方言中的这些撮口呼改读为合口呼。

> 附录一:en—eng、in—ing 对照辨音字表(见章首二维码中)。
> 附录二:uen 和 ueng、ong 对照辨音字表(见章首二维码中)。
> 附录三:ün 和 iong 对照辨音字表(见章首二维码中)。

思考与练习

1. 什么是韵母?
2. 韵母按照音素的组成分为哪几类?按照口型分为哪几类?
3. 请朗读下列词语。

反问—访问　　　开饭—开放　　　心烦—心房
清真—清蒸　　　伸张—声张　　　瓜分—刮风
禁地—境地　　　临时—零食　　　民生—名声

4. 朗读对话。

甲:今天心情怎么样?

乙:今天我很高兴。

甲:明天我们一起去逛街,行吗?

乙:不行,明天我们班要进行乒乓球比赛。

甲:你很喜欢打乒乓球吗?你在你们班排第几名?

乙:第一名。

甲:你真棒!我怎么很少看见你打乒乓球?

乙:我经常打,只是每次打乒乓球之前忘了向你请示。

5. 朗读绕口令。
(1) 高高山上一根藤,青青藤条挂金铃。
　　风吹藤动金铃响,风停藤静铃不鸣。
(2) 鹅和河
　　坡上立着一只鹅,坡下就是一条河。
　　宽宽的河,肥肥的鹅,
　　鹅要过河,河要渡鹅。
　　不知是鹅过河,还是河渡鹅?
(3) 数青蛙
　　一只青蛙一张嘴,两只眼睛四条腿,扑通一声跳下水。
　　两只青蛙两张嘴,四只眼睛八条腿,扑通扑通跳下水。
　　三只青蛙三张嘴,六只眼睛十二条腿,扑通扑通扑通跳下水。
　　四只青蛙,四张嘴,八只眼睛十六条腿,扑通扑通扑通扑通跳下水。
(4) 虎鹿猪兔鼠
　　山上一只虎,林中一只鹿。
　　路边一只猪,草里一只兔,还有一只鼠。
　　数一数,一二三四五,虎鹿猪兔鼠。

第四节　声　调

一、声调的性质和作用

(一) 声调的性质

声调是一个音节高低升降的变化。汉语的一个音节,一般就是一个汉字,所以声调也叫字调。

音节的高低升降变化是由什么决定的呢? 从语音的生理基础看,这是由声带的松紧程度决定的。发音时,声带绷得紧,一定时间内振动的次数多,声音就高;假若声带比较松,一定时间内振动的次数少,声音就低。声带先松后紧,声音就由低变高;声带先紧后松,声音就由高变低。控制声带的松紧,可以形成不同的音高,从而构成不同的声调。所以,如果从语音的物理基础这一角度来加以考察,我们也可以这样说,声调主要是由音高决定的。声调的音高,具有两个明显的特点。

第一,声调的音高是相对音高(即用比较的方法确定的同一基调的音高变化形式

和幅度),而不是绝对音高(即不起区别意义作用的音高);

第二,声调的音高变化是滑动的而不是跳动的。

(二) 声调的作用

在汉语里,声调具有区别意义的作用。如下面这些声韵相同的音节,如果标上不同的声调,就可表示不同的意义。

kanshu——看书、看树、砍树

maiyan——买烟、卖烟、买盐、卖盐

汉藏语系中语言的音节是附有声调的,但印欧语系等世界上大多数语系的音节有音高而没有声调音高格式,所以被公认为没有声调的语言。可见声调不是音节中不可缺少的组成成分。

汉语是有声调的语言,声调是汉语语音最显著和最基本的特征。声调决定着普通话或汉语方言的语音面貌。例如,北京话明显区别于天津话,武汉话与长沙话的差异也非常明显。因此,声调是普通话与方言、方言与方言相区别的一把标尺。声调作为有区别意义和作用的音高变化,在汉语语音系统中具有特殊的地位。

二、调值和调类

(一) 调值

调值是声调的实际读法或音值。不同的发音主体,声带的厚薄、松紧、宽窄等不同,同一个音节,不同人发音的音高也不完全相同。一般认为,男性的声带较厚、较长、较宽,发出来的声音比较低沉;女性的声带较薄、较短、较窄,发出来的声音比较高亮。同一个词"调",一个成年男子读时是从他的最高音降到最低音,一个小孩读时也是从他的最高音降到最低音,音高变化的趋势和升降幅度完全相同,这种音高变化的趋势和升降幅度即构成调值的"相对音高"完全相同。但是这个成年人和这个小孩发"调"这个音节时的最高音和最低音都是不相同的,这就是绝对音高不同。

普通话语音系统中,有四种调值,分别是:55、35、214、51。

(二) 调类

调类即声调的种类,就是把调值相同的字归纳在一起所建立的类。同一种方言中,有几种基本调值,就可以归纳成几种调类。

普通话语音系统中,有四种调类,分别是:阴平调(第一声)、阳平调(第二声)、上声调(第三声)、去声调(第四声)。

(三) 五度标记法

五度标记法又叫五度标调法,是赵元任先生在1930年创制的用来标记调值相对音高走势的一种方法。

他把一个字音的高低定为5度,最高点为5,最低点为1,其间平均分为4份。由于声调的调值是连续滑动的,而不是单一、跳跃的,所以有起点和终点。一般把起点和终点的高度连在一起就可以了。如55表示起点和终点都是5,一样高,为高平调;214是曲折调,表示起点是2,中间点是1,终点是4,曲折调一般要用三个数字表示(如图2-2所示)。普通话声调标记法如表2-6所示。

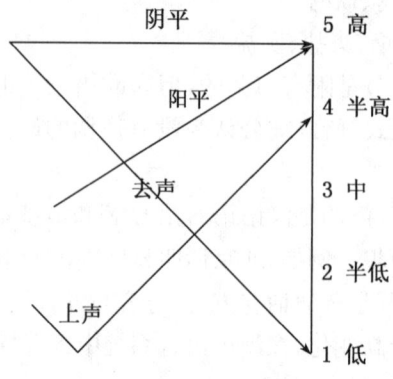

图2-2 五度标调法

表2-6 普通话声调标记法及示例

调类	调值	调型	调号	例字
阴平	55	高平调	ˉ	山
阳平	35	中升调	ˊ	明
上声	214	降升调	ˇ	水
去声	51	全降调	ˋ	秀

三、声调辨正

1. 读准普通话四声的调值

读准普通话四声的调值是学好普通话声调的基础。

(1)先训练"定位"调值。如55、33、11,做到有效地控制声带,把握音高,准确到位。再练习35、51、214,对普通话声调的高低升降变化的趋势和幅度有一个准确而直观的感受。

(2)反复训练,熟记普通话声调调值。例如:

千锤百炼 山盟海誓 逆水行舟 过眼云烟
光辉灿烂 荣华富贵 欢欣鼓舞 刀山火海

2. 找出自己的方言声调和普通话的对应关系

方言声调与普通话声调存在着对应关系。比如阜阳话(没有入声)四个调类:阴平、阳平、上声、去声；合肥话(有入声)五个调类：阴平、阳平、上声、去声和入声。"诗、时、始、世"四个字在普通话里属阴平、阳平、上声、去声，调值分别为 55、35、214、51 四种调值，在阜阳话的读音分别为 212、55、24、53，在合肥话的读音分别为 212、55、34、42。阜阳人和合肥人就可以用自己方言的"诗、时、始、世"的声调读音来类推其他字(古入声字除外)的声调类别。如"方、天、欺、知"的声调读音(调值)与"诗"一致，就可以确定这些属于阴平调类；"房、田、棋、池"的声调读音(调值)与"时"一致，就可以确定这些字属于阳平调类；"访、点、起、耻"的声调读音(调值)与"始"一致，就可以确定这些字属于上声调类；"放、殿、气、志"的声调读音(调值)与"世"一致，就可以确定这些字属于去声调类。然后，再按普通话的调值来读这些字就行了。

3. 了解古入声字的改读

普通话的声调系统来自古代汉语的声调系统。在我国南朝齐梁之际，就有人把古汉语分为平、上、去、入四类声调，由于语音的发展变化，现代方言的字调分类主要是由古四声和古声母的清浊决定的。试拿古代平上去入四声调类和普通话的阴平、阳平、上声、去声四个调类对比一下就清楚了。

(1) 古代四声。

A. 古平声

古清声母→今阴平，如：边、天、飞

古浊声母→今阳平，如：平、才、人

B. 古上声

古清和古次浊声母→今上声，如：比、短、草

古全浊声母→今去声，如：倍、坐、旱

C. 古去声

无论清浊声母，今音全是去声。

D. 古入声

古全浊声母→今阳平，如：白、读、达

古次浊声母→今去声，如：麦、纳、月

古今调类比较

古四声：　　平声　　上声　　去声　　入声

今四声：　阴平　阳平　上声　去声

古今四声分流关系可概括为以下三句话：

平分阴阳、(全)上归去、入派四声。

(2) 方言入声字的改读。

各种方言中入声字的改派、改读非常复杂，比较简便的方法就是对比法。如"桌、识、笔、客""黑、国、雪、色"这两组字在现代普通话里分别属阴平、阳平、上声和去声，

但在古代都属于入声字。不同方言区的人就可以用方言读这两组字,体会在你的方言中,这八个字的声调的情况,从而了解自己方言声调与普通话声调之间的关系。这对声调辨正是有帮助的。

思考与练习

1. 什么是声调?
2. 什么是调值和调类?
3. 朗读下列词语。

(1) 朗读四声分类词语。

第一声　55

| 堆积 | 多亏 | 翻身 | 方针 | 分割 |
| 丰收 | 夫妻 | 干杯 | 高超 | 歌星 |

第二声　35

| 柠檬 | 排除 | 盘旋 | 赔偿 | 蓬勃 |
| 疲乏 | 贫民 | 平常 | 其余 | 前提 |

第三声　214

| 阻挡 | 矮小 | 把手 | 百感 | 版本 |
| 保险 | 北纬 | 绷脸 | 笔挺 | 哺乳 |

第四声　51

| 座位 | 继任 | 驾驭 | 健将 | 校队 |
| 戒备 | 尽力 | 境遇 | 旧历 | 剧烈 |

(2) 朗读对比词语。

工人—公认　　　　土地—徒弟
分身—分神　　　　工分—公愤
经济—竞技　　　　摧残—璀璨
道理—倒立　　　　教师—教室
娇气—脚气　　　　知趣—志趣
同意—统一—同一　　人名—任命—人命
实际—时机—事迹　　乡间—相减—相见
纺织—防止—放置　　资历—自立—自理
支援—职员—志愿　　升级—生机—生计

4. 朗读句子。

(1) 国家兴亡,匹夫有责。

(2) 尺有所短,寸有所长。

(3) 野火烧不尽,春风吹又生。

(4) 不必预期困扰的来临或忧虑也许绝不会发生的事,要长守在阳光中。

(5) 我活得愈久,便愈确定热忱是所有特性和质性中最重要的。
(6) 目标坚定是性格中最必要的力量源泉之一,也是成功的利器之一。
(7) 去做你害怕的事,害怕自然就会消逝。
(8) 失去金钱的人损失甚少,失去健康的人损失极多,失去勇气的人损失一切。
(9) 那些你能做到的,或你所梦想的,就着手去做。
(10) 不经你的同意,没有人能使你自觉低劣。

5. 朗读绕口令。
(1) 大猫毛短,小猫毛长,大猫毛比小猫毛短,小猫毛比大猫毛长。
(2) 妈妈骑马,马慢妈妈骂马;妞妞轰牛,牛拗妞妞拧牛。
(3) 石室诗士施氏,嗜狮,誓食十狮。施氏时时适市视狮。十时,适十狮适市。是时,适施氏适市。施氏视十狮,恃矢势,使是十狮逝世。施氏拾是十狮尸,适石室。石室湿,施氏使侍拭石室。石室拭,施氏始试食十狮尸。食时,始识是十狮尸,实十石狮尸,试释是事。

第五节 语流音变

人们在口语表达时发出一连串的音节,形成语流。在语流中,音节与音节、音素与因素、声调与声调互相影响,使语音发生或多或少的变化,这种现象叫语流音变。在普通话的语流中,常见的音变现象有变调、轻声、儿化、语气词"啊"的音变。

一、变调

普通话的四个声调是音节单读时的声调,因此也称为"字调"。在词语、句子中音节与音节相连,单个音节的声调发生的变化称为变调。这种变化是语流中语音的"异化"现象。普通话的变调主要有"上声"的变调,"一、不"的变调等。

(一) 上声的变调

普通话上声字除单念或在词尾、句尾时声调不变外,其他情况都要发生变化。
(1) 上声调在非上声调(阴平、阳平、去声、轻声)前,丢掉后半段"14"上升的尾巴,调值由 214 变为半上 211,变调调值描写为 214-211。例如:
上声调在阴平前:

鸟枪 niǎoqiāng　　　　扭亏 niǔkuī　　　　苦瓜 kǔguā

上声调在阳平前:

海螺 hǎiluó　　　　搞活 gǎohuó　　　　改革 gǎigé

上声调在去声前：

野外 yěwài　　　　　　老化 lǎohuà　　　　　　审定 shěndìng

上声调在轻音前：

姐夫 jiěfu　　　　　　比方 bǐfang　　　　　　老实 lǎoshi

(2) 上声相连时，前一个上声变成阳平，调值由 214 变为 35，变调调值描写为 214-35。例如：

领导 lǐngdǎo　　　　　懒散 lǎnsǎn　　　　　手指 shǒuzhǐ

(3) 三个上声音节相连时，如果后面没有其他音节，也不带什么语气，末尾音节一般不变调，开头、当中的上声音节根据词语结构的不同，有两种变调。

① 当词语的结构是双音节＋单音节（"双单格"）时，开头、当中的上声音节变成阳平，调值变为 35，调值描写为 35-35-214。例如：

手写体 shǒuxiětǐ　　　　展览馆 zhǎnlǎnguǎn　　　胆小鬼 dǎnxiǎoguǐ

② 当词语的结构是单音节＋双音节（"单双格"）时，开头音节处在被强调的逻辑重音时，读作"半上"，调值变为 211，当中音节则读作"阳平"，调值变为 35，调值描写为 211-35-214。例如：

冷处理 lěngchǔlǐ　　　　纸老虎 zhǐlǎohǔ　　　　小拇指 xiǎomǔzhǐ

③ 多个上声相连时，可以根据词语含义适当"化整为零"，再依上述规律变调。在快读时也可以只保留最后一个字读上声原调，前面的上声字一律变成阳平。例如："我找/小组长。"可读为"wózhǎo/xiǎozǔzhǎng"，也可读为"wóháoxiáozúzhǎng"。

例如：

彼此友好　　买把雨伞　　种马场养有五百匹好母马

(二)"一不"的变调

1. "一不"读原调

"一"的单字调是阴平声 55，"不"的单字调是去声 51，在单念或处在词句末尾的时候，不变调。例如：

一、二、三 yī èr sān　　　十一 shí-yī　　　　　第一 dì-yī

不 bù　　　　　　　　偏不 piānbù　　　　　决不 juébù

2. "一"有两种变调

(1) 在去声音节前变阳平，调值为 35。（以下"一"字标变调）例如：

一半 yíbàn　　　　　　一旦 yídàn　　　　　　一定 yídìng

(2) 在非去声（阴平、阳平、上声）音节前变去声，调值为 51。（以下"一"字标变调）例如：

阴平前：一般 yìbān　　　　一边 yìbiān　　　　一生 yìshēng

阳平前：一头 yìtóu　　　　一直 yìzhí　　　　　一群 yìqún

上声前：一举 yìjǔ　　　　　一体 yìtǐ　　　　　一早 yìzǎo

注：当"一"作为序数表示"第一"时不变调。例如："一楼"的"一"不变调，表示"第一楼"或"第一层楼"，而变调则表示"全楼"。"一连"的"一"不变调表示"第一连"，而变调则表示"全连"，副词"一连"中的"一"要变调，如"一(yì)连五天"。

3. "不"字有一种变调

"不"在去声音节前变阳平，调值为35。（以下"不"字标变调）例如：

不但 búdàn　　　　　　不定 búdìng　　　　　　不错 búcuò

注："一"嵌在重叠的动词之间以及"不"夹在动词或形容词之间、夹在动词和补语之间，都轻读，属于"次轻音"。由于"次轻音"的声调仍依稀可见，当"一"和"不"夹在两个音节中间时，不是依前一个音节变为轻声的调值，而是当音量稍有加强，就依后一个音节产生变调，变调规律如前。例如：

看一看　　　　　　想一想　　　　　　笑一笑
看不看　　　　　　好不好　　　　　　行不行
起不来　　　　　　拿不动　　　　　　打不开

二、轻声

轻声是一种特殊的变调现象，它没有固定调值。由于它长期处于口语轻读音节的地位，失去了原有声调的调值，又重新构成自身特有的音高形式，听感上显得轻短模糊。轻声作为一种变调的语音现象，一定体现在词语和句子中，因此轻声音节的读音不能独立存在。固定读轻声的单音节助词、语气词也不例外，它们的实际轻声调值也要依靠前一个音节的声调来确定。一般地说，任何一种声调的字，在一定的条件下，都可以失去原来的声调，变为轻声。轻声音节的变化与语音的四种物理属性都有关系。主要表现为音长变短。音色也变化不定，听感上显得又短又模糊。音强变弱，也不明显。它在音高上的不固定，是因受前一个字声调影响的结果。一般地说，上声字后头的轻声字的音高比较高，阴平、阳平字后头的轻声字偏低，去声字后头的轻声字最低。

（一）轻声的两种调值

（1）当前面一个音节的声调是阴平、阳平、去声的时候，后面一个轻声音节的调形是短促的低降调，调值为（调值下加横线表示音长短，下同）31。例如：

阴平·轻声　　哥哥 gēge　　　先生 xiānsheng　　休息 xiūxi
阳平·轻声　　萝卜 luóbo　　　泥鳅 níqiu　　　　婆婆 pópo
去声·轻声　　意思 yìsi　　　　困难 kùnnan　　　豆腐 dòufu

（2）当前面一个音节的声调是上声的时候，后面一个轻声音节的调形是短促的半高平调，调值为44（实际发音受前面上声的影响，往往开头略低于4度，形成一个微升调形）。例如：

上声·轻声　　老实 lǎoshi　　　马虎 mǎhu　　　使唤 shǐhuan

把轻声音节读成非轻声是语音错误。如：把"漂亮 piàoliang"读成"piàoliàng"就是语音错误。把非轻声音节读成轻声音节也是语音错误。如：把"座次 zuòcì"读作"zuòci"也都是语音错误。轻声音节"轻""短"的程度不够是语音缺陷。

（二）轻声词的分布规律

一般来说，新词、科学术语没有轻声音节，口语中的常用词才有读轻声音节的。下面一些成分，在普通话中通常读轻声：

（1）助词"的、地、得、了、过"和语气词"吧、嘛、呢、啊"等。例如：

他的　　愉快地　　走得动　　说着
吃了　　你呢　　谁啊　　放心吧　　好吗

（2）部分单纯词中的叠音词和合成词中重叠式的后一音节。例如：

弟弟　　娃娃　　星星　　坐坐　　等等　　商量商量

（3）构词用的虚语素"子、头"和表示多数的"们"等。例如：

桌子　　扣子　　木头　　馒头　　我们　　代表们

词语中的"子、头"都是实语素时，不读轻声。例如：

原子　　光子　　孢子　　男子　　窝窝头

（4）用在名词、代词后面表示方位的语素或词。例如：

山上　　树下　　柜子里　　左边　　外面

（5）用在动词、形容词后面表示趋向的词"来、去、起来、下去"等。例如：

进来　　拿来　　出去　　上去　　说出来　　走过去

中间加"得、不"的趋向动词不读轻声。

（6）量词"个"也常读轻声。例如：

一个　　这个　　哪个

（三）轻声的作用

（1）注意分辨一些词语有轻声和非轻声两读现象。这些词读法不同，意义不同，往往有区别词义和区分词性的作用。例如：

$\begin{cases}$地道 dìdao　　纯正的、够标准的意思，是形容词。
地道 dìdào　　地面下挖掘的交通坑道，是名词。$\end{cases}$

$\begin{cases}$精神 jīngshen　　表现出来的活力；活跃，有生气。
精神 jīngshén　　指人的意识、思维活动和一般心理状态；宗旨，主要的意义。$\end{cases}$

（2）掌握已固定下来的轻声现象（字典、词典已收录的）。

三、儿化

"儿化"指的是一个音节中，韵母带上卷舌色彩的一种特殊音变现象，这种卷舌化了的韵母就叫作"儿化韵"。

(一) 儿化韵的发音

"儿化"主要由词尾"儿"变化而来。词尾"儿"本是一个独立的音节,由于口语中处于轻读的地位,长期与前面的音节流利地连读而产生音变,"儿"(er)失去了独立性,"化"到前一个音节上,只保持一个卷舌动作,使两个音节融合成为一个音节,前面音节里的韵母或多或少地发生变化。这种语音现象就是"儿化"。我们把这种带有卷舌色彩的韵母称为"儿化韵"。

儿化是极为常见的现象。普通话的39个韵母中有36个韵母都可以儿化。儿化以后,有些原来不同的韵母变得相同了。原有的39个韵母就变成了26个韵母。"儿化韵"用拼音书写时,只写成 r,不写作 er。如"坡儿"写作"pōr"。

(二) 儿化音变规律

儿化韵的音变条件取决于韵腹元音是否便于发生卷舌动作。儿化音变是从后向前使韵腹(主要元音)、韵尾(尾音)发生变化,对声母和韵头(介音)"i-、ü-、u-"没有影响。儿化的实际发音分为以下几类,如表2-7所示。

表2-7 儿化的实际发音表

实际读法	韵母类别	举 例
ar	原来的韵母是 a、ai、an,加上韵头读成 ar、iar、uar、üar 四种形式	ar:刀把儿 小孩儿 笔杆儿 iar:豆芽儿 一点儿 小钱儿 uar:花儿 一块儿 好玩儿 üar:圆圈儿
er (或加上 er)	原来的韵母是 e、ei、en、ü、üe、ie、i、-i(前)、-i(后),去掉韵尾加上韵头读成 er、ier、uer、üer 四种形式	er:椅子背儿 窍门儿 山歌儿 ier:小街儿(小鸡儿 脚印儿 ji:er) uer:麦穗儿 花纹儿 üer:木樨儿 金鱼儿 合群儿 -i(前):铁丝儿 -i(后):没事儿
ur (或发音略松的 ur)	带韵尾-u(-o)的韵母读作-ur,ao、iao、ou、iou 四个韵母儿化时,发略松一点儿的 ur	ur:白兔儿 泪珠儿 略松 ur:草稿儿 小鸟儿 小猴儿 打球儿
元音鼻化的卷舌音	韵母带有-ng 韵尾的韵母	ang:帮忙儿 药方儿 后响儿 iang:唱腔儿 瓜秧儿 小箱儿 uang:蛋黄儿 天窗儿 竹筐儿 eng:板凳儿 绿灯儿 跳绳儿 ueng:小瓮儿 ing:电影儿 花瓶儿 打鸣儿 ong:没空儿 胡同儿 酒盅儿

儿化词语无卷舌色彩是语音错误。带儿化韵的音节是两个汉字一个音节形式,如果读成两个音节也是语音错误。如:把"事儿 shìr"读成"shì'ér",就是错误的。发儿化音是一定要卷舌到位,卷舌色彩不够则是语音缺陷。

(三) 儿化的作用

儿化这种语音现象,跟词汇、语法有密切的关系,它具有区别词义、区分词性和表示感情色彩的作用。

1. 区别词义

有的词儿化后具有不同的词义。例如:

头(脑袋)—头儿(领头的)　　　眼(眼睛)—眼儿(小孔)

火星(行星)—火星儿(极小的火)

2. 区别词性

兼动、名两类的词或形容词,儿化后就固定为名词;有的名词、动词儿化后借用为量词。例如:

尖(形容词)—尖儿(名词)　　　盖(动词)—盖儿(名词)

堆(动词)——堆儿(量词)

此外,有些代词、副词、动词和重叠的形容词也有儿化现象。如那儿、顺便儿、玩儿、好好儿、慢慢儿。

3. 表示细小、亲切或喜爱的感情色彩

有的词儿化后就带有一定的感情色彩。例如:

小孩儿　　小皮球儿　　小勺儿　　苹果脸儿　　老头儿　　小王儿

(四) 不能儿化的情况

不是每个词尾有"儿"字的词语都必须儿化,具体有以下两种情况。

1. 词语中"儿"具有实在的语言意义时,不能儿化。例如:

婴儿、幼儿("儿"意指小孩子)

男儿("儿"意指年轻人)

2. 有时在一句话中,为了凑足音节,词尾有"儿"字时也不能儿化。例如:

花儿为什么这样红?

蝉儿高唱,稻花飘香。

四、"啊"变

语气词"啊"在口语中往往出现在句末和句中停顿处,它会受到前面一个音节的末尾的音素的影响而发生音变。我们把这种变化,叫作语气词"啊"的音变。

(一) "啊"的音变发音

"啊"变的读音取决于"啊"的前一个音节的末尾音素,把该音素当作"a"的韵头或声母,二者组合在一起的实际读音,就是"啊"变的读音。发音时,只要根据"啊"变的规律,记住能与前面音节韵尾相组合则拼读,不能与前一音节韵尾相拼的则读作"ya"便可。读音时轻读并读得自然。

(二)"啊"的音变规律(如表2-8所示)

表2-8 "啊"的音变规律

音节末尾音素	读 作	汉字写作	举 例
a、o(ao、iao 除外) e、i、ü、ê	ya	呀	他呀 我呀 鸡呀 车呀 洗呀 鱼呀 写呀
u(ao、iao)	wa	哇	哭哇 好哇 笑哇
-n	na	哪	看哪 穿哪 紧哪
-ng	nga	啊	香啊 唱啊 行啊
-i(前)	sa	啊	孩子啊 自私啊 几次啊
-i(后)、er、儿化韵	ra	啊	是啊 店小二啊 开门儿啊

把语气词"啊"仍读作"a",或随意变读都是语音错误。如:把"说啊 shuō ya"读作"shuō wa"。

常用轻声词(见章首二维码中)。
常用儿化词(见章首二维码中)。

思考与练习

1. 什么是变调?举例说明主要有几种变调。
2. 给下列含有"一、不"的词语注上实际读音。
   一概　一方　一头　一次　一丝　一律　一缕　一队　试一试　一见如故
   不必　不但　不当　不过　不良　不堪　不轨　不得已　不锈钢　从容不迫
3. 指出下面上声字的声调变化情况。
   厂党委　领导　选举　考察　水库　铁道　解除
   小组长　水运　首长　老板　火柴　鼓动　检察
   胆小鬼　粉笔　指挥　耳鼓　搞鬼　浅水　享受
4. 什么是轻声?举例说明轻声音节音高变化的规律。
5. 什么是儿化?儿化跟词汇和语法有何关系,试举例加以说明。
6. 朗读下面句子,写出"啊"音变后的汉字写法。
   你来啊。　　为什么不去啊?　　你看啊。
   多高啊!　　怎么老不动啊?　　是不是啊?
   快干啊!　　说你啊。　　是我啊。
   快唱啊。　　写字啊。　　没事啊。

第六节　语音规范化

一、语音规范化概说

语音规范化，就是使普通话有一个明确的、统一的标准，并依照这个标准进行推广。语音规范化是现代汉语规范化的重要组成部分，也是实现推广普通话的一个重要目标。

（一）确立正音标准

现代汉民族共同语是在 1955 年就已经确立了的，普通话是以北京语音作为标准音，我们学习普通话就要以北京语音作为学习的规范。当然，普通话音系并不包括北京的土音成分。比如，北京有的人把"淋湿了"念成了"lín 湿了"，把"论斤买"念成"lún 斤买"等，这类土音是不能进入普通话的。还要注意北京话异读词的问题。所谓异读词就是北京话里同一个词的字读不同的音。下列一些词加点的字，北京话里的读音就没有被普通话采纳，比如：

教室 shǐ　　暂时 zǎn　　亚洲 yǎ　　流血 xuě

国家语言文字工作委员会早已审定了一批异读词，并于 1985 年 12 月公布了《普通话异读词审音表》。我们要认真学习《普通话异读词审音表》，严格按照这个表规定的标准音去读。

关于《普通话异读词审音表》及如何学习此表（见章首二维码中）

（二）推广标准音

普通话是中华人民共和国国家通用语。推广和普及普通话是国家的基本语言政策。普通话水平测试是推广普通话的重要举措。

1. 国家的语言政策

《中华人民共和国宪法》规定："国家推广全国通用的普通话。"2000 年 10 月 31 日，第九届全国人民代表大会常务委员会第十八次会议通过了《中华人民共和国国家通用语言文字法》，并于 2001 年 1 月 1 日正式实施。它是我国第一部语言文字方面的专项法律，它体现了国家的语言文字方针、政策，科学地总结了新中国成立 50 多年来的语言文字工作的成功经验，第一次以法律的形式明确了普通话和规范汉字作为国家通用语言文字的地位，对国家通用语言文字的使用做出了规定。这项法律不仅再次明确了"国家推广普通话",并且载入了有关普通话测试的条款。该法第十九条规定:"凡以普通话作为工作语言的岗位,其工作人员应当具备说普通话的能力。"该条第二款规定:"以普通话作为工作语言的播音员、节目主持人和影视话剧演员、教师、国家机关工作人员的普通话水平,应当分别达到国家规定的等级标准;对尚未达到国家规定的普通话等级标准的,分别情况进行培训。"这就是说,广大公务员、教师、播音员、主持人和窗口服务行业人员应坚持在工作中用普通话,同时还要不断学习,努力提高普通话规范水平。只有人人都具有强烈的规范意识,语音规范化的目标才能最终得以实现。

普通话水平测试作为一种语言测试,写入国家法律,执行全国统一的等级标准。普通话水平测试推动了全国普通话的普及,促进了推广普通话工作走向制度化、规范化、科学化,促进了全社会普通话水平的提高。

普通话水平测试是对应试人掌握和运用普通话所达到的规范程度的检测,是一种标准参照性或者说达标性测试,主要侧重于语言形式规范程度,不是语言知识测试,也不是表达技巧测试,更不是文化水平考试,尽管它跟知识、表达技巧、文化水平都有一定的关系。普通话水平测试是对有一定文化的成年人语言运用能力的测试,这种语言运用能力主要指从方言转到标准语的口语运用能力,即应试人按照普通话语音、词汇、语法规范说话的能力。所以,普通话水平测试就是对应试人掌握和运用普通话所达到的规范程度的检测,着眼于应试人已经达到普通话的哪一级哪一等,从而确定应试人是否达到工作岗位所要求的最低标准,为逐步推行持证上岗制度服务。因此,普通话水平测试实际上也是一种资格证书考试。

2. 普通话水平测试等级标准

普通话水平测试分为三级六等。即一级甲等、一级乙等,二级甲等、二级乙等,三级甲等、三级乙等。

一级普通话是标准普通话。

一级甲等:非常标准、纯正,不允许有系统性的语音错误和系统性的语音缺陷。朗读和交谈时,语音标准,词汇语法正确无误,语调自然,表达流畅。测试总失分率在3%以内(97 分~100 分)。

一级乙等:语音标准程度略逊于一级甲等,但还是标准普通话。不允许有系统性语音错误和缺陷,朗读和交谈时,语音标准,词汇语法正确无误,语调自然,表达流畅,偶有字音、字调失误。测试总失分率在8%以内(92 分~96.9 分)。

二级是比较标准的普通话。

二级甲等:在朗读和自由交谈时,声母、韵母、声调的发音基本标准,语调自然,表达流畅。少数难点音(平翘舌音、鼻边音、前后鼻韵母等)有时出现失误或有系统性缺陷。词汇、语法极少失误,测试总失分率13%以内(87 分~91.9 分)。

二级乙等:朗读和自由交谈时,个别调值不准,声母、韵母有发音不到位现象,难点音(平翘舌音、前后鼻尾音、边鼻音、fu—hu、z—zh—j、送气与不送气音、i—ü 部分、保留浊塞音、丢介音、复韵母单音化等)失误较多,有使用方言词汇、语法现象,方音语调不明显。测试总失分率在20%以内（80分~86.9分）。

三级是一般的普通话，即不标准的普通话。

三级甲等：朗读和自由交谈时，声母韵母发音失误多，调值多不准确，方音语调明显。词汇、语法有失误。测试总失分率在30%以内（70分~79.9分）。

三级乙等：朗读和自由交谈时，声韵调失误多，方音特征突出，方言语调明显。词汇、语法失误较多，表达不流畅。测试总失分率40%以内（60分~69.9分）。

不入级。

基本上就是方言语调，或测试总失分率超过40%，得分低于60分者，不能进入普通话等级。

3. 普通话水平测试的对象和等级要求

（1）国家机关工作人员应达到三级甲等以上水平；

（2）教师应达到二级以上水平，其中语文教师、幼儿园教师和对外汉语教学教师应当达到二级甲等以上水平，普通话教师和语音教师应当达到一级水平，学校其他人员应当达到三级甲等以上水平；

（3）播音员、节目主持人和影视话剧演员应当达到一级水平，其中省级广播电台、电视台的播音员和节目主持人应当达到一级甲等水平；

（4）公共服务行业从业人员应当达到三级以上水平，其中广播员、解说员、话务员、导游等特定岗位人员应当达到二级以上水平；

（5）高等院校和中等职业技术学校的毕业生应当达到二级以上水平。

二、误读字正音

我们在运用普通话时常常弄错读音，归纳起来有异读词误读、多音字误读、形声字声旁错误类推造成误读、受方言影响误读、形近字误读以及难读字误读等几种情况。了解误读的原因，可以有针对性地采取相应的措施，纠正误读。

（一）异读词误读

1985年12月国家公布实行《普通话异读词审音表》，但是许多人并没有认真学习这个表，有些人甚至不知道这个表，而1985年以前的字典、词典对异读词的注音本身就不统一，这就造成了读音的混乱。我们看下列一组字，括号内的注音是经审定淘汰的读音。

袭 xí(xī)　　　械 xiè(jiè)　　　混 hùn(hǔn)
娱 yú(yù)　　　乘 chéng(chèng)　脂 zhī(zhǐ)
较 jiào(jiǎo)　　档 dàng(dǎng)　　谊 yì(yí)
徊 huái(huí)　　炽 chì(zhí)　　　室 shì(shǐ)
质 zhì(zhí)　　拥 yōng(yǒng)　　庇 bì(pì)
即 jí(jì)　　　究 jiū(jiù)　　　血 xuè(xuě)

召 zhào(zhāo)　　　惩 chéng(chěng)　　　谬 miù(miào)
酵 jiào(xiào)　　　雌 cí(cī)　　　　　潜 qián(qiǎn)
蝙 biān(biǎn)　　　濒 bīn(pín)　　　　髓 suǐ(suí)

我们学习《普通话异读词审音表》时，发现平时读音错误有许多都是审音前的异读音，这些读音在1985年12月以前读不能算错，然而国家公布了《普通话异读词审音表》后，你还在用已经淘汰的读音，那就是误读了。所以我们要认真学习《普通话异读词审音表》，努力记忆和运用表中的规范读音。

（二）多音字误读

一字多义多音或多用多音在普通话中是十分普遍的现象，而在方言中这种情况要少得多。受方言的影响，人们往往记住了多音字用得比较多的那种读音，而不管什么语境都用这一种读音。比如："埋藏"读"máicáng"，而把"埋怨"读成"máiyuàn"；"奔跑"读"bēnpǎo"，而把"投奔"读成"tóubēn"。因此，我们要正确使用多音字，必须认真学习多音字知识，学会辨析多音字，并且在多听多说的实践中提高自己识读多音字的能力。下列是容易误读的多音字：

自怨自艾　　　一鳞半爪　　　度德量力
一哄而散　　　乳臭未干　　　三年五载
强颜欢笑　　　情不自禁　　　人头攒动
削足适履　　　如履薄冰　　　出头露面
开花结果　　　半身不遂　　　翘首以待
煞费苦心　　　博闻强识　　　风尘仆仆
数见不鲜　　　一场大雨　　　伺机作乱
网上下载　　　冠心病　　　　肚子疼
发横财　　　　创可贴　　　　梁山泊

（三）形声字声旁错误类推

现实生活中，有不少人因为受到声旁读音的影响而读错了字音，通常有两种情况：一种情况是按声旁的音读这个字，即"读半边"；另一种情况是不按声旁的音读，或者声旁现在不是一个字，只是一个构字部件，那么就按自己熟悉的包含这个声旁或部件的字的读音类推，也读那个字的音。如下：

1. 按声旁的发音而误读

奈 nài——无奈；捺 nà——按捺（易误读为 ànnài）
孝 xiào——孝顺；酵 jiào——发酵（易误读为 fāxiào）
完 wán——完全；浣 huàn——浣纱（易误读为 wǎnshā）
只 zhǐ——只要；炽 chì——炽热（易误读为 zhìrè）
常用的容易按声旁发音而误读的字还有（括号里为误读音）：
淙 cóng(zōng)　　　　　　　癣 xuǎn(xiǎn)

械 xiè(jiè)	笞 chī(tái)
纤 xiān(qiān)	歼 jiān(qiān)
吮 shǔn(yǔn)	诣 yì(zhǐ)
炮 páo(bāo)	沸 fèi(fú)
岿 kuī(guī)	恪 kè(gé)
玷 diàn(zhān)	挞 tà(dá)
绚 xuàn(xún)	悚 sǒng(shù)
茸 róng(ěr)	畔 pàn(bàn)
脍 kuài(huì)	赁 lìn(rèn)
绦 tāo(tiáo)	窖 jiào(gào)

2. 按声旁类推而误读

汉字的声旁有两类，一类现在不成字，如"耑""臽"；另一类成字，如"甫""各"等。含有这些声旁的字的读音常常并不相同，人们习惯按自己认识的含有这种声旁的字的读音去类推其他含有同一声旁的字的读音，结果造成误读。例如：

耑，喘读 chuǎn，于是把"湍 tuān""惴 zhuì"都读成 chuǎn；

各，洛、骆、络都读 luò，于是把"赂 lù"也读作 luò。

这种情况很普遍。下面列举一些这一类常见误读字，括号内为错误读音及类推所依据的常用字。

遏 è——遏制(jiézhì——揭，竭)

喙 huì——鸟喙(niǎoyuán——缘)

箴 zhēn——箴言(jiānyán——减)

挟 xié——要挟(yāoxiá——峡，狭)

犒 kào——犒赏(gǎoshǎng——搞)

娲 wā——女娲(nǔwō——蜗)

妪 yù——老妪(lǎoōu——欧、呕、殴)

娩 miǎn——分娩(fēnwǎn——晚、挽)

浸 jìn——浸泡(qīnpào——侵)

犷 guǎng——粗犷(cūkuàng——矿、旷)

（四）受方音影响误读

汉字的读音在方言与普通话里有许多差异，分辨这些差异，纠正方音错误是学好普通话的一项重要任务。由于长期使用方言，人们在说普通话时很容易受方言的影响，按一个字在方言中的声、韵、调去说，从而造成误读。例如："疫""役"，普通话读 yì，湖北方言里容易按方言中的读音念成 yù。以下列举一些类似的字例。

土坯，读 pī，易读作 pēi。

解剖，读 pōu，易读作 pō。

痉挛，读 jìng，易读作 jīng。

堤角,读 dī,易读作 tí。
沏茶,读 qī,易读作 qì。
液体,读 yè,易读作 yí。
棱,读 léng,易读作 líng。
血,读 xiě,易读作 xuě。

方音影响造成误读还有另外一种情形。如湖北方言容易把"u""e"韵母的字分别读成"ou""uo"韵母,比如把"杜"dù读作 dòu,把"戈"gē读作 guō。在纠正错误读音时,由于没有真正分辨清楚,反而造成了发音混乱,把该读 ou 韵母的字读作 u,把该读 uo 韵母的字读作 e,比如把"窦""陡"读作 du,把"郭"读作 ge。

方言区的人学习普通话,只有坚持说普通话,在听说实践中逐步养成用普通话思维的习惯,才能消除方言的影响,提高自己的普通话水平。

(五)形近字误读

有些汉字形体相近,区别细微。它们或是部首不同,或者仅仅是一个笔画不同,容易混淆。如果学习汉字不认真仔细地区分,就容易张冠李戴,读错字音。比如把"西泠(líng)"读作 xīlěng,泠和冷仅是一个点的差别。把"校园一隅(yú)"读作"校园一偶 ǒu",隅和偶只有部首不同。以下列举一些常见的因字形混淆引起误读的例子。

游弋(yì)不能读作 gē(戈)
证券(quàn)不能读作 juàn(卷)
舂米(chōng)不能读作 chūn(春)
迁徙(xǐ)不能读作 tú(徒)
棘手(jí)不能读作 là(辣)
修葺(qì)不能读作 róng(茸)
肄业(yì)不能读作 sì(肆)
达斡尔族(wò)不能读作 gàn(幹,干的繁体)
杀戮(lù)不能读作 chuō(戳)
罹难(lí)不能读作 luó(羅,罗的繁体)
赡养(shàn)不能读作 zhān(瞻)
羸弱(léi)不能读作 yíng(赢)
山麓(lù)不能读作 lì(麗,丽的繁体)
编纂(zuǎn)不能读作 cuàn(篡)
账簿(bù)不能读作 bó(薄)
针灸(jiǔ)不能读作 yán(炎)

(六)难认的字造成误读

难认的字是相对的,对甲来说难认,对乙来说并不难认,这与一个人的识字量有关。普通话主要是语音,但是汉字的音、形、义是一体的,因此要说好普通话就要会认字,不断提高识字量。

造成难认有以下几种情况。

第一种情况是识字量小。现代汉语常用字 2 500 个,次常用字 1 000 个。在次常用字中就有一些难认的字,例如:

| miù | liáo | bèi | chú | zuǎn | dú | é | è | fú |
| 谬 | 寥 | 焙 | 雏 | 纂 | 牍 | 讹 | 扼 | 凫 |

类似的字还有:

| fū | gēng | gū | huī | jī | jiǎo | jǐng | jiū | jiù | jiù | jùn | kuǐ | lěi | liǎn | lū |
| 麸 | 羹 | 箍 | 徽 | 稽 | 侥 | 阱 | 鸠 | 臼 | 疚 | 竣 | 傀 | 儡 | 敛 | 撸 |

| lìn | lìn | lǚ | lǜ | luǒ | mèi | miǎn | niān | niǎn | niè | nüè | qì | qí | qíng | qué |
| 赁 | 蔺 | 履 | 氯 | 裸 | 昧 | 冕 | 蔫 | 捻 | 孽 | 疟 | 迄 | 鳍 | 擎 | 瘸 |

| rǎng | qì | róu | rù | ruǐ | gāng | shàn | shàn | shàn | shē | shè | shì | tán | tán | sù |
| 攘 | 葺 | 蹂 | 褥 | 蕊 | 纲 | 擅 | 膳 | 赡 | 赊 | 赦 | 嗜 | 檀 | 昙 | 溯 |

| tián | shù | wěi | xī | xiāo | xù | ān | yàn | yàn | yàng | yē | zhuàn | zhuī | zhuì |
| 恬 | 庶 | 猥 | 犀 | 嚣 | 恤 | 庵 | 唁 | 堰 | 漾 | 掖 | 撰 | 椎 | 缀 |

| zhuì | zī |
| 赘 | 咨 |

第二种情况,难认的字词大都是书面语,口语交流中用得较少。阅读文章可以大致了解这些词语的意思,认读词语或者朗读中遇到这些词语却没有把握准确读出它们的音,例如:

| xiácī | jīnchí | jījǐn | bàchù | fānzhèn | kèshǒu |
| 瑕疵 | 矜持 | 饥馑 | 罢黜 | 藩镇 | 恪守 |

| línxuǎn | rènshēn | héxù | xuànlì | kǒunè | nièrú |
| 遴选 | 妊娠 | 和煦 | 绚丽 | 口讷 | 嗫嚅 |

| jiùshú | chōuchù | gǒuqǐ | shōuliǎn | chénkē | xíwén |
| 救赎 | 抽搐 | 枸杞 | 收敛 | 沉疴 | 檄文 |

| jìngsuí | guànxǐ | sīcǔn | chēnguài | jīshēn |
| 靖绥 | 盥洗 | 思忖 | 嗔怪 | 跻身 |

第三种情况,难认的字词大都是口头用语,人们会说不会认,字音与字形没有关系。例如:

| àokǒu | shīzi | dǎgū | fúshuǐ | lātā | qǔchǐ |
| 拗口 | 虱子 | 打箍 | 凫水 | 邋遢 | 龋齿 |

| yóunì | zuòyī | yējǐn | shíduo | xiánshuǐ |
| 油腻 | 作揖 | 掖紧 | 拾掇 | 涎水 |

第四种情况,难认的字生活中确实用得较少,但阅读中偶尔会碰到它们,例如:

| xìnmén | bàiyè | nièchǐ | biānzuǎn | cuánjù | báhù |
| 囟门 | 拜谒 | 啮齿 | 编纂 | 攒聚 | 跋扈 |

| gǔhuò | guīyī | juānkè | tánhé | wǔnì |
| 蛊惑 | 皈依 | 镌刻 | 弹劾 | 忤逆 |

解决难认字的问题,变难认为不难认,就要提高识字量。阅读时遇到不认识的字或对其读音没有把握时,一定要查字典弄清楚这个字的音、形、义。听广播看电视或者听别人说话以及阅读时,发现某字的读音与自己的读音不一致时,也要及时查字典弄清楚

谁对谁错。这样养成好的学习习惯,识字量就会提高,普通话水平也会随之提高。

思考与练习

1. 普通话水平等级标准是怎样的？你应该达到几级几等？
2. 请举例说明我们在运用普通话时,常常有哪些读错字音的情况。
3. 请朗读下列词语。

(1) 异读词。

濒临	和蔼	粗糙	严惩	炽热	处置
畜产	瑕疵	从容	呆板	档案	藩镇
粗犷	刽子手	沟壑	浣洗	教诲	混淆
汲取	狼藉	伟绩	事迹	校对	比较
浸泡	窘迫	愤慨	窗框	恪守	荒谬
揣摩	痉挛	掳掠	匹夫	剽悍	解剖
潜伏	翘首	龋齿	缠绕	煞白	胜任
水獭	颓丧	女娲	魁梧	袭击	琴弦
驯服	卓越	质量	振臂	确凿	愉快
愚昧	召开	荫凉	娱乐	作揖	拙劣

(2) 朗读下列含有多音字的词语。

燕山	姓缪	扎针	爪牙	埋没	模样
卡片	果脯	尽情	累赘	下载	切削
强迫	慰藉	里弄	晃眼	着落	角逐
结婚	泄露	散漫	佣人	字帖	投奔

(3) 朗读容易误读的成语。

良莠不分	不胫而走	出类拔萃	风驰电掣
趋之若鹜	徇私舞弊	栉风沐雨	管窥蠡测
毛骨悚然	梦寐以求	心旷神怡	为虎作伥
同仇敌忾	肆无忌惮	脍炙人口	海市蜃楼
一丘之貉	万马齐喑	相形见绌	负隅顽抗
怙恶不悛	刚愎自用	敷衍塞责	博闻强识
矫揉造作	人影幢幢	提纲挈领	叱咤风云

(4) 请正确朗读下列词语,注意加点字的读音。

澎湃	狭隘	掣肘	追溯	楔子	琴弦
缫丝	按捺	符合	臀围	阴霾	惊蛰
迥然不同	饮鸩止渴	火中取栗	如火如荼
鬼鬼祟祟	草菅人命	锲而不舍	恬不知耻

4. 请朗读下列句子。

(1) 豫、鄂、湘三地商贾同台竞风流。

(2) 这种艺术形式为群众喜闻乐见。

(3) 圆明园的断壁残垣见证了中华民族的屈辱。

(4) 电视剧塑造了一位不屈不挠、骁勇善战、极具个性的英雄形象。

(5) 昏迷不醒的斯坦利紧紧地攥着一个完整却干瘪的苹果。

(6) 在陷入困境时,沮丧和埋怨只能熄灭希望之光,悲观和诅咒只能为前途再设迷障。

>>> 第七节 语音知识在小学语文教学中的运用 <<<

汉语拼音是帮助识字、阅读和学习普通话的工具,熟悉掌握汉语拼音对于小学生形成语文能力具有重要的作用。另外,使用汉语拼音在电脑上输入汉字,是一种被广泛运用的输入方法,熟练掌握汉语拼音对于小学生日后学习应用电脑有实际的帮助。教师自觉地运用语音知识指导汉语拼音教学,帮助学生正确、熟练地掌握汉语拼音,具有十分重要的意义。

一、了解小学教材中的汉语拼音特点

《义务教育语文课程标准(2022年版)》中课程目标要求小学生应做到:"学会汉语拼音。能读准声母、韵母、声调和整体认读音节。能准确地拼读音节,正确书写声母、韵母和音节。认识大写字母,熟记《汉语拼音字母表》。""学习独立识字。能借助汉语拼音认读汉字,学会用音序检字法和部首检字法查字典。"小学教材中的汉语拼音是按照《汉语拼音方案》的系统编写的,包括了《汉语拼音方案》的基本内容,同时在不违背《汉语拼音方案》的原则上采取了一些变通的教法,把 y、w 当作声母教,采用三拼连读法,教学 16 个整体认读的音节。

(一) y、w 当作声母教

y、w 在《汉语拼音方案》中被看作隔音字母,作用是使拼音音节界限分明;y、w 的使用被当作一种拼写规则,《汉语拼音方案》规定,"齐齿呼""合口呼""撮口呼"三行韵母在自成音节时,有的要在前面加上 y 或 w,有的要改写成 y 或 w。在小学汉语拼音教学中,y、w 被当作声母使用。对于带有 y、w 的大部分音节,看作是由声母 y、w 和韵母相拼构成的,如 yā(呀)是 y—ā 拼成,wā(哇)是 w—ā 拼成,yōu(优)是 y—ōu 拼成的。另有少量带 y、w 的音节,在小学汉语拼音教学中作为整体

认读音节进行教学,如 yi、yin、ying、wu、yu 等。

在小学汉语拼音教学中,声母 y、w 读作 i、u,在教学中单独提到 y、w 的时候,为了同韵母 i、u 相区别,一般称作"声母 y""声母 w"。在谈到 y、w 的功用时,要称说它们的名称音 ia、ua,例如:"把 y、w 当作声母教",在这里,y、w 读作 ia、ua。

把 y、w 当作声母教同《汉语拼音方案》的拼写规则相比较,拼写结果完全相同,这是 y、w 可以当作声母教的主要依据。从语音理论的角度观察,y、w 是半元音,发音时声带颤动,类似元音;但是有摩擦成分,气流较强,类似辅音,比较接近辅音汇总的浊擦音。《汉语拼音方案》中规定的 21 个声母都是由辅音充当的,可以叫作辅音声母;由 y、w 充当的声母可以叫作半元音声母。

(二) 三拼连读法

三拼连读法,是拼读有介音的音节时,把声母、介音、韵母三部分一气相连,直接拼出音节的拼音方法。简单地说,就是拼读有介音的音节的拼音方法。如拼读音节 biāo(标),就把声母 b、介音 i 和韵母 āo 一气相连呼出来:b—i—āo→biāo。三拼连读法的特点不仅在于"三拼",还在于"连读",中间没有停歇,其要领是"声轻、介快、韵母亮,三音相连很顺当"。在《汉语拼音方案》中,介音 i、u、ü 被当作韵母的组成部分——韵头,固定在韵母上,如:ia、iao、ian、iang、ua、uan 等。学了带韵头的韵母,拼读音节就只用两拼法,用不到三拼连读法了。

在小学汉语拼音教学中,把 y、w 当声母教,采用三拼连读法,可以减少汉语拼音教学"零件",简化拼写规则,从而降低教学难度,减轻学生负担。因为实行这两种教法后,大多数带韵头(介音)的复韵母和鼻韵母失去了原有的作用,不再需要作为教学的"零件"。可以省教的复韵母共有七个,即:ia、iao、iou、ua、uo、uai、uei,省教的鼻韵母共有 8 个,即:ian、iang、iong、uan、uen、uang、ueng、üan。《汉语拼音方案》韵母表规定的韵母是 39 个,小学汉语拼音教学中要学的韵母是 24 个,比《汉语拼音方案》规定的数目减少 15 个。还可以免学以 i 和 u 为韵头的复韵母、鼻韵母自成音节时,把 i 或 u 改成 y、w 的规则,以及 iou、uei、uen 同声母相拼时改用省写形式 iu、ui、un 的规则。因为 y、w 当声母教,大部分的这类韵母和 iou、uei、uen 都不再作为单独的教学"零件"进行教学。因此,这类韵母自成音节和 iou、uei、uen 同声母相拼的问题也就不存在了。

(三) 整体认读音节

有些音节虽然也是由声母和韵母两部分拼成的,但是这些音节的韵母发音不容易掌握;还有一些音节,《汉语拼音方案》规定要按拼写规则去拼写,但是这些规则不容易理解和记忆,对于这类音节,在小学汉语拼音教学中,既不单独教它的韵母,也不学习有关的拼写规则,而是作为一个整体,让学生直接认读,叫作整体认读。被当作一个整体让学生直接认读的音节,叫作整体认读音节。

整体认读音节共有 16 个,可分为 5 组来理解和记忆。

（1）zhi、chi、shi、ri 这 4 个音节的韵母是舌尖后元音"-i(后)",发音时口型舌位不好掌握,把它们当作整体认读音节来认读可以避开学习舌尖后元音"-i"的困难。

（2）zi、ci、si 这 3 个音节的韵母是舌尖前元音"-i(前)",发音时口型舌位也是不好掌握的,把它们当作整体认读音节来认读可以避开学习舌尖前元音"-i"的困难。

（3）ye 是韵母 ie 自成音节的书写形式。《汉语拼音方案》规定,韵母 ie 自成音节,要把 i 改为 y。把 ye 当作整体认读音节来认读,就可以不去记这条拼写规则,也不必单独学习难发的舌面、前、中不圆唇元音 ê。

（4）yi、yin、ying、wu 是韵母 i、in、ing、u 自成音节的书写形式。《汉语拼音方案》规定,韵母 i、in、ing、u 自成音节,要在前面加上 y 或 w。把 yi、yin、ying、wu 当作整体认读音节来认读,就可以不去记这条拼写规则。

（5）yu、yue、yun、yuan 是韵母 ü、üe、ün、üan 自成音节的书写形式。《汉语拼音方案》规定,韵母 ü、üe、ün、üan 自成音节,要在前面加上 y。把 yu、yue、yun、yuan 当作整体认读音节来认读,就可以不去记这条拼写规则。

表 2-9 小学教材中的汉语拼音与现代汉语教材声母、韵母对照表

零件类型			现代汉语教材	小学教材
声母	辅音声母		b p m f d t n l g k h j q x zh ch sh r z c s	与前同
	半元音声母			y w
韵母	单韵母	舌面	a o e ê i u ü	a o e i u ü
		舌尖	-i(前) -i(后)	
		卷舌	er	er(称作特殊韵母)
	复韵母	前响	ai ei ao ou	ai ei ao ou ie üe iu(iou) ui(uei)
		后响	ia ie ua uo üe	
		中响	iao iou uai uei	
	鼻韵母	前	an en ian in uan uen üan ün	an en in un(uen) ün
		后	ang eng ong iang ing iong uang ueng	ang eng ong ing
总数			60	47

二、指导小学生正确发音

（一）指导学生读准声母和韵母

教师了解小学语音知识教学特点后,要有针对性地进行教学。比如:运用有关发音部位、发音方法的知识,可以指导学生读准声母的发音。在教授声母 zh、ch、sh 时,

可以借助图片或手势,边示范边让学生舌尖上抬,抵住上牙齿后面"肉棱"处,再缩一点儿舌头,然后让气流挤出来。在没有使用"硬腭前部""塞擦音"等术语的前提下,把舌尖后音的发音要领说清楚。运用有关口型、舌位和复韵母、鼻韵母的知识,可以指导学生读准单韵母、复韵母和鼻韵母的发音。如在进行单韵母 ü 的教学时,教师嘴唇噘起,颊部收紧,让学生作亲吻状,同时让学生舌头前伸,唇舌撮在一起留一小口,气流透出发声,教师边讲解边示范。

(二) 指导学生直呼音节

为了适应利用汉语拼音帮助阅读的要求,在低年级小学语文教材里,安排了较多的直呼音节练习。所谓的直呼音节,就是不经过声母韵母相拼阶段而直接读出拼音音节。在小学汉语拼音教材中,直呼音节的练习主要是直呼单独的音节,还有一些以直呼音节为基础的其他练习形式,如直呼拼音词,直呼拼音短语,直呼拼音句子,以及用直呼法阅读拼音句群等。常用的直呼音节的教学方法有"支架法""暗拼急读法"等。"支架法"就是先摆好声母发音的架势,然后快速读出韵母的音,从而呼出要读的音节。其要领是:声母支好架,韵母跟着发,前后一口气,千万别分家。"暗拼急读法"就是看到一个音节,先看清声、韵、调,不读出来,而把拼读过程作为内心的活动,先看好想好,然后开口快速直读的拼读方法。

(三) 指导学生读好字母名称音

在小学语文教学中,教师还要指导学生正确读出字母表的发音。目前,在一些小学语文教学中,字母表存在两种读法:一种是按照《汉语拼音方案》规定的名称音来读,另一种是用声母呼读音来读字母表中的辅音字母。现在,许多教师采用第二种读法,认为这样读更便于教学,有的教师是因为不熟悉名称音读法而采用了第二种读法。我们应当积极提倡用名称音读字母表,因为用名称音读字母表,是《汉语拼音方案》规定的法定读法,这样要求,便于全国有一个统一的标准,而且名称音读字母表合乎国际惯例,听起来也更和谐动听。在指导小学生按名称音读字母表时,要注意辅音字母前后的附加元音 ê 的正确读法,不要混同于复韵母 ai,发音时语音较轻短,没有动程。我们可以通过演唱拼音字母歌(如图 2-3 所示)练习发音:

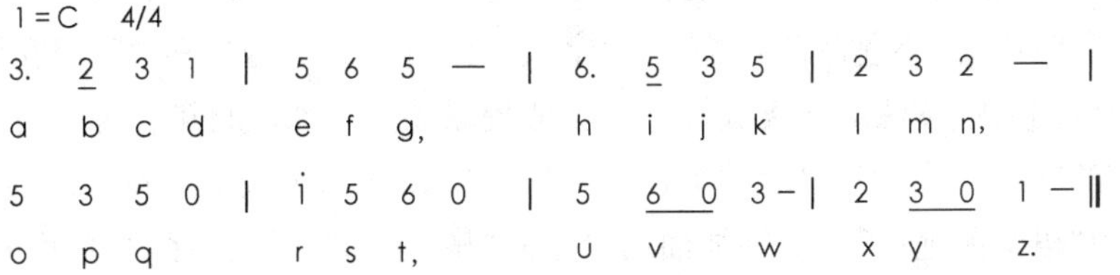

图 2-3 拼音字母歌

三、小学语文教材中的语音现象

(一) 一般音节和特殊音节

在小学语文课文中,有一些特殊音节的句子,例如:

① "他会揍我的!那也活该,我自作自受。……嗯(ǹg),揍我一顿也好!"(《穷人》)

② "嗯(ńg),你看怎么办?"(《穷人》)

例句①是桑娜自言自语的话,"嗯(ǹg)"读去声,表示她主意已定,宁可挨揍也要收养两个孩子。例句②是渔夫的话,"嗯(ńg)"读阳平,表示疑惑。我们知道,通常汉语的音节最少包含一个元音,而个别音节没有元音,通常表示应诺或疑惑,这样的音节叫作特殊音节。特殊音节是鼻辅音或者由鼻辅音跟其他辅音一起构成的。鼻辅音是浊音,发音时声带颤动,声音较响亮,这是它能够构成特殊音节的原因。

现代汉语特殊音节通常表示的意义,如表 2-10 所示:

表 2-10 现代汉语特殊音节通常表示的意义

语音基本形式	m		n			ng			hm	hng
构成的单音节叹词	ḿ	m̀	ń	ň	ǹ	ńg	ňg	ǹg	hm 轻声	hng 轻声
表示的意义	疑问	应诺	疑问	意外	应答	疑问	意外	应答	斥责	轻蔑
汉字形体	呣		嗯						噷	哼

(二) 小学语文教材中的音变现象

1. 正确处理轻声现象

在低年级语文课本中,往往采取的是汉字和拼音对照全注音形式,轻声音节都是按照实际读法注音,如"猴子""狐狸"的注音分别是 hóuzi、húli。值得注意的是,教师对于排在"田字格"里的一类生字要按照本调进行字音教学,如三年级下册第一单元第3课《荷花》中的"小莲蓬"的"蓬"在生字表里注音是第二声"péng",但在课文中按照语流音变的习惯读法应该读成轻声。类似现象还有本册教材第4课《昆虫备忘录》中"蚂蚱"的"蚱"实际读音是轻声,注音为去声"zhà";二年级上册第3课《植物妈妈有办法》中"语文园地一"("识字加油站")里的"帐篷"的"篷"实际读音是轻声,注音为阳平"péng"。教材采用了难字注音的方式,标注单字音。朗读时,教师一定要注意引导学生要按照语流音也就是实际读法来读。

2. 正确处理儿化现象

在新版小学语文课文中,一、二年级(上册)全注音课文对于儿化音节的儿化韵尾

"儿"都按照实际读法注音了,如一年级上册课文《秋天》中"一会儿"标注为"yí huìr",二年级上册第 7 课《妈妈睡了》中"好多活儿"标注为"hǎo duō huór"等。但在五年级上册第一单元第 4 课《珍珠鸟》中"雏儿"这个词,课文仅仅是给"雏"这个字注音为"chú",实际读音还是要按照儿化词的读法读成"chúr",在教学中要注意这些细节,让学生识别儿化词并按照儿化韵的读法来读。

读准小学语文教材中的儿化音节,要注意区分以下几种情况。

第一,音节后面带有"儿"字,一般要按儿化韵来读,如"咬下一撮儿毛来。"(四年级下册第四单元第 14 课《母鸡》)等。有些词语后面带了"儿"字,但却是儿读音节,如"弯弯的月儿小小的船,"(一年级上册课文《小小的船》)中的"月儿"要读成"yuè ér","马儿怎样跑?"(一年级上册"和大人一起读"《谁会飞》)中的"马儿"要读成"mǎ ér","落到一个熟睡的婴儿的头发上"(三年级下册第六单元第 20 课《肥皂泡》)中的"婴儿"要读成"yīng ér"等。因此要指导学生分清儿化韵音节的不同读法。

第二,有些音节后面没有"儿"字,但是按照语言习惯也应该读出儿化韵,如"我最喜欢小孩。"中的"孩"(四年级下册第六单元第 19 课《小英雄雨来》节选)等。

第三,还有一些音节,后面没有"儿"字,既可以读出儿化韵,也可以不读,如"肥皂泡"(三年级下册第六单元第 20 课《肥皂泡》),"小狗"(三年级下册第七单元第 24 课《火烧云》)等,这些儿化词都是生活中非常口语化的名字,在朗读时可以读成儿化韵。

3. 正确处理语气词"啊"的读音

语气词"啊"的变读现象在小学课本中也是很常见的,在课文中语气词"啊"都在标注为"a",没有明确标注成语流变化的读音,例如:一年级上册"汉语拼音"第 10 课《ao ou iu》中《欢迎台湾小朋友》,当中一个诗句"漂啊漂啊到台湾"中的"啊"拼音标注为"a",而实际读音是"wa",类似的还有二年级上册第 17 课《难忘的泼水节》中"泼啊,洒啊"应变读为"ya","笑啊,跳啊"应变读为"wa","多么令人难忘啊"变读为"nga"等。教学中,我们要准确示范这些字音的语流音,教给小学生正确的实际读法。

4. 注意处理 ABB 格式的词语读音

在小学课文里,有些 ABB 格式的词语既可以读原调也可以读变调,即产生变读现象。例如:"敌人指着血淋淋的铡刀说"(二年级上册第 18 课《刘胡兰》)中的"血淋淋"的"淋"字注音是"lín",标注的是本调,再如"孩子们都觉得毛茸茸的小鸟很可爱"(二年级下册第 11 课《我是一只小虫子》)中"毛茸茸"的"茸"注音是"róng","翠绿的树枝上点着几千支明晃晃的蜡烛"(三年级上册第 8 课《卖火柴的小女孩》)中的"明晃晃"的"晃"注音是"huǎng"等,而在语流中实际读音是可以读成阴平的,即"血淋淋(xiě līn līn)""毛茸茸(máo rōng rōng)""míng huāng huāng"。这些词在口语运用中临时产生变化了的语音,后面的重叠字通常大都读成阴平。类似的常用词语还有:

蓝莹莹　绿油油　红彤彤　黑沉沉　灰蒙蒙　火辣辣
亮堂堂　酸溜溜　软绵绵　湿淋淋　懒洋洋　慢腾腾

这类词语的特点是，词语中的单音语素一般可以单独构成单音形容词，不过加上叠音成分后，词义感情色彩加深，表现力增强，造句功能也有变化。比如"绿油油"比单独的一个"绿"字显得鲜明生动，"地里的庄稼很绿"不如说"地里的庄稼绿油油的"更富有表现力。充当词缀的重叠语素不论原来是什么声调，都要变读为阴平，变化后显得生动、朗朗上口。如果不变读也是对的，不算读错。

关于《普通话异读词审音表》（见章首二维码中）。

思考与练习

1. 现代汉语与小学语文教材中，对 Y、W 的处理有何不同？
2. 请按要求书写小学语文教材中的韵母。
   （1）单韵母：
   （2）复韵母：
   （3）前鼻韵母：
   （4）后鼻韵母：
3. 在小学汉语拼音教学中为什么要教 16 个整体认读音节？整体认读音节可以分为哪几类？请默写这些整体认读音节。

4. 判断对错，对的打"√"，错的打"×"。

   haò(　　)　　qiū(　　)　　niù(　　)　　yù(　　)　　juè(　　)
   shùi(　　)　　neì(　　)　　kuà(　　)　　uái(　　)　　zhē(　　)
   kūn(　　)　　shùi(　　)　　xiū(　　)　　jioǔ(　　)　　xuǎn(　　)

5. 请读下列儿歌，并把相应的音节填写在括号里。

   大 苹 果
   dà píng guǒ

   我 是 一 个 大（　　）果，
   wǒ shì yí gè dà　　guǒ

   小 朋（　　）们 都 爱 我。
   xiǎo péng　　men dōu ài wǒ

   （　　）你 赶 快 洗 洗 手，
   　　nǐ gǎn kuài xǐ xǐ shǒu

   要 是 手 脏 别（　　）我。
   yào shì shǒu zāng bié　　wǒ

6. 用直呼音节的方法阅读下面的拼音短文，并用汉字写出来。

   Dǎng Bú Zhù De Qīngchūn
   　　　　Wāng Guózhēn
   Céngjīng yǒu guo nàme duō chóuchàng,
   Xiǎngqǐ wǎngshì lìng rén duàncháng.

Wǒ bù zhīdào

Wǒ de zhuīqiú zài héfāng, dàolù zài héfāng,

Wèn fēng wèn yǔ wèn dàdì,

Què méiyǒu yī diǎnr huíxiǎng.

Suìyuè wúshēng de liútǎng,

Kěshì shuí gānxīn zǒngshì zhèyàng chóuchàng,

Kěshì shuí yuànyì zǒngshì zhèyàng míwǎng.

Wǒ yào fēixiáng, nǎpà méiyǒu jiānyìng de chìbǎng,

Wǒ yào gēchàng, nǎpà méiyǒu rén wèi wǒ gǔzhǎng.

Wǒ yòng shēngmìng hé rèxuè pūlù,

Méiyǒu yī gè jìjié néng bǎ qīngchūn zǔdǎng.

第三章 汉字

扫码查看
学习资源

  知 识 树

```
         ┌─ 汉字概说 ┬─ 汉字的性质和类型
         │          └─ 汉字的特点
         │
         │          ┌─ 汉字形体演变
         ├─ 汉字的形体 ┼─ 汉字的构造
         │          └─ 汉字的书写
  汉字 ─┤
         │           ┌─ 汉字的改革问题
         ├─ 汉字规范化 ┼─ 汉字的整理和标准化
         │           └─ 纠正错别字
         │
         └─ 汉字知识在小学语文教学中的运用 ┬─ 小学语文课上的识字方法
                                        └─ 利用汉字特点进行识字教学
```

  学习目标

了解汉字发展的历史,掌握现行汉字的特点,熟练掌握汉字的间架结构和书写特点,能够自觉使用规范汉字,具备纠正错别字的能力,能够指导小学生正确使用汉字知识。

第一节 汉字概说

汉字是记录汉语的书写符号体系。和世界上所有的文字体系一样,汉字的主要功能是记录语言。不过,汉字在记录汉语的时候,又有自己独特的性质和特点。

一、汉字的性质和类型

文字的性质决定文字的类型。判断一种文字的性质和类型,要从字符的性质入手。

文字是记录语言的符号,而字符则是组构文字形体的符号。语言有语义和语音等要素,字符也相应地要具备表意和表音的性质,因此字符分为意符、音符和记号三种类型。

(1) 意符是跟文字所记写的语词,在意义上有联系的字符。

有的意符是象形符号,它们通过自身的形象或几个形象的组合来起表意的作用。比如"凹""凸"和古汉字"亻(人)""彳(行)""⊘(目)""既(既)"等。

有的意符用现成的文字充当,把文字原有的字义组合起来表达意义,比如"歪"字用"不""正"作意符,"休"字用"人""木"作意符,"晴"字用"日"作意符表示字义跟太阳有关。

意符在我国传统文字学中又称为"形符""义符"。

(2) 音符是跟文字所记写的语词,在语音上有联系的字符。如英文 book 这个字,既有音又有意(书)。其中的三个字符 b、o、k 跟它所记写的词只有读音上的联系,没有意义上的联系。

有的音符代表一个音节的读音,叫作音节音符,如日本的假名あいうえお;汉字"清"的音符"青",记录"消费"意思的汉语动词"huā"的音符"花"。

有的音符代表语言里的音位,叫作音素音符,比如拉丁字母。

音符在我国传统文字学中称为"声符"。汉字形声字的声符是表音的,假借字把字当作声符,虽然都是借用现成的字,仍然是单纯用来表音的。

(3) 除了意符和音符,还有一种字符,跟文字记写的语词,在意义和语音上都没有直接联系,叫作"记号"。如现代汉字"目",古文字形"⊘"是意符,小篆字形"目",字符已经变成记号了。

一种文字,如果单纯用意符来记录语词,就是表意文字。表意文字虽然有读音,但从字符上反映不出来。一种文字,如果单纯用音符来记录语词,就是表音文字。表音文字虽然有意义,但从字符上反映不出来。一种文字,如果单纯用记号来记录语词,就是记号文字。记号文字虽然记录语言的读音和意义,但从字符上反映不出来。

当然,世界上从未有过单纯用记号构成的文字。根据字符的表意和表音属性,世界上的各种文字实际上只能区分为两大类型:一类是表音文字,一类是意音文字。表音文字即单纯使用音符的文字,包括音节文字(音符为音节音符)和音素文字(音符为音素音符)。意音文字即兼用意符和音符构成的文字,汉字和古埃及圣书字都属于这一类。有一种看法认为汉字属于表意文字。实际上,成熟的文字体系没有单纯使用意符的,至少兼用意符和音符。而记号这种字符,不管是表意文字还是意音文字,都会少量使用。

明确了汉字的字符是表意或是表音的性质,才可以确定汉字的性质。

古汉字基本上是使用意符和音符以及少量记号的一种文字体系,可以称作意音文字。今文字从隶书开始,仍然兼用意符和音符,只是意符和音符在表意和表音的功能上比古汉字减弱了一些,更接近记号,如"巛"变成了"水","休"变成了"休",汉字实际上成为意符音符记号文字。但由于这些记号几乎都由意符或音符演变而来,在组构汉字的时候,承担的仍然是表意或表音的任务,所以汉字仍然属于意音文字。

判断汉字的性质,实质上就是判断汉字属于哪种类型的文字。过去,人们判断汉字的性质和类型,不是以字符的性质为标准,只根据古汉字象形程度较高、表意特征明显而笼统地说汉字是"表意文字",甚至把汉字说成是"象形文字",这是很片面的。汉字自始至终,都有音符的成分,其表音特性非常明显。需要说明的是,汉字的音符从来都不是表示音素的,这跟人们印象中典型的表音文字(印欧语言使用的音素文字)所用音符大不相同。汉字的音符,是表示语素和音节的字符。汉字使用的意符和记号可以表示语素的意义,不能表示语音。如果我们从字符所表示的语言结构层次来看,汉字字符是表语素和音节这个语言结构层次的。有单纯使用意符造的语素字,比如"凹""中""卡";也有单纯使用音符造的音节字,比如"囡";还有兼用意符和音符的语素—音节字,比如"站""姐"。纵观整个汉字体系,汉字可以称为"语素—音节文字"。实际上,这是意音文字的另一种说法。

二、汉字的特点

汉字诞生于三四千年前。与之同样古老的其他文字都已消亡,汉字却直到今天仍在使用。通过观察汉字经历的漫长的历史岁月,可以发现汉字的突出特点。

(1)汉字和汉语基本适应。印欧语言有形态变化,常常要在词的前后加上词缀,比如英语的名词复数要加"-s",动词过去时要加"-ed"等,这种变化用表示音素的字母来记录很方便。但汉语是孤立语,没有形态变化,所以汉字记录汉语时,一直是以词或语素为单位的,通常一个字就表示一个词或一个语素。

(2)每个汉字都是音、形、义统一的符号,汉字是意音文字。文字是用视觉形象替代声音形象的符号体系,所以世界上任何一种文字都以记录语言的声音为终极目标,汉字也能完成记录汉语语音的任务。不过,汉字所采用的音符,不是专职的音符,不能系统地记录语词的发音。汉字的音符,原则上可以选用任意一个同音的汉字来充当,因此有的学者把汉字的音符称作"借音符"。与纯粹的表音文字相比,汉字缺乏完备的音符系统,所以汉字不能单纯使用音符记录汉语,而是在采用音符的同时还要采用表意的字符。由于意符的广泛存在,所以每个汉字都有意义,虽然不是完整的语词意义,但一定跟语词的意义相关。

(3) 汉字字形具有超时空的特性,不会随着读音的改变而改变。记录印欧语的是音素文字,读音变了,文字也跟着改变。不同时代、不同地方的语音都会对文字产生直接影响。现代英国人看六百年前的诗歌就看不懂;同属拉丁语系,说西班牙语的人就看不懂法文、说法语的人也看不懂意大利文。但是汉字可以超越时间和空间的影响。现代中国人看两千年前的《论语》没有太大困难,武汉人听不懂广州人说话,可是能看懂广州人写的汉字。汉字是形音义三位一体的符号,在记录语音的同时,还记录了语义,并且有对应的独特字形。即使语音发生变化,字形和语义的对应关系仍然保留,使汉字具有了超时空的特点。我们甚至可以看到汉字跨越时空的惊人表现:汉字的形体演变历经几千年,因为从未脱离汉语,所以来龙去脉清清楚楚。

(4) 汉字的字符数量繁多,字形结构比较复杂。汉字的音符是"借音符",只要是同音的字,都可以借用来充当音符。汉语的同音词现象突出,依据同音原则,汉字音符的数量可以成百上千,汉字意符的数量也有几百个,音符和意符的组合也没有明确的限定原则。所以,理论上由音符和意符组合出的汉字数量是非常庞大的。汉字记录的是汉语的语素(古汉语是词),常用汉字总数一直保持在三千个左右,现代汉语通用字高达八千多个,这个字量相当惊人。

与汉字的字量相比,汉字字形结构的多样性和复杂程度更是其他文字无法想象的。表音文字的字符呈线型一维排列,比如英语"I am a student."每个字符从左到右依次排列。汉字的字符是平面型二维展开,比如"数"字三个字符"米""女""攵"既有横向的"娄"和"攵",又有纵向的"米"和"女",三个字符在二维平面中排布。组构汉字的部件有五百多个,在纵横两个维度上组构,相比在一个维度上排列,形式丰富得多,比如"叩""吕""回""器"。汉字的部件又是由笔画构成,笔画形状和搭配方式也是多种多样,比如"天—夭""土—士"。这些因素导致汉字的字形结构极其丰富多样,同时也造成了汉字难读、难认、难记、难写的"四难"特点。

思考与练习

1. 什么是字符?字符的类型有哪些?
2. 判断文字性质和类型的标准是什么?
3. 汉字是什么性质的文字?
4. 汉字有哪些特点?

第二节 汉字的形体

全面了解汉字的形体,一定要放在一个相当长的历史中去看,因为汉字是世界上唯一还在使用的、最古老的文字。在漫长的时间进程里,汉字的形体一直在发生着或剧烈或缓慢的变化。

一、汉字形体演变

根据现有已经掌握的汉字资料,汉字的形体经历过商代甲骨文、西周金文、战国古文、秦代篆文、汉代隶书、草书、楷书、行书等几大阶段,每个阶段都有独特的形体特征。

(一)商代甲骨文

商代文字的主要书写形式现在无法确知,因为商代文字能留存至今而且具备一定数量规模,实属不易。我们今天能看到的商代文字,主要是刻在龟甲兽骨上的甲骨文。据统计,甲骨文单字总数约四五千字,三分之一是可以认识的,不认识的字大多是人名、族名、地名等专用字。甲骨文的内容以占卜记录为主,也有一些是记事的。商代的汉字已经是非常成熟的文字,能够非常

图 3-1 甲骨文

精准地记录当时的语言信息。从甲骨文中我们发现,当时的语言中不仅有名词、动词、代词、形容词、数词,还有表示否定、语气、情态等多种类别的副词,以及介词、连词这类虚词。甲骨文的句子已经定型,句式除了单句外,还出现了复句。从这些丰富的语言信息可以看出,甲骨文具有完整记录汉语的功能。

甲骨文的造字手段丰富,不仅能用意符(形符)造字,比如象形、指事、会意字,还能用音符造字,比如假借字和形声字。据统计,已经释读的甲骨文常用字中,使用音符造的假借字约占70%,兼用意符音符造的形声字约占20%。

甲骨文的形体特点表现为以下四个方面。

1. 表意性强

这些甲骨文,象形特征明显,证明汉字是由记事图画演变而来,但和图画又有本质差别。汉字虽然象形,但不追求形似,只追求记录语言的词义,所以神似即可,能够通过图形记住语词就行。

2. 形体结构不固定，多异体

甲骨文的结构还没有定形，字的方向可以变换、偏旁可以变换、笔画可增可减。值得注意的是，甲骨文中已有不少简体字。

武：

月：

3. 造型线条化、抽象化

由于甲骨文是用刀刻写的，龟甲兽骨质地坚硬，刻写不易，用笔以方折为主，形成甲骨文字形特有的线条，整体字形抽象。有的甲骨上可见到朱书、墨书的字迹，早期甲骨文还有填朱填墨的做法，表明当时已经出现了缚毛为笔的书写工具。

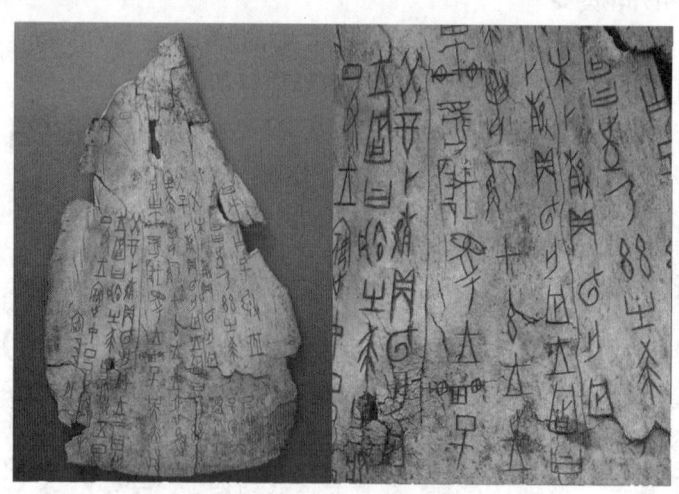

图 3-2　祭祀狩猎涂朱牛骨刻辞

4. 书法分时期

文字的广泛应用和人们的审美心理的驱动，使甲骨文显示出明显的书法风格。早期雄放，字形严正宽厚；中期舒朗，形态自然生姿；晚期精丽，字形整齐如一。

图 3-3　甲骨文

可以说，甲骨文的书风为我国书法艺术之始，对后世产生了深远的影响。

(二) 西周金文

金文中的"金"，指的是青铜器，"金文"就是青铜器上铸刻的铭文。我国制造铜器的历史可以上溯到新石器时代晚期。最初的铜制品使用天然纯铜，后来人们冶炼出掺入锡或铅的铜基合金，颜色青黑，称之为青铜。青铜硬度大、韧性强、耐腐蚀，商周两代常用来铸造各种器皿，并把文字铸刻在器皿上面，这些青铜器上的铭文就是金文。金文主要铸刻在宗庙祭祀用的钟鼎之类重器上，所以又叫钟鼎文字、吉金文字、鼎彝文字等。

存世最早的青铜器铭文见于商代中期的几件青铜器，每件字数仅两三字，由此可知金文早于甲骨文。商代晚期的青铜器铭文仍然比较简短。西周青铜器铭文逐渐加长，迄今所见字数最多的是西周晚期的毛公鼎铭文，将近五百字，如图3-4所示：

图3-4 毛公鼎及其铭文

春秋战国时期的金文又逐渐趋于简短。西周是中国青铜艺术的鼎盛时期，西周的青铜器铭文最能代表金文特点，也可以说金文堪当西周文字的代表。

金文的形体主要有以下特点。

1. 笔画肥厚、圆润，有些字填实

佳： 天： 王： 父：

2. 笔法多变，富于装饰性

中： 其： 是： 文：

3. 字形呈长方形。字序自上而下，从右到左。（如图3-5所示）

图3-5 金文

4. 不同时期有不同风格

西周早期《何尊》，是成王时代的金文，笔画肥厚，装饰意味浓厚。如图3-6所示：

图3-6 成王时代的金文

西周中期《静簋》，是穆王时代的金文，字形大小不一，结题匀称工整，章法纵横有序。如图3-7所示：

图 3-7 穆王时代的金文

西周晚期《虢季子白盘》，是宣王时代的金文，笔画整齐，结构均衡对称，章法舒朗。如图 3-8 所示：

图 3-8 宣王时代的金文

(三) 战国古文

西周时期的各诸侯国,使用的文字都是代表周王室正统的金文。到了战国时期,各诸侯国各自为政,语言上本来就有地方差异,使用文字就更不遵从周王室传统,因而造成了战国时期"言语异声,文字异形"的面貌。这种情况持续了两三百年,秦始皇统一中国以后,强制推行小篆作为通用文字,因此战国时期各诸侯国的文字很快就从通用文字领域消失了。偶有一些零星的诸侯国文字,因为一些特殊的原因,一直保留到汉代。东汉学者许慎编著《说文解字》时,到处搜求文字资料。当许慎看到那些零星的诸侯各国文字时,并不认识,误以为是远古时候的文字,所以称之为"古文"。今天的学者,根据科学考古发掘的资料,已经论证了许慎说的"古文"只是战国时期诸侯各国残存的零星文字而已。因为这一缘由,文字学家们沿用了许慎的说法,把战国时期秦国以外的六国文字笼统地称为"战国古文"。如果把秦系文字(秦系文字包括籀文、小篆和隶书)包括进来就叫"战国文字"。

战国文字的资料非常多,根据书写材料和用途,分为战国金文、简帛文字、石刻文字、古玺文字、古陶文字、货币文字等。更为科学的分类方法是按文字本身的特点划分区系,在区系中再按字体演变的实际情况划分阶段。李学勤《战国题铭概述》将战国各类器物铭文分为齐、燕、三晋、楚、秦五个区系。何琳仪《战国文字通论》划分更加具体:① 齐系文字,含鲁、邾、莒、杞、纪、祝;② 燕国文字,含中山、两周、郑、卫;③ 楚系文字,含吴、越、宋、蔡、徐;④ 秦系文字。

战国古文的形体特点体现出明显的"文字异形"风格,如表3-1所示:

表3-1 战国古文的文字异形举例

今字	国别及其不同写法				
	齐	楚	燕	三晋	秦
马					
安					
乘					

(1) 各国的文字字形差别明显。
(2) 简体、俗体增多。

(3) 从造字角度看,很重视用音符来造字,导致同音假借的字增多。由于同音字增加,所以用意符分辨词义的形声字也相应增多。

(四) 秦代篆文

秦代篆文严格来说应该分为大篆和小篆两个阶段。"大篆"的名称由来已久。班固在《汉书》中解释说,"周宣王太史作大篆十五篇"。许慎在《说文解字叙》里进一步发挥说,"宣王太史籀著大篆十五篇",把传说中《史籀篇》所用字体"籀文",称为大篆。后世学者研究西周金文时,发现西周晚期的金文与《说文解字》里收入的籀文十分相似,而且春秋战国时期的秦国一直沿用这种字体五六百年,但其他诸侯国不用这种字体。秦统一中国后,很快推行简化的大篆,就是小篆。由此可见,秦代篆文由繁而简,一脉相承。

大篆也叫籀文,是春秋战国时代秦作为诸侯国通行的文字,小篆是秦统一中国后,一直沿用到汉代的通行文字。

大篆(籀文)的形体有以下特点。

(1) 图画性、象形性渐弱,字体更加抽象化、线条化。
(2) 字的笔画线条粗细均匀,笔势多圆转。开小篆字体之先河。
(3) 字形结构整齐但是繁复。试比较:

大篆　𨏑　𩡧　𦨶　𣪞

小篆　車　馬　辭　斯

小篆又名秦篆,是秦始皇统一文字使用的字体,一直沿用到汉代。许慎《说文解字叙》说:"秦始皇帝初兼天下,丞相李斯乃奏同之(文字),罢其不与秦文合者。斯作《仓颉篇》,中车府令赵高作《爰历篇》,太史令胡毋敬作《博学篇》,皆取史籀大篆,或颇省改,所谓小篆者也。"许慎以为小篆是李斯等人创制,实际上小篆这种字体在秦统一天下之前就已经出现并在秦地通行了,《诅楚文》、商鞅方升、杜虎符、新郪虎符等金石上的文字可以参证。实际情况应该是,秦始皇统一中国以后,把统一文字作为治理天下的一项重要措施,采纳李斯奏请,在全国推行小篆,作为标准字体,废止六国异文。李斯等人所作仓颉、爰历、博学三篇,实际上是向全国公布和推广小篆字体的教科书。秦代小篆文字资料流传下来的有泰山刻石、琅琊刻石、峄山刻石、会稽刻石,以及秦权、秦量、诏版等。可以想见,秦朝采用教科书、刻石立碑、符信玺印、衡器量具等多种方式和手段,推广小篆字体。这一标准化、规范化的文字改革举措,对后世产生了极为深远的影响。

小篆与大篆(籀文)风格一致。小篆字体有以下特点。

1. 笔画线条化

甲骨文、金文都具有较强的图画性。小篆则一律线条化,线条圆转匀称,甚至圆点也变成了线条。笔画线条化以后,小篆字形的图画特征大大减低,符号化特征显著增强,形体构造也变得有规律可循。许慎从九千多个小篆字形中,就归纳出了五百四十部首。只要掌握了几百个部首,就掌握了成千上万的小篆字形。

2. 形体统一化

甲骨文、金文写实性较强,字形大小长短不同,体势偏正方圆不一,笔画繁简多少不定。小篆的形体则统一为略微竖长的方形,不论笔画多寡,字幅一致。小篆形体的统一,奠定了方块汉字的形态基础。

3. 结构定型化

甲骨文、金文的偏旁可有可无,同一偏旁形体各异,偏旁的位置也不固定。小篆的偏旁无论是形状还是位置,都是固定的,连笔画都不能随意增减。

小篆中异体字大大减少,符号化、标准化程度增高。在汉字发展史上,小篆是第一次规范化的字体,是汉字形体历史演变的转折点。小篆标志着古文字的终结,又为今文字的产生创造了条件。

图 3-9 小篆

(五) 隶书

秦代通行小篆的同时,还出现了隶书。隶书在汉代,成为官方通行的文字。隶书出现得比较早。从考古发掘的资料来看,战国末年的秦国已经出现了隶书。"隶书"这个名称,最早见于汉代班固的《汉书·艺文志》。隶书名称的由来,有很多说法,蔡邕说是秦始皇时候的程邈狱中创制;班固、许慎说是由于官司刑狱需求而来;晋卫恒说是隶人(下级官吏)多使用的字体。隶书究竟因何得名,难以确知。可以肯定的是,隶书最初广泛流行于下层社会,曾经是上层统治阶级轻视的一种简约、潦草的字体。

隶书的产生和发展分三个阶段:

(1) 秦隶,又称古隶,是篆文的变体,大约在战国晚期的秦国产生。秦隶字形结构跟篆书一样,但用直线改造了篆书的圆转线条,如图 3-10 所示。

(2) 汉隶,是西汉时所用隶书,字形横向发展,横宽竖短、横平竖直、撇捺分张、体式波磔俯仰。汉隶与篆文已经明显属于两种完全不同的书体,如图 3-11 所示。

(3) 八分,也叫分书、楷隶,是东汉时期发展成熟的隶书。字形方正、笔画工整、波势收束,堪当楷模,如图 3-12 所示。

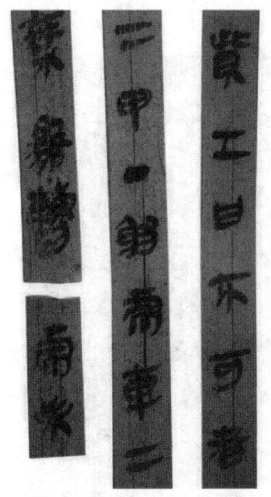

图 3-10　秦隶(云梦睡虎地秦简)

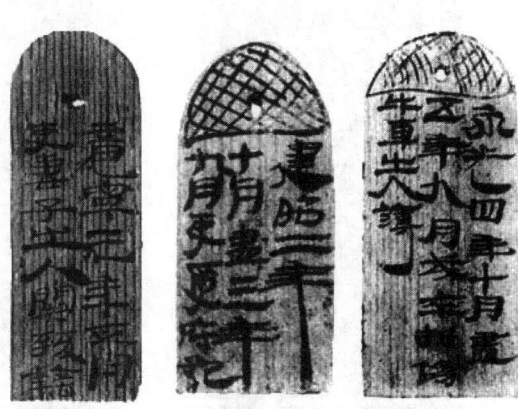

图 3-11　汉隶(居延汉简)

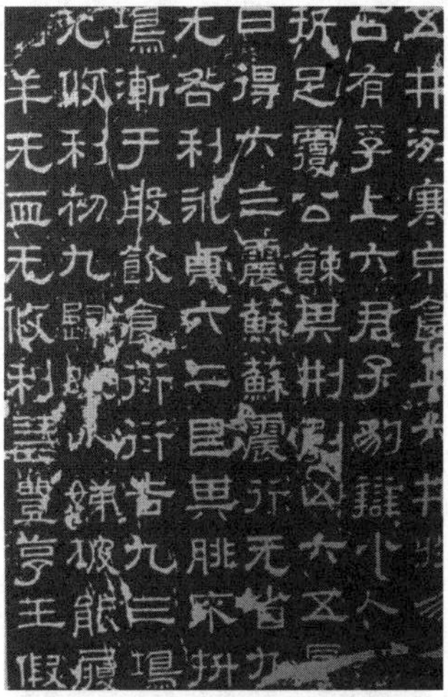

图 3-12　八分(熹平石经)

(六) 草书

草书有广义狭义之分。广义的草书,指仓促潦草书写的字体,不论什么时代都有。狭义的草书,指一种具有书写法则的字体,萌芽于西汉初,到东汉时形成正式的书体。书体意义上的草书,先后形成三种体式:

(1) 章草,又称隶草,是隶书的草写。章草将隶书的笔画简略、牵连,解散原有结构,保留隶书的波磔笔势。字与字之间均独立不连写,如图 3-13 和图 3-14 所示。

(2) 今草是楷书的草写,因此没有隶书的波磔笔势。今草在楷书基础上减省笔画,而且字与字之间也是相互连属,笔势连绵不断,如图 3-15 所示。

(3) 狂草是由楷书或今草发展而来。狂草的笔画更为简省连绵,常常一笔数字,字形变化多样,完全打破了隶书和楷书的形体结构,字形随意,难以辨认,成为完全脱离实用性的艺术作品。如图3-16和图3-17所示。

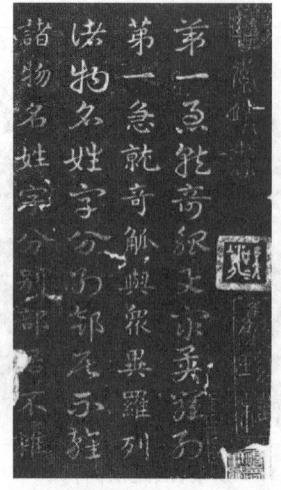
图3-13　章草(皇象本《急就章》)

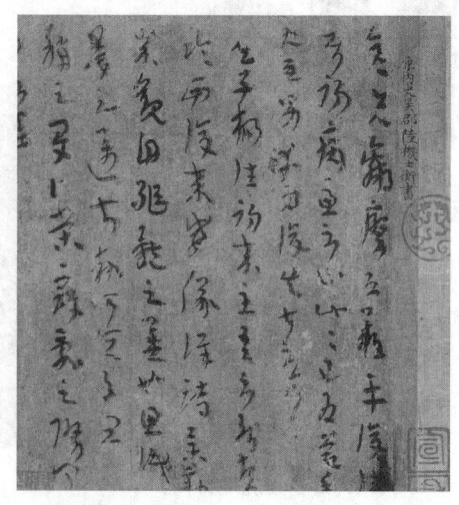
图3-14　章草(陆机《平复帖》)

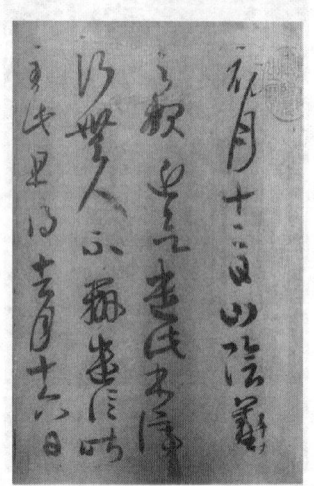
图3-15　今草(王羲之《初月帖》)

图3-16　狂草(张旭《肚痛帖》)

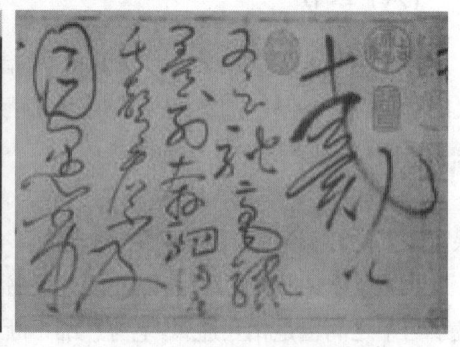
图3-17　狂草(怀素《自叙帖》局部)

草书打破了汉字的方块结构格局,改变了汉字四面用笔,有起有落的笔法,将字形和笔画高度简化,书写十分便捷。但草书不易识别,其鉴赏价值往往超过实用价值。

(七) 楷书

楷书又叫真书、正书、正楷等。"楷"是楷模的意思。楷书也有广狭二义。广义楷书,八分是隶书的楷模,今草是草书的正宗,所以八分、今草都曾被称为楷书。狭义的楷书,作为一种书体的专名,是由隶书发展而来。这种书体萌芽于西汉,成熟于东汉末,盛行于魏晋,全盛于唐代。

楷书由隶书发展而来,其特点是:形体端正,笔法工整,点画清晰,便于认读和书写,堪称书体之楷模。如图3-18至图3-24所示:

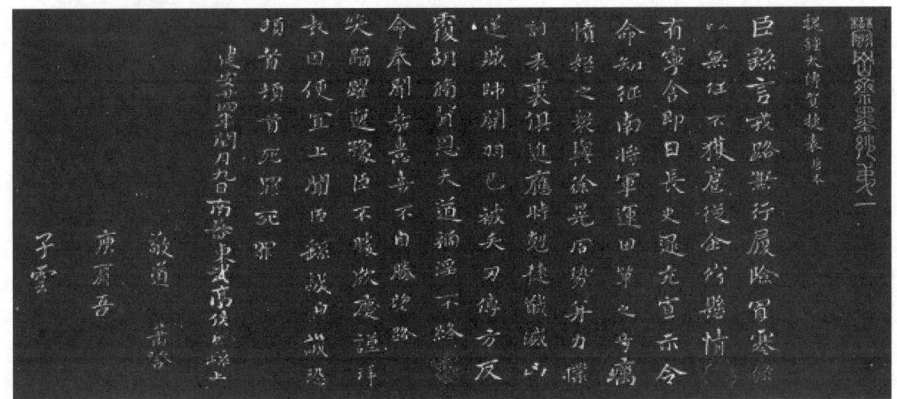

图3-18 "楷书之祖"钟繇《贺捷表》

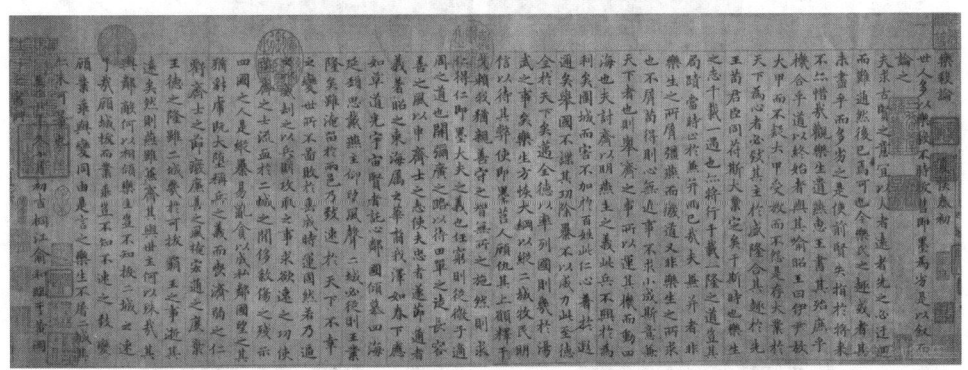

图3-19 王羲之小楷《乐毅论》

 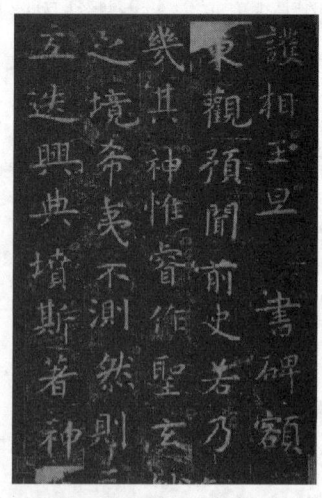

图 3-20　欧阳询《九成宫醴泉铭》(局部)　　图 3-21　虞世南《孔子庙堂碑》(局部)

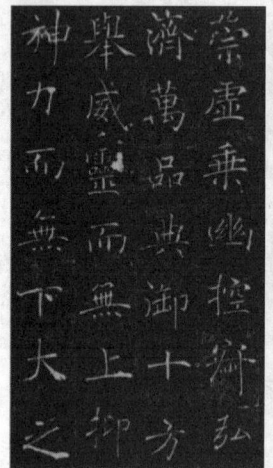

图 3-22　褚遂良《雁塔圣教序》(局部)

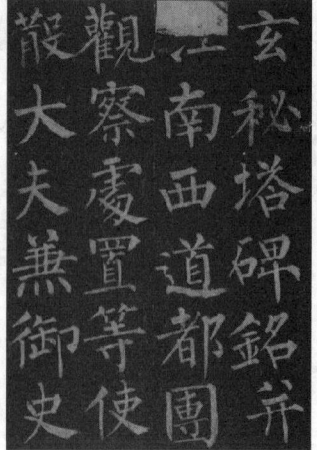

图 3-23　颜真卿《颜家庙碑》(局部)　　图 3-24　柳公权《玄秘塔碑》(局部)

楷书是一种全新的字体,笔画分为横、竖、撇、捺、钩、挑、点、折等,结构讲求端正、均衡、紧凑。楷书的出现使"方块汉字"的特征完全定型。

(八) 行书

行书兴起于东汉末年草书、楷书盛行以后,是介于草书和楷书之间的一种字体。接近楷书的,称为行楷,接近草书的,称为行草。西晋时,行书极盛于世。东晋更是产生了王羲之这样的"书圣"。如图 3-25 所示:

图 3-25　王羲之《兰亭序》(赵孟頫临　局部)

行书有两个显著特点:第一,近于楷而不拘谨,近于草而不放纵。第二,笔画连绵而清晰,形体独立可辨。由于行书兼有楷书和草书的优点,书写和认读的效率高,因而实用性极强。

二、汉字的构造

汉字是由不同性质的字符组合而成的。组合的方式不同,就形成了不同的结构。汉字的构造规律早在两千多年前就被揭示出来,这就是传统的"六书说"。"六书"是中国古人分析造字结构的传统理论,是汉字记录汉语的六种基本原则。汉字记录汉语,兼用意符、音符和记号,具体的构造方式有六种。

(一) 象形

象形的构造方法纯粹使用意符,并且是脱胎于记事图画的意符,与实物形象非常接近。用象形的方法创制出来的文字就是象形文字。世界上所有自源性文字都曾运用过象形的方法来造字。古汉字的"☉(日)"和现代汉字的"凹""凸"都是象形字。

(二) 指事

指事的构造方法兼用意符和记号，或者单纯用记号。指事的造字法主要用记号，客观上会增加识字的记忆负担，所以指事字的数量都不会太多。古汉字"二（上）"和现代汉字重文符号"々"都是指事字。

(三) 会意

会意的构造方法要用两个或两个以上的意符，会合几个意符的意义，来记录汉语的新词。会意的方法创制出来的会意字，能帮助人们记住汉语词的意义。不过每个意符的意义有可能联想变化，各意符之间意义的搭配组合也有多种可能性，比如"人"和"木"组合成字，可以记录汉语的"休息"义，也可以记录汉语的"种树"等意义。所以会意字对于识字者而言，记忆负担也是比较大的。

(四) 假借

假借的构造方法纯粹使用音符，不过汉字的音符比较独特，不是专职的记录音素的音符，而是兼职的记录音节的音符。换句话说，汉字造字时使用的音符，原本都是音义结合的字。比如"它"字是记录汉语第三人称代词的，但是"⟨（它）"字早期的字形明显是条毒蛇的形状，古籍中也有毒虫毒蛇义的用法。我们可以推知，"它"开始是个象形字，记录汉语中的毒蛇意义的词"它"。由于古汉语的"它""蛇"读音一样，就假借蛇的字形"⟨"来记录第三人称代词"它"。假借的方法其实是纯粹记录语言的声音的方法，是很先进的表音的造字方法。但是汉字的音符不是专职的音符，所以客观上造成了同形同音异词的局面。汉语本来就有大量的同音异义词，如果记录的这些同音异义词的字形也相同，就会大大影响字与词的对应度和识字的准确度，所以，假借字的数量不可能太多。

(五) 形声

形声的构造方法兼用意符和音符。一个字由两个字符组成：音符记录汉语词的语音特点，也叫"声符"；意符记录汉语词的词义类属，也叫"形符"。比如"轮"的音符是"仑"，意符是"车"。虽说意符表示的意义只跟词的意义相关而不是相等，音符的语音多数只是跟词的发音相似相近，但是这种兼顾音义的造字方法显然非常先进，毕竟需要用汉字记录的汉语词的两个要素就是音和义。汉语词没有形态变化，同音现象普遍存在，所以必须靠意义来区分不同的词。形声字的意符就起到了辨义的作用，"仑""伦""轮"读音一样，补充意符，就可以区分不同的语词。

(六) 转注

转注的构造方法可以看作特殊的形声构造法，也是兼用意符和音符的。一般形声字中,意符是辅助音符的,主要作用是分辨语言中的同音现象。转注则相反,转注字的意符是主导,音符是辅助意符的。汉语词汇受时间和空间影响,产生同义异音词。比方说,先秦时"芋"是中原人的叫法和写法,齐国不叫"yù"而叫"jǔ",因为词义相同,所以选用共同的意符"艹(草字头)",但是语音不同,必须选用不同的音符来标注,"芋"用音符"于",齐国人说的"jǔ"就用另外一个音符"吕"造出转注字"莒"。同样的道理,"妹"是北方人的叫法和写法,楚国不叫"mèi"而叫"wèi","妹"字用音符"未",楚国的"wèi"则用"胃"作音符造出转注字"媦"。转注字的特点在于"以声辅形"。转注字里的意符也叫"形符",音符也叫"声符"。

现代汉字,早已脱离了造字的时代,新造汉字的需求极少,所以早期构造汉字的象形、指事、会意等方法很少使用。我们把这种纯粹使用意符造字的构造方法合称"表意构造法"。

而假借是一种运用音符造字的方法,仍然有一定的需求,比如流行语把"难堪困窘"说成"jiǒng",写成汉字,并没有重新创制一个字形,而是借用同音的、原义"光明"的"囧"字。"光明"和"难堪困窘"两个词的意义没有丝毫关系,只是跨越古今的两个同音词。记录古汉语光明意义的"囧"字早已退出社会生活,"囧"的字形被假借来记录一个流行词语,并不会影响人们的语言交际,所以假借这种"音符"构造方法还会长期使用。假借是一种使用音符造字的构造方法,可以称作"表音构字法"。

形声和转注的构造方法都是兼用意符和音符的,最适合记录汉语,原因有二:一是因为汉语没有词形变化,汉语中的同音词在汉字中,只能依靠形声字中的意符来区分。二是因为汉语词汇地域宽广、历史悠久,同义词、近义词现象突出,这些同义词、近义词在汉字中,需要用不同的音符来标注。形声和转注,出发点不同,却采用了相似的手段,形声是"以形辨音",转注是"以声辅形",都是兼用意符和音符的构造方法,可以划归一类,称作"意音构造法"。

因此,传统"六书"构造法,用现代文字学的眼光,可以归纳为表意、表音、意音三大类。现代汉字的构造相应有表意字、表音字和意音字三种类型,其中意音字(形声字和转注字)的汉字总量达到90%以上,占绝大多数。这也是汉字属于意音文字的原因。

三、汉字的书写

汉字书写的历史很长。不管什么时代、什么字体,书写都需要按照一定的空间顺序,把组成汉字的点和线依次呈现出来。如果以现在国家规定的手写楷体为书写标准,汉字的书写首先要了解汉字的书写结构,然后要分析笔画形态,最后要按照笔顺规范来书写。

(一) 汉字的书写结构

汉字的书写结构就是书法中常说的"间架结构",不同于造字结构。汉字书写结构仅仅从字符的空间排布特点来分析,不考虑字符的表音表意属性。正因为如此,汉字书写结构的基本单位不叫"字符",而称为"部件"或者"偏旁"。部件就是组构成字的各个元件。有的字只有一个部件,更多的字包含有两个及以上的部件。部件在一个字里的排列规律形成了不同类型的书写结构,有一维的,也有二维的。一维的有独体结构、左右结构、上下结构,二维的有包围结构、对称结构。

1. 独体结构,□

   如:乙,人

2. 左右结构,□□

   如:挣、伟、休、姐、明、沙

   左中右结构,□□□

   如:湖、脚、溅、谢、做、粥

3. 上下结构,⊟

   如:志、苗、字、胃、岁、军

   上中下结构,三

   如:奚、髻、禀、衮、莺、宴

4. 包围结构

   (1) 上左包围结构,□

   如:庙、病、房、尼、眉、历

   (2) 上右包围结构,□

   如:句、可、司、式、戎、虱

   (3) 左下包围结构,□

   如:建、连、毯、尴、超、翅

   (4) 左上右包围结构,□

   如:同、问、闹、周、凤、冈

   (5) 上左下包围结构,□

   如:区、巨、匝、匣、臣、医

   (6) 左下右包围结构,□

   如:击、凶、函、画、山、幽

   (7) 全包围结构,□

   如:日、四、团、因、圆、国

5. 对称结构

(1) 镶嵌结构

如：坐、爽、夹、噩、巫

(2) 穿插结构

如：夷、串、出、夹

(3) 三角结构（品字结构）

如：品、众、鑫、森、淼、焱、垚

(4) 四角结构（田字结构）

如：燚、叕

(5) 角心结构

如：器、嚚

间架结构确定的是部件（偏旁）之间的相互位置关系。具体分析，还需注意各个部件在一个字里的宽窄、长短、欹侧以求中正和谐。当然，部件只是汉字的构字元件，有些部件本身就是音义结合的字，叫"成字部件"，大多数非成字部件在古汉字时期也是成字的。可见部件并非书写的基本单位。部件由笔画组成，真正实现书写的基本单位是笔画。

（二）汉字的笔画

笔画是汉字书写的最小单位，是构成汉字的点和线。楷体书写要求从落笔到抬笔就是一笔，也叫一画，合称笔画。笔画的具体形状叫笔形。楷体的每个笔画，书写都要经过起笔、行笔、收笔三个阶段。行笔在一个方向上，写出来的笔画是基本笔画。基本笔画组合起来，行笔时方向发生变化，这样写出来的笔画叫派生笔画。楷书的笔画名称、笔形规范和写法如表 3-2 所示：

表 3-2　楷书的笔画名称、笔形规范和写法

类别	序号	笔形	名　　称	例字	写　　法
基本笔形	1	一	横	十	起笔稍顿，提笔右行，略向上斜，至右端稍微收笔，笔力两端稍重，中间稍轻。
		一	（短横）	二	写法同长横，笔程稍短。
	2	丨	竖	甲	起笔稍顿，提笔垂直下行，至下端稍微收笔。
		丨	（短竖）	片	写法同长竖，笔程稍短。
		丨	悬针竖	中	写法同长竖，至下端提笔出锋。笔力由重渐轻，如钢针悬空。
	3	丿	撇	八	起笔稍顿，提笔向左下斜行，略带弧度，笔力由重渐轻，提笔出峰。
		丿	（短撇）	火	写法同长撇，笔程稍短。
		丿	（竖撇）	月	起笔同竖，再转为撇出锋。
		一	（平撇）	禾	写法同长撇，行笔略平，笔程稍短。

(续表)

类别	序号	笔形	名　称	例字	写　法
基本笔形	4	丶	点(右)	主	起笔向右下稍顿后向左上回锋收笔。笔力由轻变重,笔程短。
		′	点(左)	军	起笔向左下稍顿后向右上回锋收笔。笔力由轻变重,笔程短。
		ヽ	(长点)	刘	写法同右点,笔程较长。
	5	㇏	捺	人	起笔稍轻,向右下斜行,略带弧度,笔力由轻渐重,至捺脚处略顿向右出锋收笔。
		㇏	(平捺)	之	逆笔收锋,向右下斜行,行笔略平,笔力渐重,至捺脚处略顿向右出锋收笔。
	6	′	提	地	起笔稍顿,提笔向右挑出。
派生笔形	7	㇕	横折	口	起笔写横,至右端稍顿向下写竖。
	8	㇇	横撇	又	起笔写横,至右端稍顿向左下撇出,略带弧度,笔力由重渐轻,出锋收笔。
	9	㇀	横钩	买	起笔写横,至右端稍顿向左下勾出。
	10	㇆	横折钩	月	起笔写短横,至右端稍顿向下写斜,至下端稍顿向左上钩出。
	11	㇊	横折提	记	起笔写短横,稍向上斜,至右端稍顿向下写竖,至下端稍顿向右挑出。
	12	㇈	横折弯	朵	起笔写横,至右端稍顿向下写竖,至下端向右弯行,收笔略顿。
	13	㇉	横折折	凹	起笔写横,至右端稍顿向下写竖,至下端稍顿再向右写横。
	14	㇆	横折斜钩	飞	起笔写短横,稍向上斜,至右端稍顿向下向右,略带弧度,至右下端稍顿转向上挑出。
	15	㇋	横折弯钩	九	起笔写短横,至右端稍顿向下写竖弯钩,至下端向右弯行,稍顿向上挑出。
	16	㇌	横撇弯钩	队	起笔写短横,稍向上斜,至右端稍顿向左下撇出,至撇尖再向右向下写弯钩,一笔写成。短横右端和弯钩弧腹上下大致持平。
	17	㇌	横折折撇	及	起笔写短横,稍向上斜,至右端稍顿斜向下写短竖,至下端再转向右写短横,至右端稍顿再转向左下撇出,横与短横右端转折点上下对齐。
	18	㇌	横折折折钩	乃	起笔写短横,稍向上斜,至右端稍顿再转向左下写竖钩。后半段竖折折折钩写在一条中轴线,不要偏左或偏右。
	19	㇌	横折折折	凸	起笔写短横,至右端向下竖折,至下端转向右写短横,至右端再略向左下写短竖。
	20	㇗	竖提	民	起笔写竖,至下端稍顿转向右上挑出。
	21	㇄	竖折	山	落笔写短竖,至下端稍顿转向右再写横,稍向上斜。

(续表)

类别	序号	笔形	名称	例字	写法
派生笔形	22	亅	竖钩	小	起笔写竖,至下端稍顿转向左上钩出。
	23	ㄴ	竖弯	四	起笔下行先写竖,至下端向右弯行,稍顿收笔。
	24	ㄥ	竖弯钩	儿	起笔下行先写竖,至下端向右弯行,至右端稍顿向上勾出。
	25	ㄣ	竖折撇	专	起笔下行先写竖,稍向左斜,至下端转向右写短横,至右端稍顿转向左下撇出。
	26	ㄱ	竖折折	鼎	落笔写短竖,至下端稍顿转向右再写横,至右端再转向下写竖。
	27	ㄅ	竖折折钩	马	起笔下行先写竖,稍向左斜,至下端转向右写横,至右端转向下写竖,略向右下斜,至下端稍顿向左上方钩出。
	28	ㄑ	撇点	女	起笔向左下先写撇,至撇尖稍顿向右下写点。
	29	ㄥ	撇折	么	起点向左下先写撇,至撇尖转向右下写长点。
	30	ㄟ	斜钩	我	起笔向右下斜行,略带弧度,至末端稍顿向上钩出。
	31	丿	弯钩	家	起落带弧度下行,至末端稍顿向左上钩出。
	32	ㄴ	卧钩	心	起笔带弧度向右下行,后半段平走,笔力由轻变重,至右端稍顿向左上方钩出。

需要强调的是,在国家规范的几种印刷字体中,楷体是最接近手写的规范字体。楷体的笔形跟其他字体之间存在微小的差异。楷体又叫"楷书",其笔画很有特点:既不像黑体那样线型粗细一致,又不像宋体那样横笔纤细竖笔粗壮,也没有宋体和仿宋体那种三角形的起笔或收笔。对照表3-3可见楷体的笔画特征:

表3-3 常见印刷字体举例

楷体	宋体	仿宋	黑体
小	小	小	小
心	心	心	心
雪	雪	雪	雪
十	十	十	十
汉	汉	汉	汉

笔画之间的关系有三种:相接、相交、相离。楷体的笔画关系跟其他字体的也有细微差异。如表3-4所示:

表 3-4　字体的笔画差别

楷体	宋体	仿宋	黑体
女	女	女	**女**
明	明	明	**明**
不	不	不	**不**
家	家	家	**家**
在	在	在	**在**

笔画的书写都是从左到右，或是从上到下。一笔一画写成汉字，笔画的先后顺序也是有讲究的。

(三) 笔形的变化

汉字是方块形文字，我们在书写汉字时要写得正确、合乎规范，同时也要注意写得整齐、匀称，富有美感。鉴于汉字字形及结构特点，我们在书写时还要注意笔形的变化，懂得笔画组合时有主有次，包含"避让"的道理。例如："木"字做左偏旁时，最后一笔"捺"要改为"点"（林）；"女"字做左偏旁时，最后一笔"横"要缩短（妇）；当有重捺时，为了匀称美观，其中一个捺改为点（奏）等。这样书写汉字不仅端正还会有艺术性。

关于《笔形的变化》(见章首二维码中)。

(四) 汉字书写的笔顺

书写汉字时，笔画出现的先后次序就是笔顺。以前人们写字，逐渐形成了一些约定俗成的笔顺规则。1997 年 4 月 7 日，国家语言文字工作委员会和新闻出版署联合发布了《现代汉语通用字笔顺规范》，对 7 000 个通用汉字的笔顺进行了规范。

笔顺的一般规则是：

(1) 先横后竖（十、丰）

(2) 先撇后捺（八、人）

(3) 先上后下（二、天）

(4) 先左后右（川、州）

(5) 从外到内（月、冈）

(6) 先进入后关门（因、国）

(7) 先中间后两边（小、办）

笔顺的补充规则有：

(1) 点在正上及左上先写点（京、门）

(2) 点在右上后写点（犬、我）

(3) 点在里面后写点（瓦）

(4) 上右包围结构,先外后内(勺)
(5) 上左包围结构,先外后内(庆、虎)
(6) 左下包围结构,先内后外(近)
(7) 缺口朝下的,先外后内(内、同)
(8) 缺口朝上的,先内后外(击、凶)
(9) 缺口朝右的,先上后下再左下(区、医)

笔顺还有几个特殊规则:
(1) 先折后撇(力、刀、乃、方)
(2) 先折后竖(卪、卩)
(3) 先竖后横(占、非)
(4) 先写内点(舟、丹)

思考与练习

1. 汉字形体经历过哪几个阶段?每个阶段的形体特征是什么?
2. 甲骨文和金文是象形文字吗?
3. 大篆和小篆是什么关系?
4. 隶书是古文字还是今文字?
5. 从汉字形体演变历史来看行书和草书,哪种字体先出现?
6. 现代汉字的书写结构有哪五种?各种结构里又有哪些小类?
7. 笔画之间的关系有哪几种?
8. 请判断下列汉字分别属于"六书"中的哪种构造方法。
 (1) "凹""凸"
 (2) "好々学习"的"々"
 (3) "卡""孬"
 (4) "花钱"的"花"、"日本"的"日"
 (5) "晴天"的"晴"
 (6) 表示老人意思的"考"
9. 说说下列汉字的笔画数。

度 版 印 横 画 世 沛 臧 彻

10. 请用笔画名称叙述下列汉字的笔顺。

霾 虎 鼎 妈 凸 转 邓 逐
祭 级 仍 闷 民 飞 讹 躲

第三节 汉字规范化

一、汉字的改革问题

汉字是世界上仅存的表意特征突出的文字,也经历了多次改革。有些学者看到世界上绝大多数语言的文字都由表意文字变成了表音文字,就认为要对汉字进行改革,即是让汉字走上世界共同的表音文字的道路。实际上,汉字改革的方向不是人为决定的,它取决于汉语本身的性质特点和社会对汉字应用的客观需要。

瑞士语言学家索绪尔曾经说过,语言和文字是两种不同的符号系统。文字存在的唯一理由在于表现语言。一个民族的文字创制之初,往往不能很好地承担记录和传达语言的使命,社会全体成员必然会千方百计地改进它、完善它,使它越来越好地担当使命。这种创制、改进、完善的依据只能是本民族语言的性质和特点。所以说,汉语的性质和特点对汉字是起到制约作用的。

汉语的性质和特点表现在语音、词汇、语法各方面。这三要素中,词汇是核心要素。汉字记录汉语,也是以记录汉语词为原则的。汉语是孤立语,汉字创制的时代以及汉字发展的相当长历史时期,汉语的词汇都是单音节词占优势。词的音节短小,没有形态变化,同音现象多。作为汉语的记录符号,汉字体系的形成和发展也必然受到这一特点的影响。从"六书"理论中可见前人创制汉字运用了表意、表音、意音兼顾三种方法,充分说明汉字体系是由表意向表音方向发展的。

象形、指事、会意等绘形记义的方法不仅很麻烦,而且造字能力很差,一些表示抽象意义或复杂意义的词,用上述三种方法往往造不出字来。因此,在汉字发展的较早时期,人们就运用记音的方法造字。商周时期文字中大量的假借字就是证据。但是汉字最终没有发展成为以假借字为主体的表音文字体系,是因为假借字借用已有汉字的整体读音,并非直接记录词的语音构造。大量使用假借字,被借字原来的字形字义受干扰,从而造成识读理解上的歧义。因此,只能选择半表意半表音的形声字。汉语词音节短小、同音现象突出,单用声符会造成词义的混淆,于是意符就成为限制或区别同音现象的特殊手段。汉字发展的早期,形声的造字手段并不占优势,毕竟一个形符(意符)一个声符(音符),汉字字形的体量较大,书写麻烦。但在汉语的发展过程中,有相当长的时间,汉语依靠词义引申和音变的方式造成新词,依靠语序作为组词造句的主要手段,并没有解决音节短小、同义词多的问题。所有的造字方法里,只有形声字能较好地解决汉语词同音异义的矛盾。

讨论汉字改革问题,不能割断汉字的历史,讨论汉字的优缺点时,也不能将它同西方拼音文字做简单的对比，忽略汉字与汉语相适应的一面。随着语言的发展，汉语的词由以单音节词为主变成以复音词为主，所以在口语中基本解决了同音异义问题。不过，现代汉语的复音词用汉字记写仍然比拼音记写更有优势。现代汉语的复音词除了少数单纯词和附加式合成词、叠音词以外，广泛运用词根复合法构成新词。现代汉语中绝大多数复音词是在原来单音词的基础上产生的，原来的单音词作为语素进入了复音词。在既有复音词的基础上，还可以利用语法手段，继续造成新词。汉字完全适应现代汉语复音词的特点，而且比拼音更有利，可以反映语素义，方便人们按照熟悉的语法规则理解词义，而且绝不会出现同音相混的麻烦。无论是意义高度浓缩的成语，修辞色彩浓厚的文学词语，还是反映现代生活的新鲜词语，汉字都具有拼音无法企及的优越性。试比较下列两种不同方法记写的词语：

lóng fēi fèng wǔ　　qì jiù tú xīn　　yōu shēn　　yān liǔ　　jīng jì xiào yì　　tóng bù
龙　飞　凤　舞　　弃　旧　图　新　　幽　深　　烟　柳　　经　济　效　益　　同　步

对于有较高文化水平的人来说，阅读拼音可以理解这些词语的含义，对文化素质较低的人来说，要迅速理解这些词语，还是汉字更容易些。

正因为如此，汉字的常用字非常集中。虽然汉字的总量现在已经达到五六万之多，但是只需掌握三千多个汉字，就能顺利阅读书籍报刊和书写文章信函。除了同汉语完全适应以外，汉字还有一种视读上的优越性。拼音文字是按照语言的线性特征呈现为带状的，阅读时视觉扫描范围大，理解语义有赖于语句的完整。汉字是点状记录词义或语素义，阅读时可在很小的范围内融汇语义，达到快速视读的效果。

20世纪改革汉字为拼音文字的呼声，主要根源于汉字的信息处理技术还不成熟，汉字曾一度很难输入计算机。现在，计算机处理汉字的技术日臻完善，充分证明汉字的生命力仍然旺盛，完全能适应新时代的要求。当前汉字改革的重点，不是走拼音化道路，而是整理汉字和制定相关汉字标准。

二、汉字的整理和标准化

为了适应现代社会要求，提高汉字使用效率，需要对汉字进行整理和制定汉字的相关标准。现代社会使用汉字，要求在数量上有一定限制，要求字形稳定而明确，要求字音上确定标准读音，要求字序规范化，统一字典的查字法。总之，要求对现代汉字进行全面系统而科学的整理，形成用字规范，以提高用字效率。

汉字整理包括精简笔画、精简字数和整理字形等内容。

（一）精简笔画

新中国成立以来的汉字整理是有组织地进行的。1956年公布的《汉字简化方案》，经过多年试用后，1964年编印成《简化汉字总表》，1986年重新发表，作为社会使用简化字的规范。2013年在此基础上，又制定了《通用规范汉字表》。

简化字是群众在使用汉字的实践中创造的，事先没有统一的简化方法。不过，把简化字和繁体字对照,可以发现两者在字形方面有以下几种差异。

1. 局部删除

删半边:务(務)、号(號)、广(廣)

删大部:丰(豐)、虫(蟲)、灭(滅)、习(習)

删小部分:妇(婦)、标(標)、垦(墾)、随(隨)

删改:丽(麗)、处(處)

2. 偏旁更换

态(態)、窃(竊)、证(證)、胶(膠)、舰(艦)、痈(癰)、牺(犧)、历(曆)、环(環)、庆(慶)、联(聯)、对(對)、难(難)、凤(鳳)、风(風)、区(區)

3. 全部更换

万(萬)、灶(竈)、丛(叢)、惊(驚)、峄(嶧)、众(眾)、体(體)、灵(靈)

简化字中,有一大批是根据某些简化字进行偏旁或部件类推而产生的。比如:龙——笼、拢、聋、宠。用这个办法,简化的幅度很大,减轻了记忆负担。

(二)精简字数

汉字的总量比较大,不管是常用字还是通用字,都有几千,异体字的情况更加剧了识字和用字的困难。中华人民共和国成立后,在精简字数上取得了一定成果。1955年,中国文字改革委员会和文化部发表《第一批异体字整理表》,淘汰了重复多余的异体字1 055个。1988年,国家公布的《现代汉语通用字表》恢复了一些汉字,被淘汰的异体字从1955年的1 055个减少为1 027个。整理异体字,要根据从俗从简的原则进行,既要考虑选用通行较广的字形,选用的字又不能笔画太多。如果从俗和从简的原则不能兼顾,或者繁简相差不大,就以从俗为主。从俗的原则,更符合文字本身的性质,从简的原则,更符合文字发展的趋势,两相结合以从俗为主,就能充分发挥汉字作为语言的辅助性交际工具的作用。

(三)字形整理

1965年,中国文字改革委员会和文化部向出版印刷单位发布了《印刷通用汉字字形表》,规定了6 196个字的印刷体字形规范。与之前的印刷字形相比,新字形有以下特点。

(1)印刷体力求与手写体一致。敎→教

(2)折笔改为直笔。眞→真

(3)个别笔画相连。屛→屏

(4)删去笔画。吕→吕

(5)精简偏旁、部件数量,并规范化。

(6)使用按音分化原则。柿、鉰从"市",肺、沛从"巿"

(7)字形结构和笔势尽量适宜横写。羣→群、峯→峰、吞→吞对汉字进行整理的同时,还要使汉字标准化。

汉字标准化是现代社会对汉字提出的客观要求。为了提高汉字使用效率,便于交流,人们迫切需要汉字的数量有所限制、字形稳定而明确、字音要有标准读音、字序要规范等等。因此,汉字的标准化就围绕"四定"工作进行。

第一,定量。定量就是规定现代通用汉字的总量。2013年国务院公布的《通用规范汉字表》体现了汉字标准化的最新成果。《通用规范汉字表》共收简化汉字和不需要简化的部分传承字8 105个,分为三级:一级字表为常用字集,3 500字,主要满足基础教育和文化普及的基本用字需要,如"祝""的""再"等;二级字表3 000字,主要满足出版印刷、辞书编纂和信息处理等方面的一般用字需要,如"凼""伢""玥"等;三级字表1 605字,是姓氏、地名、科技术语和中小学语文教材文言文用字中未进入一二级字表的较通用的字,主要满足信息化时代与大众生活密切相关的专门领域的用字需要,如"筱""垚""氕"等。

第二,定形。定形就是规定现代汉字的规范字形。汉字定形的工作兼顾历史和现状,在汉字简化工作的基础上进行。《通用规范汉字表》的字形就是依据《现代汉语通用字表》确定的。现代汉字的平均笔画数大大减少,字形的规范已经初步建立。

第三,定音。定音就是规定现代汉字的读音标准。1985年,国家语委、国家教委和广电部公布了经过修订的《普通话异读词审音表》,明确了现代汉字的读音标准。

第四,定序。定序主要指查字法的标准化。首先是部首法的标准化。部首的数量,字的归部原则逐步一致。笔画法的标准化解决了笔画数相同的字怎样排序的问题。音序法、四角号码法也有相应的统一标准。

作为未来的人民教师,就是要书写国家法定的规范汉字。所谓规范汉字是指结构和笔画正确、字形符合标准的字,也叫"正字"。它包括以下几类:① 经国务院批准于1986年10月10日重新发表的《简化字总表》中的简化字;② 文化部和旅游部、中国文字改革委员会1955年12月22日发布并在以后经过调整的《第一批异体字整理表》中的选用字(即正体字);③ 国家语言文字工作委员会和中华人民共和国新闻出版署1988年3月25日发布的《现代汉语通用字表》中收录的7 000个通用字;④ 中国文字改革委员会和国家标准计量局1977年7月发布的《部分计量单位名称统一用字表》所选定的名称和用字;⑤ 从古代流传下来,现仍广泛使用并收入权威字典、词典的传承字。

不规范汉字是结构或笔画错误,形体不符合标准的汉字,包括以下几类:① 在重新公布的《简化字总表》中已经简化的繁体字;② 经过调整的《第一批异体字整理表》中已经被淘汰的异体字;③ 国务院已经废止的"二简"字和人们乱造的简化字;④ 结构和笔画与《现代汉语通用字表》不一致的字;⑤ 已被淘汰的生僻地名字、计量单位名称用字,未进入《现代汉语通用字表》的各地的方言字和其他被淘汰的汉字;⑥ 错字;⑦ 别字。

所谓传承字通常是指世代相传、沿用至今的楷体字。这些字既包括笔画少的基本字,也包括笔画较多但不需要简化或者尚未简化的合体字。如"人、丁、口、山、川、木、日、目、手、足、非、癸、健、舒、篇、操、瞻、攘、巍、麝、齹"等。也就是说,"传承字"必须是成为楷体字以后形体长期稳定不变,长久流传和承袭下来的汉字,例如楷体字"國",如果国家没有对它进行简化,它就是传承字;但经过国家有关职能部门正式批准简化为"国"后,"国"就是规范的简化字,"國"成为被淘汰的繁体字,它们都不属于传承字的范围了。

繁体字就是简化之前的笔画繁多的字,如"農業勞動"就是与简化字"农业劳动"相对应的繁体字。中华人民共和国成立初期,国民受教育程度很低,全国民众中大约有80%是文盲。在这种情况下,笔画繁杂的繁体字就成了扫除文盲、普及教育的拦路虎。拿"农业劳动"4个字来说,用简化字书写一共才24画,而繁体字的"農業勞勤",笔画竟达49画之多。因此,国家于1956年发布《汉字简化方案》,对繁体字进行简化。我们常说的繁体字,就是《简化字总表》中与简化字相对应的那些字。《简化字总表》首次发布于1964年,1986年重新发布时对个别字进行了调整。繁体字当然也是中国传统文化的重要组成部分。国家从未宣布过废除繁体字,只是在法律上缩小了它的使用范围。鸦片战争之后,产生了一股变法维新、图强自救的思潮,认为要使中国富强,就须"开发民智,普及教育",而繁难的汉字是最大的障碍,因此就要"改革汉字",而"改革汉字"的一项重要内容就是简化汉字。汉字简化的方法都是历史上的群众创造,古已有之的。简化字满足了全国亿万人民的文化需求,对于扫除文盲半文盲,提高文字的学习和使用效率,提升全民的文化素质,促进中国文化进步和社会经济发展发挥了重大作用。

异体字是指字音、字义相同而字形不同的字。比如"群、羣"是一组异体字,"迹、跡、蹟"是一组异体字。大量异体字的存在给人们学习和使用汉字增添了麻烦。1955年文化部和中国文字改革委员会联合发布《第一批异体字整理表》,对部分异体字进行了整理。整理的原则就是从每组异体字中选出一个确定为保留的规范字,其余的淘汰。如前面所举的"群""迹"被确定为规范字,"羣"和"跡""蹟"则不再使用了。

有人问,"榮寶齋""內聯陞"等老字号牌匾中均存在繁体字、异体字,为什么还允许继续使用呢?

原来,《国家通用语言文字法》除了规定"公共场所的设施用字应当以国家通用语言文字作为基本的用语用字"外,还规定了可以保留或使用繁体字、异体字的六种情形:① 文物古迹;② 姓氏中的异体字;③ 书法、篆刻等艺术作品;④ 题词和招牌的手书字;⑤ 出版、教学、研究中需要使用的;⑥ 经国务院有关部门批准的特殊情况。

"榮寶齋""內聯陞"都是百年老字号。这些老字号牌匾使用的繁体字、异体字符合《国家通用语言文字法》"可以保留或使用"的条件,自然可以继续使用。老字号承载了中华民族的优秀传统文化,是我国重要的非物质文化遗产。对老字号牌匾加以保护,也是弘扬中华优秀传统文化的重要组成部分。在北京,凡是有文物价值,蕴含丰厚文化底蕴的老字号牌匾,如"同陞和、天福號、張一元、都一處、鼎琳軒、鶴年堂、一得閣、慶仁堂、東來順"等等,都得以保留原貌。

所谓"二简"字是指《第二次汉字简化方案(草案)》中的简化字。1977年12月20

日《人民日报》《光明日报》等一级报纸发表了由中国文字改革委员会拟定的《第二次汉字简化方案(草案)》,其中第一表收简化字248个,要求公布后立即在全国图书报刊上陆续使用,第二表收简化字605个。由于"文化大革命"思潮的影响,在汉字简化方面没有贯彻"约定俗成"的原则,而是急于求成,一次公布的简化字太多,不少字又简化得不合理,所以群众议论纷纷,专家意见很大,社会用字混乱现象也日益严重。比如:"尸(展)、仃(停)、另(量)、歺(餐)、弍(贰)、迊(迎)"等。1986年6月24日,国务院发出批转国家语言文字工作委员会《关于废止〈第二次汉字简化方案(草案)〉和纠正社会用字混乱现象的请示》的通知。通知指出:"1977年12月20日发表的《第二次汉字简化方案(草案)》自本通知下达之日起停止使用。今日,对汉字的简化应持谨慎态度,使汉字的形体在一个时期内保持相对稳定,以利于社会应用。"

三、纠正错别字

使用汉字如果不规范,就会出现错别字现象。错别字是错字和别字的总称。错字是"无中生有"的字,字的笔画或结构上写错了,似字非字。别字是"张冠李戴"的字,本该写某个字,却写成了另外一个字。

错字如图3-26和图3-27所示,"吐"上加一点。还有"武"字多一撇,"真"字少一横等。

别字如图示把"扬眉"写成"羊眉","馄饨"写成"混沌"。还有把"恭候"写成"恭侯","寒暄"写成"寒喧","戊戌政变"写成"戊成政变"等。

错别字形成的原因大体上有两类:主观原因和客观原因。

图3-26 广告图片

主观上,书写时不拘小节,或者没有真正掌握字的结构和写法,还有人故意写错别字,都会出现字形错误(括号内为错别字)。比如:

  饼(并)干 锲(契)而不舍

客观上,汉字本身的形音义容易导致错别字的产生。比如:

1. 形似致误

  松弛(驰) 辩(辨)论
  相形见绌(拙)

2. 音近致误

  重叠(迭) 潦(缭)草
  掠(略)夺 川(穿)流不息
  一筹(愁)莫展

3. 义近致误

擅(善)长　　　鹊(雀)占鸠巢

好高骛(务)远　　竭泽而渔(鱼)

4. 形、音两近致误

急躁(燥)　　　籍(藉)贯　　　贪赃(脏)

售罄(磬)　　　九霄(宵)云外

5. 形、音、义三近致误

提(题)纲　　　摩(磨)擦　　　符(附)合

因客观原因而产生的错别字现象是可以通过认真学习和训练彻底纠正的。主观原因导致的错别字现象要难以纠正一些，尤其是已经形成习惯的错别字现象，没有坚定的决心和意志，很难改正。因此，应该从主观上树立牢固的规范用字意识，在实践中坚持写规范字，自觉抵制错别字现象。

图 3-27　广告图片

关于《形似部件的区别》(见章首二维码中)。

思考与练习

1. 为什么说当前汉字改革的重点不是走拼音化道路？
2. 汉字整理和标准化的具体做法有哪些？
3. 纠正错别字，你有哪些好方法？
4. "市—巿""仓—仺""臽—䧟""氺—氷"等构字部件在用法上怎样区别？

第四节　汉字知识在小学语文教学中的运用

《义务教育语文课程标准(2022年版)》中课程目标对不同年级的小学生在识字写字等方面做了明确的要求。

第一学段(1—2年级)的小学生应做到：

(1) 喜欢学习汉字，有主动识字、写字的愿望。认识常用汉字1 600个左右，其中800个左右会写。

(2) 掌握汉字的基本笔画和常用的偏旁部首，能按基本的笔顺规则用硬笔写字，注意间架结构，初步感受汉字的形体美。努力养成良好的写字习惯，写字姿势正确，书写规范、端正、整洁。

第二学段(3—4年级)的小学生应该做到：

(1) 对汉字有浓厚的兴趣,养成主动识字的习惯。累积认识常用汉字2 500个左右,其中1 600个左右会写。有初步的独立识字能力。能用音序检字法和部首检字法查字典、词典。

(2) 写字姿势正确,养成良好的书写习惯。能用硬笔熟练地书写正楷字,做到规范、端正、整洁。用毛笔临摹正楷字帖,感受汉字的书写特点和形体美。

(3) 能感知常用汉字形、音、义之间的联系,初步建立汉字与生活中事物、行为的联系,初步感受汉字的文化内涵。

第三学段(5—6年级)的小学生应该做到：

(1) 有较强的独立识字能力。累积认识常用汉字3 000个左右,其中2 500个左右会写。感受汉字的构字组词特点,体会汉字蕴含的智慧。

(2) 写字姿势正确,有良好的书写习惯。硬笔书写楷书,行款整起,力求美观,有一定的速度。能用毛笔书写楷书,在书写中体会汉字的优美。

可见,识字和写字能力的培养在小学阶段是非常重要的,也是小学生阅读和写作的基础。教师要运用汉字知识,帮助小学生学会识字方法;利用汉字的表意性功能,引导小学生分析字形、了解字义并正确使用汉字;运用形声字的知识和汉字结构知识,引导小学生记忆汉字、理解汉字并形成识字能力;运用汉字规范化的知识,引导小学生养成规范使用汉字的良好习惯。

一、小学语文课上的识字方法

小学识字教学一般顺序是由易到难、由简单到复杂。目前许多小学语文教学采用的基本上是随课文分散识字教学法,同时适当吸收了集中识字和"注音识字,提前读写"的实践经验。安排在低年级的形式多样的"归类识字"是吸收集中识字的经验。低年级编入纯拼音读物、拼音与汉字对照读物,让学生利用汉语拼音阅读,并在阅读中学习汉字。

从运用汉字知识指导识字教学点角度看,我们非常关注由独体字到合体字的顺序。根据大致统计,在小学阶段要求掌握的2 500个常用汉字中,独体字约有170个(0象形字、指事字),约占识字总数的7%,会意字共有400个左右,约占16%,形声字共有1 900多个,占77%以上。象形字的教学大部分集中在低年级。一、二年级共学习象形字100多个,约占小学阶段所学象形字总数的80%。因此,在低年级前期的识字教学中,应当特别重视独体字尤其是象形字的教学。

二、利用汉字特点进行识字教学

从指导小学生识字角度看,汉字的表意性和形声字占绝大多数这两个特点比较突出。

1. 充分利用汉字的表意性指导小学生识字

表意性较强的汉字即象形字、指事字和会意字在教学中都能"从形见义"。教师在进行教学时，可以利用简笔画、插图或挂图的形式揭示出象形字由实物到图形，再到古文字形体的演变过程。作为教师要掌握好一批最常用的象形字，学会这些字的甲骨文、金文的写法，并能熟练地用简笔画的形式画出有关的实物，与象形字的古汉字加以对照。可参看表3-5中小学低年级教材中出现的象形字，也是现在的部首：

表3-5 小学低年级教材中的象形字

类别	象形字
人体类	人 女 又 止 欠 身 耳 鼻
器物类	刀 力 戈 皿 舟 衣 贝 缶
动物类	马 牛 羊 鸟 隹 鱼 犬 豕
植物类	木 草 竹 禾 瓜 果
自然类	日 月 山 水 火 气 雨 州

在进行会意字教学时，教师可以运用讲解分析、制作动画课件、猜谜语等方式帮助小学生了解字义、记住字形。教师要掌握好一批最常用的会意字，学会这些字的甲骨文、金文的写法，并能熟练地用简笔画的形式画出有关的实物，与会意字的古汉字加以对照。可参看表3-6中小学低年级教材中出现的会意字：

表3-6 小学低年级教材中的会意字

会意字形体	表示的意义
从	一人跟从另一人前行，两人向后是"比"，两人相背是"北、背"
休	人、木组成，古代的人在田间劳动，累了就靠在大树上休息
鸣	口、鸟组成，本义为"鸟叫"，引申为"发出声音""发表议论"
雀	小、隹组成，小鸟、麻雀、云雀之类
男	田、力组成，古代男耕女织，在地里下力的人是男人
秉	禾、又组成，以手持禾，本义为"一把禾"，引申为"拿"，如"秉烛夜游"
步	两个"止"字组成，一反一正，表示迈步向前
走	人、止组成，古文字形体像人甩着手跑路的形状
家	宀、豕组成，宀是房屋，下面的"豕"就是猪，表示"有猪才算个家"

我们许多教师在利用汉字的表意性方面发挥了创造精神,从汉字的音形义中发现宇宙人生的奥秘,培养孩子探索真知的精神,启发孩子们探索祖国语言文字的愿望。比如有的教师在教学《古对今》(统编版一年级下册语文教材篇目)中的"严寒对酷暑"时,"寒"字在《说文解字》中的解释是表示冷气冻人,字形采用"宀、人、茻、仌"会意,表示一个人用草褥垫盖,字形下部有"仌"表明天气冷,水结冰。如果这时老师边讲边用简笔画画出"寒"字的金文,孩子们会像听故事一样津津有味地想象这个情境,甚至过了很久都记得这个字的起源和意思。在教学中,我们切忌背离字源胡编乱造,那些看似花里胡哨的"创新"容易误导他们,硬生生地把有灵魂的汉字拆分得支离破碎。孩子越天真则越好学,与大自然的距离越接近,我们赞成教师在识字教学中表现出来的创造精神,前提是一定要遵循规律,知道有所变有所不变。

2. 充分利用形声字的特定指导小学生识字

我们可以利用形声字的声符在现代汉字中的表音功能,指导小学生记忆字音。"形声"造字法具有很强的构字能力,一个"中"字构成常用字有 10 多个,如:种、钟、肿、盅、忠、仲、衷、冲、忡等。形声字的声符不仅可以帮助学生记忆字音,而且对那些声符形体相近的字可以利用读音的不同来区别字形,以防止写错别字。如:

论 纶 伦 抡 囵 沦 轮——创 抢 苍 呛 沧 枪 疮 跄

滔 稻 蹈 韬——馅 陷 阎 焰 谄

我们还可以利用形符理解字义。例如,引导小学生弄懂"示字旁"(礻)与神明(包括对神的崇拜活动和心理)或命运有关;而"衣字旁"代表的往往是同衣物有关的字,就不会把两种不同的部首写错了。如:

神 祖 祝 社 福 禄 祥——袖 衬 被 袜 裤 袄

对于声符相同、读音相近的字,要让学生们区别部首含义的不同,如:

燥—躁　蓝—篮　梁—粱　情—睛

另外,我们还可以结合汉字的特点通过歌谣的形式读一读,唱一唱,说一说,既加深印象又富有趣味。如一年级上册课文《日月明》:

日月明

日月明,田力男。

小大尖,小土尘。

二人从,三人众。

双木林,三木森。

一人不成众,

独木不成林。

众人一条心,

黄土变成金。

发挥形符表意功能的关键是要学好部首。很多识字部首构字能力强、利用率高,比如"木"字可与其他部件组成上百个汉字。在识字教学,只有明确部首的含义,才能充分发挥它帮助了解字义、记忆字形的作用。比如"宀"表示与房屋有关的事物,"辶"表示与行走有关的动作,"钅"表示与金属有关的事物等。

在教学中，教师还应让小学生熟记识字部首的类型和名称。识字部首有"旁""头""底""框""心"五种类型。左右结构的字，部首称"旁"，如"木字旁""反犬旁"；上下结构的字，部首在上面的称为"头"，在下面的称为"底"，如"露"是"雨字头"，"驾"是"马字底"；内外结构的字，部首在外面的称为"框"，在里面的称为"心"，如"国"就是"方框儿"和"玉字心"的组合。

思考与练习

1. 我们应该利用汉字的哪些特点进行识字教学？
2. 写出下列识字部首的名称、含义，针对每个部首写出两个例字。

刂 冫 廴 彳 忄 扌 攵 氵 犭 疒
艹 礻 讠 辶 饣 竹 罒 羊 纟 钅

3. 关于"山 煎 灸 牧 木 闺"这六个字：
(1) 象形字有：
(2) 会意字有：
(3) 形声字有：
(4) 用会意字各组三个词：
(5) 用形声字各组三个成语：

扫码查看
学习资源

第四章
语　汇

  知 识 树

语汇
- 语汇概说
  - 语汇和语汇学
  - 语汇单位
  - 语汇构成
- 词的构造
  - 单纯词
  - 合成词
  - 缩略词
- 词义
  - 词义的性质和构成
  - 义项和义素
  - 语义场
  - 词义和语义关系
- 现代汉语语汇的组成
  - 基本语汇和一般语汇
  - 古语词、方言词和外来词
  - 行业语、隐语
  - 成语、惯用语和歇后语
- 语汇的发展和规范化
  - 语汇的发展变化
  - 语汇的规范化
- 语汇知识在小学语文教学中的运用
  - 指导小学生组词
  - 指导小学生解词

  学习目标

了解汉语语汇的基本单位和词的构造，掌握词义的性质和语义间的关系，了解现代汉语语汇的分类、语汇的发展和规范，能够指导小学生正确运用词汇知识。

第一节 语汇概说

一、语汇和语汇学

语汇是一种语言里语素、词、固定短语的总汇。人们说话、写作,就是把各种词语有规则地组合起来表情达意。如果把所说的话、所写的文章比作房子的话,那么语汇可以看作这房子的建筑材料。建筑材料越丰富,就越容易盖成各式各样漂亮的房子。同样,语汇掌握得越丰富,就越能精确地表达自己的思想和感情。因此,我们说语汇是语言的建筑材料。语汇是一个集合概念,单个的语素、词、固定短语都不能称作语汇。

现代汉语是世界上最发达的语言之一,它的语汇非常丰富。我们要想学好汉语,要提高自己理解语言和运用语言的能力,就需要认真学习汉语的语汇。

语汇学是研究语汇的科学,主要研究语汇和各种语汇成分的性质、构成、发展,以及词语解释和运用的种种规律。它包括了语源学、辞典学的内容和语义学的大部分内容。

根据研究对象和方法的不同,语汇学通常分为普通语汇学和具体语汇学。研究各种语言语汇的共同现象和规律的,叫普通语汇学;研究某一具体语言或方言的语汇现象和规律的,叫具体语汇学,如"汉语语汇学""法语语汇学"。具体语汇学又可以分为历史语汇学和静态语汇学。对语汇的起源和发展演变做历时研究的,是历史语汇学;对某个时期的语汇现象和规律做共时描写的,是静态语汇学。现代汉语语汇学属于静态语汇学,是主要以汉语普通话语汇为研究对象的。

二、语汇单位

(一) 语素

语素是最小的语音语义结合体,是最小的语言单位。

如"我们学习汉语",可以分成"我们、学习、汉语"。但这还不是最小的语言单位,还可以切分"我、们、学、习、汉、语",这六个语素不能再分了。如果要分,分出来的就不是音义结合的语言单位,而是语音单位了。

根据音节的数量,语素可分为单音节语素和多音节语素。

只有一个音节的语素是单音节语素。例如:

人、手、学、于、热

有两个或两个以上音节的语素是多音节语素。例如：

秋千、蜘蛛、枇杷、徘徊 （联绵词）

葡萄、巧克力、阿弥陀佛、奥林匹克（音译外来词）

从古代到现代，汉语语素一直是以单音节为主。因此，我们可以说单音节语素是汉语语素的基本形式。

关于辨认语素主要从以下几方面入手：

第一，要看是不是语音和语义的结合体。例如："山、水、说、看、高、低"等，都是单音节，不能再切分开，又都有意义，它们就都是语素。又如"琵、葫、匍"等，虽然都是单音节，但不表示意义，都不是语素。而"琵琶、葫芦、匍匐"等由两个音节合起来，表示一定的意义，它们就都是语素，是多音节语素。

第二，要看是不是"最小的语言单位"。例如："窗户、铁路、摇篮、心虚"等，其中每一个还可以分成两个最小的单位，"窗"和"户"，"铁"和"路"，"摇"和"篮"，"心"和"虚"，每个最小的单位都表示意义，因而"窗户、铁路、摇篮、心虚"等不是最小的语音语义的结合体，就不是语素；"窗、户、铁、路、摇、篮、心、虚"才是最小的语音语义结合体，是最小的语言单位，是语素。

在汉语中，一般说来，一个汉字代表一个音节。因此，单音节语素就用一个汉字表示，双音节语素、多音节语素就用两个或几个汉字表示。有时一个音节可以表示多个语素，书面上用不同的汉字表示。如"bān"这个音节，可以表示"班、斑、扳、般、搬"等语素。这是一种普遍的情况，因为汉语的同音字多。

可见，辨别一个语言单位是不是语素，不是看音节的多少，而主要看是不是表示一个最小的不能再分割的意义，是不是最小的语音语义结合体。

语素的功能是构词，主要有下面三种情况。

（1）有的语素可以独立成词，也可以与别的语素自由组合成词。例如："树"可以独立使用，为一个词，也可以与其他语素组合成词。

杨树、松树、梨树——"树"在后

树木、树枝、树林——"树"在前

类似"树"这样的语素还有许多，如"山、水、学、说、红、绿"等。

（2）有的语素不能独立成词，却可以与别的语素自由组合成词。例如："习"不能独立使用，却可以与别的语素构成词，位置可前可后。

习惯、习气、习作——"习"在前

练习、学习、实习——"习"在后

这样的语素也叫不定位语素，类似"习"的语素还有许多，如"日、伟、辉、牧、语"等。

（3）有的语素不能独立成词，与别的语素自由组合成词时，位置固定。例如：第一、第二；初一、初二；阿姨、阿爸。"第""初""阿"放在前面。作者、强者；演员、保育员。"者""员"只能放在后面。这样的语素也叫定位语素。

根据语法性质,语素可以分为实语素和虚语素。如"人民、巧克力、幽默"等是实语素,"吗、着、第"等是虚语素。汉语中实语素占多数。

汉语的大多数语素都能够独自成词,或者能够同别的语素自由组合成词,这样就构成了极其丰富的语汇,使得汉语成为世界上最发达的语言之一。

(二) 词

词是最小的能够自由运用的语言单位。

如何辨认词呢?

常用的确定词的方法有以下几种。

(1) 能够单用,能够单独回答问题的是词。

例如:"嗯""好""票""书""谁"

(2) 可以单独充当句法成分的是词。例如:"我们热爱祖国"中"我们"是由"我"和"们"两个语素构成的词,充当主语。

(3) 将句法结构中能单说和单用的部分提取出之后剩下来的单位。例如:"笔和墨",将"笔、墨"提取出之后,"和"也是能自由运用的单位——词。

(4) 用扩展法来检查,某一个语言单位中间不能插入别的成分的是词。例如:"白菜"不能扩展成"白的菜"、"马路"不能扩展成"马走的路",所以,"白菜""马路"是词。

词可以用来造句;语素用来构成词。

(三) 固定短语

固定短语是词跟词的固定组合,一般不能任意增减、改换其中的成分,固定短语作用相当于一个词。如"侃侃而谈""破绽百出"。与之相对的临时短语,如"喝水、参加会议、美丽而又芬芳"等,它是词跟词的临时组合。

固定短语包括专名短语和熟语。

1. 专名短语

专名短语是一些用于专门名称的短语,如"中华人民共和国全国人民代表大会常务委员会、中华人民共和国国家教育委员会"等。专名短语主要是一些国家、机关、单位等的名称和科技用语,由于这些名称较长,所以往往有缩略形式,如前两例常缩略为"人大常委会、国家教委"。一般短语一旦用作书名、篇名、杂志名、电视片名也是固定短语。

2. 熟语

熟语是一些久经沿用基本定型的固定短语,主要包括成语、惯用语和歇后语。

三、语汇构成

现代汉语的语汇是在漫长的历史发展过程中逐渐充实和积累起来的,是由基本语汇和一般语汇构成的。汉语语汇中,有些词在历史上存在时间很长,全民族使用得最多,意义最明确,为一般人所共同理解,几乎用不着什么解释的,这是语汇当中最主要的构成成分,叫基本语汇。例如:"山、水、走、爸爸、天空、秋天、美丽"这些词是语汇当中最主要的成分,叫作基本词,基本词的集合体叫作基本语汇。

语汇中不属于基本语汇的词语构成一般语汇。如"人权、人道、地平线、君、臣"等。由于语言是不断发展变化的,因此普通话的基本语汇和一般语汇的界限不是一成不变的。现代汉语语汇的构成,依据不同的来源,语汇又可以分为新造词、古语词、方言词和外来词。

思考与练习

1. 什么是语素? 从音节角度看,语素有哪几种?
2. 什么是词? 举例说明词与语素有什么不同?
3. 请分辨下列哪些语素能独立成词,哪些不能独立成词,给不能成词的语素组合成词。

志　援　达　基　跑　热　田　年　硬　火　健　政　丰　民

4. 把下列句子中的词用竖线划开。
(1) 伟大祖国的前程无限美好,青年一代的任务光荣而又艰巨。
(2) 芦花开的时候,远远望去,黄绿的芦苇上好像盖了一层厚厚的白雪。
(3) "哦!"我恍然大悟,"墙壁当然比鼻子硬得多了,怪不得您把鼻子碰扁了。"
(4) 叙利奥忽然觉得有人用两只发抖的手抱住了他的头,不觉"呀"地叫了起来。

第二节　词的构造

一、单纯词

由一个语素构成的词叫作单纯词。

(1) 单音词。例如:人　口　手　好
(2) 联绵词。例如:

仿佛　志忑　恍惚　(双声词)

喇叭　匍匐　咆哮　(叠韵词)

蝌蚪　芙蓉　蟋蟀　(非双声叠韵词)

(3) 拟声词。例如:乒乓、稀里哗啦

(4) 音译外来词。汉字只是记录声音,整个词的意义同汉字的意义无关。例如:
咖啡　扑克　巧克力　阿尔及利亚　布尔什维克

二、合成词

由两个或两个以上的语素构成的词叫作合成词。
(1) 复合式由两个或两个以上不相同的词根结合在一起构成。从词根和词根之间的关系看,主要有五种类型。
① 联合型由两个意义相同、相近、相关或相反的词根并列组合而成,又称并列式。例如:途径、体制、语言、反正
② 偏正型前一词根修饰、限制后一词根。其中又分为定中关系和状中关系。例如:雪白、内科、唐诗、圆桌
③ 补充型后一词根补充说明前一词根。例如:提高、说明、打倒、揭露
④ 动宾型前一词根表示动作、行为,后一词根表示动作、行为所支配的事物,又称支配式。例如:司机、管家、鼓掌、动员
⑤ 主谓型前一词根表示被陈述的事物,后一词根是陈述前一词根的,又称陈述式。例如:地震、日食、眼看、心疼
(2) 重叠式由相同的词根语素重叠构成。例如:姐姐、哥哥、匆匆、星星
(3) 附加式又称派生词,由词根和词缀构成。词在词根前的称为前缀,在词根后的称为后缀。
① 前加式(前缀＋词根)。例如:老张、老虎、老乡、老师
② 后加式(词根＋后缀)。例如:孩子、刀子、瓶子、骗子
③ 词根和一个叠音后缀组成的三音节合成词。例如:红通通(的)、绿油油(的)。
词缀是由词根演化来的,在形式上,有的和词根相同,须注意区别。

三、缩略词

语言中经过压缩和省略的词语,可分为两类。

1. 简称

简称是较复杂的名称的简化形式,与全称相对而言。把全称简化成简称,大都是选取名称中有代表性的语素或词,大体有下列几种方式。
(1) 前后词均取前一个语素。例如:
家用电器——家电　环境保护——环保
北京大学——北大　公共关系——公关
(2) 前词取前一个语素,后词取后一个语素。例如:
外交部部长——外长　整顿作风——整风
高等院校——高校　师范学院——师院

(3) 省略并列词中相同的语素。例如：

中学、小学——中小学　出境和入境——出入境

青年和少年——青少年

马克思主义、列宁主义——马列主义

(4) 截取原来名称的前段或后段。例如：

南开大学——南开

中国人民解放军——解放军

清华大学——清华

(5) 包含外来词的名称可以只取外来词的头一个音节(字)。例如：

哈尔滨市——哈市

(6) 其他。例如：

中国人民政治协商会议——政协

2. 数词略语

数词略语是使用数字对并列词语的语素或义素概括出来的略语。

(1) 取并列结构中的相同语素作代表，然后标数。例如：

包修、包换、包退——三包

百花齐放、百家争鸣——双百

工业现代化、农业现代化、国防现代化、科学技术现代化——四化

(2) 将并列的几种事物的共同属性找出来，然后标数。例如：

蚊子、苍蝇、臭虫、老鼠——四害

耳、目、口、鼻、身——五官

缩略词言简意赅，使用方便，但要防止生造和滥用。例如：继续教育学院不可以简称为"继院"，可以简称为"继教院"。

思考与练习

1. 请指出下列各词哪个是单纯词，哪个是合成词。

恍惚	隧道	早稻	湖水	起来	指示	傀儡
夸大	匍匐	国歌	囫囵	慷慨	庆祝	语言
淋漓	吩咐	伶俐	鸡蛋	荣誉	蝙蝠	商品
阶级	巴黎	城市	飞机	劳动	面包	剧场
文化宫	向日葵	普希金

2. 请分别指出下列合成词的构成方式。

勤劳	鲜花	灯塔	拆散	月亮	报名	站岗	小麦
永久	指明	墙壁	温暖	放心	工人	宣誓	河流	水库
白天	墨水	照明	严厉	司令	凉席	雪崩	优良
波浪	屋顶	碰壁	抓紧	老李	馒头	渴望	碧绿	争气

3. 缩略词有什么用处,使用缩略词要注意什么?

第三节 词　义

一、词义的性质和构成

(一) 词义的性质

词是语音和语义的统一体。语音是词的形式,词义是词的内容,也就是词的意义。例如"汽车"这个词,词义是"用内燃机作动力,装有橡胶轮胎的交通运输工具"。我们听到"汽车"这个词的读音,就会联想到"汽车"这个词的意义。语言是社会的产物,词义是客观事物在人们头脑中的概括的反映,是人在长期使用语言的过程中约定俗成的,不是个别人任意规定的。词义具有社会性、客观性、概括性、稳固性、精确性。如社会上有了马拉的带轮子的交通工具,人们经过反复观察、综合和概括,把它叫作"马车"。后来随着社会的发展,又有了汽车、火车这些交通工具。这样,"车"这个词就不是指某一种车或者某一辆车,而是概括了"汽车、电车、火车、摩托车、自行车、三轮车、马车"等各式各样的车。这种交通工具之所以叫"车",是社会公认的,是社会约定俗成的结果。正是由于词义有社会性、客观性、概括性、稳固性、精确性,语言才能成为交流思想的工具。如果有人一定要把"汽车"叫成"飞机",把"火车"叫成"轮船",词的含义就会混乱,别人就无法听懂他的意思,也就无法用语言来交流思想了。因此,我们说话、写文章,要准确了解词义,正确使用词,不要生造除自己之外谁也不懂的词。

在具体的语境中,由于人们对客观对象的认识存在差异,说话人与听话人对词语的理解不尽相同。因此,词义的理解也带有个人主观性和具体性。例如:在日常交际中,"笔不能写了"中的"笔"的意义就比词典中的意义具体。"这个人真不是人"中,两个"人"的意义也不同。客观事物以及人们对客观事物的认识具有稳固性,比如"鸟、山、水、车"词义稳固,但同时词义又具有一定的变迁性。有的词义扩大,有的词义缩小,有的词义转移了。例如:"兵"原指兵器,现指士兵。词义具有精确性的同时也具有模糊性。例如:他看上去很年轻。词义的模糊性也是语言表达的需要。词义还具有民族性。同类事物在不同民族的语言里用不同的词来表示,词语概括的对象范围也可以不同,它体现了词义的民族性。例如:汉语用哥哥、弟弟、姐姐、妹妹表示同一父母所生的子女,而英语只用 brother 表示哥哥或弟弟,sister 表示姐姐或妹妹。

(二) 词义的构成

词汇意义可以分为概念意义和色彩意义。

(1) 概念意义，又称理性意义，它是人们对词所指对象的区别性特征的概括认识。例如："椅子"的概念意义"是有靠背的坐具"。

(2) 色彩意义，色彩意义包括感情色彩和语体色彩。感情色彩反映说话人对所指对象或有关现象的主要态度及各种感情。有些词表明说话人对有关事物的赞许、褒扬的感情，这就是词义中的褒义色彩，这样的词称作褒义词。例如：优秀、聪明、英雄、忠诚、漂亮、慷慨。有些词表明说话人对有关事物的厌恶、轻蔑、疏远、讽刺等感情，这就是词义中的贬义色彩，这样的词叫作贬义词。例如：叛徒、走狗、盗版、丑陋、小人、勾结、虚伪、小气、肮脏。更多的词既没有褒义色彩，也没有贬义色彩，它们是中性词，例如：山脉、河流、个体、集体、旅游、结论、手套、又、跑、跳。

有些词语由于经常用在某种文体上便带上了该语体所特有的色彩。语体色彩又叫文体色彩，有的具有书面语色彩。例如：投入、机遇、凝聚、信念、侵犯、心态、反思、腾飞。有的具有口语色彩。例如：聊天儿、纳闷儿、害臊、使坏、琢磨。

二、义项和义素

义项又称义位，是指词的理性意义的分项说明。有的词只有一个义项，叫单义词，这种词无论用在什么地方，都表达一个意义。单义词大多是人名、地名、事物名称和科学术语。例如：苏轼、声母、原子等。有的有两个或两个以上的义项，叫多义词。例如"深"，词典上面标注有9个义项。

① 大海大海我问你，你有多深多宽。（选自《大海大海你等着》）
② 桑木扁担轻又轻，千里送茶情意深。（选自《挑担茶叶上北京》）
③ 我渴望自由，但我深深地知道——人的身躯怎能从狗洞子里爬出！

（选自《囚歌》）

"深"在例①中，表示从上到下或从外到里的距离大；在例②中表示感情深厚；在例③中表示程度高。

我们要知道多义词的几种意义，最好多查字典或词典。阅读时，必须根据上下文语境来理解词义。

义素是构成词义的最小意义单位，又叫词的语义成分或语义特征。同一组词语中的共同特征称为共同义素，区别特征称为区别义素。通过分析比较一组意义上相关的词语，找出它们的区别义素和共同义素，这是结构主义语言学的对比原则在语义研究中的运用。

例如：灌木——矮小而丛生的木本植物。

乔木——树干高大,主干和分枝有明显区别的木本植物。

通过义素分析,可以把这两个词的意义表示如下:

灌木——【＋矮小】【＋丛生】【＋木本】【＋植物】

乔木——【－矮小】【－丛生】【＋木本】【＋植物】

义素分析可以帮我们准确地掌握、解释、理解语义。

义素分析的基本模式包括:

(1) 名词模式:{名词}＝【属性1. 属性2. 属性3. ……属性n. 类】

(2) 动词模式:{动词}＝【主体、方式、动作、客体、因果】

(3) 形容词模式:{形容词}＝【范围、方面、程度、性状】

三、语义场

词语之间存在错综复杂的联系,这种联系是有规律可循的,这种规律使得语言中的词语形成有系统的语汇网络,每个词都处在这种网状的系统之中。具有共同义素的词语组成的集合叫语义场。例如:蔬菜、白菜、小白菜、大白菜、卷心菜、洋白菜、菠菜、芥菜、花菜、韭菜、芹菜。这些词都具有一个共同的义素,就是"食用的草本植物",这个共同义素使他们彼此联系在一起组成一个集合,凡是具有"食用的草本植物"这个义素的词语都可以加入这个集合中来,成为这个语义场中的一员。

根据语义场所包含的同级词语的多少,可以将语义场分为二元义场和多元义场两大类。由两个义项构成的语义场就是二元义场。例如:高、矮,多、少,城市、乡村,零售、批发。由三个及以上义项构成的语义场,是多元义场。例如:初赛、复赛、决赛,苹果、梨子、香蕉、樱桃、西瓜。

四、词义和语义关系

(一) 本义、基本义、引申义和比喻义

1. 本义和基本义

词的本义是指词的最初的意义,例如"走"的本义是"跑",这个意义现在很少用,但还保留在"走马观花"这个成语里。词的基本义是指词在现代汉语中较早出现的常用意义,例如"走"在普通话里常指步行,"步行"是"走"的基本义。不要把基本义同本义混为一谈。这两个概念是从不同的角度和不同的范围说明词义的。基本义指多义词的最基本、最常用的意义,一般不会超出现代汉语范围;本义追根求源,指词的最初的意义,常常涉及古代汉语问题。从实际情况看,词的本义和基本义常常是一致的。例如:"土"的本义和基本义都是"地面上的泥、沙等的混合物";"老"的本义是"年岁大","年岁大"同时也是"老"的基本义。但是,基本义跟本义也有不完全相同甚至迥然不同的情况:有的基本义大于本义,例如"眼"的基本义包括眼眶、眼睑等辅助器官,

而它的本义只指眼球;有的基本义小于本义,例如"虫"的基本义指昆虫,而本义则泛指动物;有的基本义同本义迥然不同,例如"脚"的基本义是"动物身体最下部接触地面的肢体",而本义指小腿。

词的基本义在现代汉语词典中,常常作为词的第一个义项提出。例如《现代汉语词典》对"脚"的注释中第一项就是"人或动物的腿的下端,接触地面支持身体的部分"。词的本义在古汉语词典中,常常作为词的第一个义项提出。如《辞源》对"脚"的注释的第一项就是"小腿"。掌握词的基本义是了解多义词词义的好方法。因为多义词的词义不管有多少义项,都是从一个基本意义直接或间接发展出来的,掌握了多义词的基本义,根据具体的语言环境,可以推断出那些发展引申出来的意义。所以掌握多义词的基本义十分重要。

2. 引申义

引申义是由基本义发展出来的意义。例如:

讲

(1)说:他高兴得话都讲不出来了。
(2)解释、说明:这本书是讲气象的。
(3)商量、商议:讲价钱。
(4)就某方面说、论:讲报酬你不比他少;讲贡献你比他少多了。
(5)讲求:讲卫生。

在"讲"的五个意义中,第一个是基本义,其他四个都是从基本义直接引申出来的。

收获

(1)收割成熟的庄稼:春天播种,秋天收获。
(2)农作物的收成:现在不除草,秋天能有什么收获?
(3)学习、工作等的心得或成绩:他参加小学教师培训班,收获很大。

第一个意义是基本义,第二、三个意义都是引申义,但第三个意义不是从第一个意义而是从第二个意义直接引申出来的。这第三个意义仍然算第一个意义的引申义,是间接的引申。

3. 比喻义

比喻义是基本义通过比喻用法形成的固定的意义。例如:

结晶:基本义是指物质由液体或气体形成晶体的现象,也指形成的晶体。它的比喻义是"珍贵的成果"。例如:这本著作是他多年研究的结晶。

包袱:基本义是包衣服等用的布,也指用布包起来的包儿。它的比喻义是"影响思想或行动的负担"。例如:他犯了错误后一直背着沉重的思想包袱。

词的比喻义往往是由词的比喻用法逐渐固定下来而形成的,词的比喻义与修辞上的比喻不同。比喻义是通过打比方的用法产生出来的新义,是词的一种已经固定下来的意义;而比喻则是临时使用的,离开一定的语言环境,这个意义就不存在了。例如:党是阳光,我是花,"阳光"和"花"只是两个比喻。

下列词语用的是比喻义。

(1) 地下工作,"地下"是指隐藏在敌人势力范围内。

(2) 点滴经验,"点滴"是指零星的、微小的。

(3) 前途光明,"光明"是指进步的、有希望的。

(4) 乱扣帽子,"帽子"是指罪名或坏的名义。

恰当地运用词的比喻意义,可以使语言生动。例如:在"心上的疙瘩早解开了"这句话里,把"想不通的问题"比作"疙瘩",就形象化了(疙瘩有时也用来比喻心中的疑团,或比喻担心的问题)。

(二) 同义词和反义词

1. 关于同义词

意义相同或相近的词叫同义词。

同义词可以分为两类:一类是意义相同的词,一类是意义相近的词。

意义相同的词,也叫等义词。例如:

爸爸—父亲 生日—诞辰 土豆—马铃薯 知道—晓得

抵—到 勿—莫 互相—相互

意义相近的词,也叫近义词。例如:

优良—优秀—优异 损害—伤害—危害 家族—家属

破除—解除—废除—消除 分辩—诡辩

迎合—阿谀—奉承—谄媚 表现—体现 愿望—希望

汉语中的等义词数量不多,它们所指的事物和现象虽然是同一个,但在词的风格、感情色彩和用法上往往有不同。近义词是大量的,它们的意义有相同的地方,又有不同的地方,因而所反映的并不完全是同一事物或现象。

同义词是随着社会历史的发展和人们思维的发展而产生的,是语言高度发展的表现,它反映了人们对客观事物认识的准确性。有了意义相近而又有差别的同义词,人们就可以更准确地反映客观事物,更细致地表达思想感情。

2. 同义词的作用

掌握较多的同义词,并能准确、恰当地运用,可以增强语言的表现力,使文章的表达更贴切、更细致、更严密。

(1) 同义词可使语言丰富多变,表达更加精确,同时可以避免用词重复。

比如鲁迅先生的《故乡》里有这样一段话:"这只是我自己心情的改变罢了,因为我这次回乡,本没有什么好心绪。"这里的"心情"和"心绪"是同义词,如果把"心绪"也写成"心情",就显得重复、平板。

再如"看、瞧、盯、瞟、瞅、瞪、瞥、窥、望"等是同义词,因为情况不同,用词就有别。一般的看,可以用"看""瞧",集中视力注意看可用"盯",斜眼看可用"瞟",很快地看一下可用"瞥",生气地睁大眼睛看可用"瞪",从小孔或缝隙中偷偷地看可用"窥",向远处看可用"眺望",向上看可用"仰望",向下看可用"俯视""鸟瞰",向四面看可用"张望",仔细看可用"观察"等。

(2) 同义词连用可以加重语气,达到强调的目的。

比如在《一个普通灵魂能走多远》这篇通讯里有一句话:"我希望看到有一天,我们中华民族,能在古老的土地上振兴、奋飞,胜过别的民族!""振兴"和"奋飞"在这里的意思都是"兴旺发达",两个词连用就强调了主人公对祖国未来寄予的希望。

再如,聪明伶俐、骄傲自满、悲观失望等四字格式都是同义词连用,这样构成了特殊的语言风格,增强了语言的表现力。

(3) 同义词用得恰当灵活,有助于表现人物的性格和心理活动。

比如鲁迅先生的《孔乙己》里有这样一段:"孔乙己便涨红了脸,额上的青筋条条绽出,拼命辩道,'窃书不能算偷……窃书!……读书人的事,能算偷吗?'""偷"和"窃"是同义词,"偷"是口语词,"窃"是书面语词。孔乙己不承认自己是偷书,只承认是窃书,表现了穷困潦倒的旧知识分子迂腐、死要面子的性格特点。

(4) 同义词还能表示不同的风格色彩,在不同的文体中运用与之相适应的词语,可使词与文体风格一致,增强表达效果。

比如毛泽东同志的《中国人民解放军布告》中有这样的话:"人民解放军所到之处,深望各界人民予以协助。兹特宣布约法八章,愿与我全体人民共同遵守之。"这里由于使用了书面语、文言词,显得庄重严肃、简要有力,与"布告"这种文体风格协调一致。如果把"深望"换成"深切希望",把"兹"换成"现在",把"之"换成"它",就与文体的风格不协调了。

3. 同义词的辨析

同义词辨析可以从词的意义、词的色彩、词的用法这三个方面进行。

(1) 从词义方面辨析。

① 词义的范围大小不同。

有些同义词所指虽然是同一事物,但其中有的范围大,有的范围小。例如:

事情:所指范围大,常泛指一切事;

事件:所指常是突然发生的重大事情,范围较小;

事故:所指常是偶然发生的事情或不幸的事情,范围小。

以下几组词表示的范围大小都有不同:

范围大:时代　战争　局面　边境

范围小:时期　战役　场面　边界

② 词义的轻重不同。

有些同义词表示的事物概念虽然相同,但在某种特征或程度上,有轻重的差别。例如:

请求:是一般的要求,含有尊重和坚定的意思;

恳求:是恳切的要求,含有诚恳和迫切的意思,词义重。

以下几组词表示的词义轻重有不同:

词义重:功勋　错误　背叛　绝望

词义轻:功劳　缺点　违背　失望

③ 词义的侧重点不同。

有些同义词,有相同的语素,也有不同的语素,词义的差别表现在不同的语素所表达的不同意义上。比如"屹立、矗立、耸立",这三个词表达的侧重点不同。

屹:着重高而稳

矗:着重高而直

耸:着重向上突出

以下几组词表示的词义侧重点有不同:

领会　稳定　爱护　侵占　精明

领悟　稳固　爱惜　侵犯　精悍

④ 词义有个体和集体的不同。

有些同义词所指虽然是同一事物,但其中有的指个体,是具体的,有的指集体,是概括的。例如:

信件:指很多的信,是集体的;

信:指具体的信,是个体的。

以下几组词表示的意义有个体和集体的不同。

集体:树木　布匹　花卉　书籍　船只

个体:树　布　花　书　船

(2) 从色彩方面辨析。

① 感情色彩不同。

有些同义词的基本意义相同,只是感情色彩不同。例如:

成果　后果　结果

这一组同义词都有结局的意思,但"成果"是指取得的成绩、成就,含有褒义;"后果"往往指不好的结果,含有贬义;"结果"则不含什么贬义色彩,中性词。

以下几组词有褒义和贬义感情色彩的不同。

褒义:果断　团结　保护　依靠　鼓动

贬义:武断　勾结　庇护　依赖　煽动

② 语体色彩不同。

有些词语用于口头语言,带有通俗的色彩;有些词语用于书面语言,带有庄重的风格色彩。有些口语可以用在书面语中,书面语则较少用在口语中。例如:

口语:妈妈　吓唬　小气　害怕　走

书面语:母亲　恐吓　吝啬　畏惧　步行

有些词是普通用语,有些词是特殊用语,如用在文学作品里的词语,文言词语等。

例如：

普通用语：飞　心　到来　必须
特殊用语：飞翔　心灵　莅临　务必

(3) 从用法方面辨析。

① 词的搭配不同。

有些同义词的不同往往体现在配合习惯的不同上，有的词只和某些词搭配，形成了比较固定的配合习惯。例如：

交换：意见　礼物　资料
交流：思想　经验　物资
改进：工作　方法　技术
改善：关系　条件　生活
履行：条约　诺言　义务
执行：命令　任务　协定

② 词性和句法功能不同。

有些同义词的不同往往体现在词性，在句子中充当的成分、所起的作用不同上。例如：

充分：形容词，在句中主要充当谓语、定语和状语；
充满：动词，在句中主要充当谓语；
突然：形容词，在句中主要充当谓语、定语和状语；
忽然：副词，在句中只能充当状语；
阻碍：动词，在句中主要充当谓语；
障碍：名词，在句中主要充当主语和宾语。

③ 适用的对象不同

有些同义词的不同往往体现在适用的对象不同上。例如：

希望：可以对自己，也可以对别人；
期望：只能对别人；
美丽：多用于女性；
漂亮：男性、女性均可适用，还可用于其他的事物，如房间漂亮、漂亮的小猫、漂亮的字等；
肥：多用于动物；
胖：多用于人。

此外，还可以利用反义词来辨析同义词。在实际运用中，上述几种辨析同义词的方法往往要结合使用，要注意各方面的差异，才能辨清词义的细微差别。

4. 关于反义词

意义相反或相对的词叫反义词。

反义词可以分为两类，一类是绝对反义词，一类是相对反义词。

在两个意义相反的词之间如果没有相对立的第三种意义存在，这两个词就构成绝对反义词。例如：

生—死　正—反　有—无　公—私

团结—分裂　战争—和平　主观—客观　正确—错误

在两个意义相对的词之间往往有第三种、第四种乃至更多的意义存在，这两个词就构成相对反义词。例如：

白—黑　冷—热

高—低　大—小

前进—后退　伟大—渺小

快乐—痛苦　早晨—晚上

组成反义词的一对词在意义上同属一个范围。如"多、少"都是指数量，"长、短"都是指长度，就这一方面来说，它们是互相关联的。但二者意义刚好相反，因此它们又是彼此相对的。要注意的是，一个词和它的否定形式不构成一组反义词。例如："强大"的反义词是"弱小"，不是"不强大"。

有些词的反义词不止一个。如果是多义词，它可以有几个反义词。例如："快"有"速度高"的意思，其反义词为"慢"；但"快"还有"锋利"的意思，其反义词为"钝"。"进步"的反义词是"退步"，如果说"进步的带动落后的"，"落后"就是"进步"的反义词，但是在"世界将走向进步，绝不是走向反动"里，"反动"又是"进步"的反义词。

同义词可以有共同的反义词。例如："胜利"和"成功"的反义词是"失败"；"坏、烂"的反义词是"好"；"黑暗"和"暗淡"是同义词，它们的反义词是"光明"。

有些词孤立看来彼此意义没有明显的相反或相对的关系，可是当它们在一定的语言环境里对举时就具有了反义关系，构成反义词。例如：鲁迅先生的《我们不再受骗了》一文里有这样的话："我们的痈疽，是它们的宝贝，那么，它们的敌人，当然是我们的朋友了。"在这一句里，"敌人"和"朋友"是明显的一组反义词，"痈疽"和"宝贝"在这里也构成了一组反义词。

5. 反义词的作用

（1）反义词可以把客观事物的对立矛盾突出地揭示出来，造成鲜明的对照，给人以强烈、深刻的印象。

比如朱德同志在《回忆我的母亲》一文里写着："母亲没有灰心，她对穷苦农民的同情和对为富不仁者的反感却更强烈了。""同情"和"反感"是一组反义词，它鲜明地显示了朱德母亲的阶级感情。

（2）恰当地运用反义词，可以使语言表达更细致，富有逻辑性。

比如毛泽东同志在《改造我们的学习》里有这样一段话："我党在幼年时期，我们对于马克思列宁主义的认识和对于中国革命的认识是何等肤浅，何等贫乏，现在我们对于这些的认识是深刻得多，丰富得多了。"其中"肤浅"和"深刻"，"贫乏"和"丰富"构成两组反义词，富有逻辑性地显示出我党"现在"与"幼年时期"相比的明显进步。

（3）巧妙地运用反义词，可以使语言精辟含蓄，寓意深刻。比如"虚心使人进步，骄傲使人落后""失败是成功之母"。

> **思考与练习**

1. 什么是词义？词义的性质是什么？
2. 什么是同义词？同义词有什么作用？
3. 什么是反义词？反义词有什么作用？
4. 说说辨析同义词有几种方法。
5. 选词填空。

(1) 要做一个真正为人民所（　　）的艺术家，首先要做一个高尚的人，一个各方面都能成为（　　）的人。（拥戴　爱戴；表率　楷模）

(2) 小张仰浮的（　　）最高，能够脸朝天在水里躺着。（本领　能力）

(3) 她的音色美，音域宽，令人（　　）。（赞赏　称赞　赞叹　赞许）

(4) 她的功课最好，但是她很谦虚，从来不（　　）自己。（夸奖　夸耀）

(5) 他们唱得正高兴，谁都不肯（　　）。（停顿　停止）

(6) 到会同志都同意，于是事情就（　　）了。（断定　决定）

(7) 欢乐的（　　）充满了（　　）礼堂。（空气　气氛；全部　整个　全）

(8) 他取得（　　）的（　　）是勤奋好学。（成就　成绩；缘故　原因）

(9) 为了挽救这个（　　）的民族，他们（　　）地斗争。（垂死　垂危；顽强　坚强）

(10) 由于时间（　　），又有字数限制，所以内容过于（　　）。（匆忙　仓促；简略　简单）

6. 用下列各词造句，比较各组同义词的异同。

(1) 强烈　剧烈　猛烈　激烈
(2) 丰厚　丰富　丰盛　丰满
(3) 充足　充分　充裕　充沛

第四节　现代汉语语汇的组成

现代汉语语汇的组成，依据不同的性质和作用，可以分为基本语汇和一般语汇。一般语汇依据不同的来源，又可以分为古语词、方言词、外来词、新造词。

一、基本语汇和一般语汇

有些词是全民族使用得最多的，一般在生活中最必需的，意义最明确，为一般人所共同理解，几乎用不着什么解释，这样的词是语汇当中最主要的成分，叫作基本词。

基本词的集合体叫作基本语汇,是语汇的基础。例如:

  关于自然界的事物的词:地　山　水　牛　羊　天空　太阳　树木

  关于人体各部分的词:人　手　头　身体　脑子　牙齿

  关于亲属关系的词:爸爸　妈妈　姐姐　哥哥　丈夫　妻子

  关于劳动工具及生活用品的词:刀　门　笔　锄头　房屋　窗子　饭菜

  关于方位、处所和时间的词:上面　外头　东边　今天　去年　上午　秋天　以前

  关于一般的行动和变化的词:走　说　吃　喝　打　来　起来　变化　喜欢

  关于一般的性质和状态的词:好　高　小　轻　红　美丽　勇敢　快乐　辛苦

  关于数量的词:一　三　十　千　个　只　斤　尺　次

  关于指称和代替的词:我　他　你们　这　哪儿　谁　什么

  表示程度、范围、关联、语气及情感作用等的词:最　很　都　太　和　跟　或者　因为　吗　了　呢　呀　啊

  这些基本词,有的是实词,有的是虚词,它们的生命长久,并为构成新词提供基础。这些基本语汇有三个特点:全民性、稳固性、能产性。

  这三种性质是相互联系的。基本词的构词能力,实际是由于它的全民性和稳固性而产生的,当然也要随着社会的条件而变化。例如:"党"这个词,过去是不属于基本词汇的,在现代具有一种特殊的新意义,成为我们生活上必需的词,有了显著的全民性,同时它的构词能力也显著地加强了。如"党风""党性""党龄""党课""党校""党费""党委""党员"等,都是由"党"这个语素构成的。因此,在现代汉语语汇里,"党"不但应当归入基本语汇,而且已经进入基本语汇的核心圈了,这是社会发展的结果。

  以基本词为基础构造出来的许多新词,也有一些进入基本语汇。例如:"民主""工厂""机器""飞机""轮船""火车""汽车""铁路""公路"等,都是在现代社会进入基本语汇的合成词。又如"原子""电气""拖拉机"等,也逐渐成为一般人经常使用的词了。可见,现代汉语的基本词汇是在不断发展变化的。

  语汇里不属于基本语汇的叫一般语汇。

二、古语词、方言词和外来词

1. 古语词

  古语词是指现代汉语中少用而多见于古代文献的词。它是从许多文言文中流传下来的,是古代汉语的书面语词。

  古语词大多数是代表历史上的事物的,到了现代只是在一些叙述历史事实的作品里偶尔用到,可以叫作历史词语。例如:天子、诸侯、丞相、太守、朝廷、宗庙、社稷、可汗、干戈、弓矢等。这些词语,同现代社会生活联系很少,在日常交际中是很少用到的。

  有些古语词,在形式上或者在内容上,已经不适合在现代社会应用,缺少现代生

活的气息。例如：众庶、黎民、冠盖、缙绅、俸禄、廪食、鄙夫、稼穑、不佞、稽首等。有些古语词，例如：余、吾、汝、甚、焉、哉、乎、也等，除了在书面语里为了表达上的特殊需要偶尔运用外，在普通话的口语中一般是不用的。

古语词一般只见于书面语中，同现代普通话口语里的词相对立。但是书面语一方面服从于口语，一方面又会对口语产生很大的影响。由于古典文学和文言作品传播的影响，现代汉语常把古语词吸收进来，并且把古语的成分作为构词的材料。所以我们应该在古典作品和文言作品中有选择地研究，吸收古语词。例如：

唯独共产主义的思想体系和社会制度，正以排山倒海之势，雷霆万钧之力，磅礴于全世界，而葆其美妙之青春。

（毛泽东《新民主主义论》）

这里恰当地运用了"唯独""以""之""于""其""葆""确"和成语"排山倒海""雷霆万钧"，把共产主义的思想体系和社会制度蓬勃兴旺的景象及势不可挡的发展趋势描绘得淋漓尽致，用语十分精练。

2. 方言词

现代汉语里包括多种方言。方言是某一个地区里的人共同使用的语言，不是全民族共同使用的语言。方言里带有明显区域色彩的词就是方言词。汉民族的共同语是普通话，普通话和方言的差别，不仅表现在语音方面，也表现在语汇方面。如普通话里的"玉米"，在方言里就有"苞谷、棒子、苞米"等几种说法；又如普通话里的"小孩儿"，方言里也有几种说法："小囡、小人、娃儿、细伢子"等。

方言里有的词能够把意思表达得确切、生动，而普通话里没有适当的词代替，这样的方言词，应该吸收到普通话语汇中来。例如："恼火、尴尬、面孔"等，这些词大家经常使用，也就成为普通话里的词汇了。

一般来说，写作中不应使用方言词，更不应滥用方言词，因为方言词很多人不了解，对于交流思想有害无益。

3. 外来词

两三千年以来，汉民族和别的民族有很多交往，在这个过程中，其他语言里的一些词也就被吸收到汉语语汇里来，这样的词就是外来词。有些外来词由于使用年代很久，并不觉得是外来词了，如"狮子、葡萄、琵琶"。外来词的吸收，也叫作词语的借用。外来词也叫作借词，现代汉语里借用来的外来词，主要的有三种形式：

（1）音译的外来词。

借用外国或不同民族语言的词，按照它们的声音形式翻译过来，称为音译。在进行音译的时候，由于语音系统的不同，不可能翻译的同原来词语的声音一模一样，常常只用一些近似的形式来代替。例如："奥林匹克、托拉斯、歇斯底里、马达、沙发、柠檬、扑克、戈壁、喇嘛"等。

(2)音译兼表义的外来词。

音译词当中,也有兼表意义的,这是音义双关的音译词。例如:"俱乐部、幽默、逻辑、乌托邦"等。还有在音译词上增加表义成分的,这是音译兼表义的最通用的一种形式,例如:"拖拉机、卡片、卡车、冰激凌、芭蕾舞、霓虹灯、法兰绒、沙丁鱼、香槟酒、啤酒"等。

(3)从日本文中吸收过来的借词。

例如:"场合、服务、克服、集团、积极、消极、目的、手段、具体、抽象、手续、景气"等,都是直接从日本文当中借来的。这些词的内部结构不能比照一般合成词进行分析。

至于纯粹用意译方法来仿造其他民族语言的新词,虽然代表着新的概念,但仍是用汉语的构词成分和构词方法造出来的,因此不是真正的外来词。例如:"飞机、马力、蜜月、自由港、劳动日、地中海、冰岛、好望角、备忘录、最后通牒、集体农庄"等。

汉语语汇的发展有一个明显特点,当外来词输进来以后,往往开始产生借词,后来另造新词就代替借词。例如:"瓦斯弹"改成"毒气弹","康拜因"改成"联合收割机"等。

外来词是由汉语同别的民族语言相互接触而产生的,它使普通话词汇更加丰富、富有表现力。

三、行业语、隐语

行业语是各种行业上使用的词语,是各种职业和某些特殊群体的专业用语。例如:

工业上的用语,如"成品、废品、加工"等。

商业、银行业上的用语,如"市场、销路、破关、出笼"等。

铁路上的用语,如"正点、误点"等。

此外,还有特殊群体中所产生的用语,如宗教用语,特殊阶级所用的阶级同行语,秘密团体所用的各种秘密语,也都属于社会习惯语。

行业语及其他用语同科技上的专门术语是有区别的。专门术语有全民族的共同性,有些是国际性的,通行全世界。行业语为一定的行业服务,不是全民性的。不过有些职业性的行业语,往往变成为科技上的术语。例如:"诊断、加工"等,在科学类论文中也会常常用到。

行业语和专门术语也有相同的性质。它们都跟方言词不同,因为专门术语是具有普遍性的,不受地区的限制,行业语也有超地域性,不同地区可以有某种共同的行业语。术语和行业语是依赖于民族共同语而存在的,都不能发展成为独立的语言。术语和行业语又都是专门性的,每一个词语总有一个特定的意义,它们跟一般词语的多义性不同,而是趋向单义性。

四、成语、惯用语和歇后语

1. 成语

成语是长期习用的、定型的固定短语。长期习用,结构定型,意义凝练,具有书面语色彩,这是成语的四个明显特点。成语的结构成分不能增减、替换或颠倒。成语从三言到八言都有,但四言是基本格式。成语的意义非常凝练,整体意义一般都不等于各语素意义的相加,如"草木皆兵、瓜田李下、拔苗助长、守株待兔"等。成语往往精练地概括了一个神话、一则寓言、一段历史故事或一条深刻哲理的内容,言简意赅,生动形象,含蓄精辟,褒贬鲜明。跟惯用语、歇后语相比较,成语具有较强的书面语体色彩。

2. 惯用语

惯用语是结构比较固定、意义有所引申、具有浓郁口语色彩的固定短语。惯用语以三言居多,大部分为动宾结构,如"磨洋工、开倒车、碰钉子、走过场、开后门"等;也有四言、五言、六言、七言的其他结构类型的惯用语,如"光杆司令、八九不离十、不管三七二十一"等。惯用语可以进行有限的替换、扩展,或颠倒成分,如"泼冷水"还可以说成"泼凉水、浇冷水、泼了一瓢冷水"等。

惯用话使用的大多不是字面意义,而是引申意义。如"发神经"指行为不合常情,"翘尾巴"比喻骄傲自大,"找岔子"指故意挑毛病。惯用语来自群众的口头语,通俗平易,幽默风趣,而且多数含贬义,少量是中性的。

3. 歇后语

歇后语是由近似谜面和谜底的两部分构成的生动俏皮的固定短语。可分为喻意的歇后语和谐音的歇后语。例如:

大海里捞针——无处寻　芝麻开花——节节高　(喻意的歇后语)
小葱拌豆腐——一青(清)二白　飞机上放炮——响得高 (想得高)

歇后语生动形象,恰当运用,往往产生幽默风趣的效果。歇后语多来自民间,口语化色彩较浓。例如:

不装,就是老老实实,说老实话,办老实事,做老实人,懂就懂,不懂就不懂,不要"猪鼻子插根葱——装象。"(《人民日报》特约评论员《善于建设一个新世界》)

运用歇后语的时候,要选取内容健康、积极向上的。对于内容健康的歇后语,也要根据语言环境恰当地使用,不要滥用,不宜在庄严的场合中使用。

思考与练习

1. 什么是基本语汇?它有什么特点?
2. 按下列句子的意思写出成语来。

（1）通过不同的途径，到达共同的目的地。
（2）肩并肩，脚碰脚，形容人很多、很挤。
（3）接连不断地到来。
（4）像刮风闪电那样，速度很快。
（5）风里吃饭，露天睡觉。
（6）在前进的道路上清除障碍，克服重重困难。
（7）十分固执自信，不采纳别人的意见。
（8）站得高，看得远，比喻眼光远大。

3. 说说下列成语的故事。

守株待兔　草木皆兵　塞翁失马　负荆请罪
夜郎自大　得陇望蜀　请君入瓮　卧薪尝胆

4. 举例说说成语、惯用语、歇后语在表达中有什么作用？运用时应该注意哪些问题？

第五节　语汇的发展和规范化

一、语汇的发展变化

语汇是具有开放性的敏感系统，为满足交际的需要，几乎时刻都在发生变化。我们可以从不同的方面来了解语汇的发展变化。

1. 语汇数量的发展变化

数量由少到多是语汇发展变化的主要趋势。随着社会的快速发展，新事物不断出现，语汇系统不断增加新的成员，以适应社会的变动和发展。增加的途径主要有：一是大量地创造新词语，二是不断地从古语、外族语中吸收有用的语汇成分。当然，一些旧词语也因交际不再需要而逐渐消亡，如随着白话文代替文言文的变革，很多古语词退出了现代汉语语汇，随着旧事物的消亡，一些历史词语已经消亡。此外，一些原有的语汇也在不断演变，很多虚词就是从实词中演化出来的。新成员增加远比旧词语消亡的数量大，而且旧词语的消亡同生物体的死亡不同，它们在一些特殊情况下仍然会使用，在一些特殊语体中还会出现，在成语中占有其一席之地，同时又是现代汉语语汇为丰富自己而吸收的古代语汇的后备军，再加上原有语汇的裂变，使得现代汉语语汇的数量也在不断增多。

2. 语汇成员身份的发展变化

语汇成员的身份发展变化也是语汇发展的一个重要方面。这种发展变化主要表现在以下几个方面：

(1) 语汇成员所处层级的变化。如"语、言、阳、原"等由词变为不成词的语素，"一把手""活宝"等由惯用语进入词的层级。这种变化一般都是向下的，即由高层级向低层级变化，而由低层级进入高层级的则比较罕见。

(2) 基本语汇的成员和非基本语汇的成员相互转化。

(3) 非基本语汇成员身份的变化。很多行业语汇逐渐变为通用语汇，如"计算机、激光、腐蚀、饱和、分解、感染、消毒、流产"等科技语汇已逐渐扩大了使用范围，成为通用语汇。甲行业语汇进入乙行业语汇，也是常见现象，如语言学中的"深层结构、表层结构、能指、所指"等已为文学批评界所使用。普通话语汇和方言语汇相互渗透，口语语汇和书面语语汇相互渗透，也都带来了一些语汇身份的变化。

3. 语汇成员意义的发展变化

语汇成员的意义也处在不断的发展变化之中。其主要变化有如下四个方面：

(1) 义项的增减。一些多义语汇成员的义项减少了，如"问"古代有"询问、赠送、音信"三个义项，现在只用第一个义项。"女婿"过去有两个义项：① 女儿的丈夫；② 丈夫。现在第二个义项已很少使用。一些语汇成员的义项增加了，如"气候"原只指节令的变迁和天气变化，现在也常用来指政治形势。"吹鼓手"原指婚丧礼仪中吹奏乐器的人，现在也喻指为某人某事而做宣传的人。很多科技语成为通用语，一般都要变单义为多义，增加义项。

(2) 语义内涵的消长。由于词语所表示的事物本身的变化和人们对它们的认识的变化，这些词语的内涵也出现变化。如"社员"一词在合作化制度中是指"合作社的成员"，随着合作化过渡到人民公社，"社员"的外延虽然仍然是原来那些人，但内涵已有所调整。

(3) 语义外延的伸缩和转移。从外延方面看，语汇成员的意义有扩大、缩小和转移三个方面的变化。如"师傅"原来只是对手艺人的尊称，现在使用范围扩大了，售货员、个体户老板等都可以称"师傅"。"观礼"原来概括范围较大，指参观一切典礼，而今专指参观重大庆祝典礼，使用范围缩小了。"走"原来是"跑"的意思，现在指"步行"，语义发生了转移。如"明星"一词，过去指有名的演员和交际场合中有名的女子，现在有名的演员、体育健将，甚至企业家也可以称"明星"。

(4) 附加意义的变化。语汇成员在附加意义的变化方面，最显著的是感情色彩的变化。如"鼓吹"在五四时期是褒义词，现在一般作为贬义词。

以上的发展变化不是孤立的，而是相互关联的。如"腐蚀"这个化学术语成为通用语，从一个方面看，是非基本语汇成员身份的变化，从另一个方面看，是义项的增加和外延的扩大，而且"腐蚀"原是中性词，作为通用语后含贬义，感情色彩也发生了变化。

现代汉语的词汇发展有如下明显的特点：

第一，非基本语汇变化速度快。五四时期后，社会政治经济急剧变化，科学技术迅猛发展，内外交流空前频繁，文言文的地位被白话文取代，因此产生了大量的新语汇,吸收了大量的外来语,文言语汇迅速消亡,使得非基本语汇的面貌日新月异。

第二,普通话语汇向规范化方向发展。五四时期后,由于语汇的急速变化,出现了很多不规范的现象,文白夹杂,汉外夹杂。新中国成立以后,国家非常重视规范化工作,而在规范化中语汇的规范处于轴心位置,从而使普通话语汇向着规范化方向健康发展。

第三,复音词的比例增加。古汉语以单音词为主,而现代汉语中双音词占了相当大的比例。近百年所造的新词,除了一些单音节的科技术语外,大都是双音节词。

第四,词语缩略成为十分普遍的现象,人们日常交流几乎到了不能不使用缩略词的地步。这种现象是与信息社会的快节奏有密切关系的。

二、语汇的规范化

语汇规范化是现代汉语规范化的一个组成部分。语汇系统变化快,容易出现分歧;语汇同语音、文字的关系都很密切,语音和文字的规范一般都要考虑语汇的因素。因此语汇的规范也是现代汉语规范化的最重要、最复杂的工作。这里的语汇规范,指的是普通话语汇的规范,方言语汇的规范问题暂不涉及。

语汇规范就是依照语汇的内部规律进行人为的调节,以保证语汇向着健康的方向发展。语汇规范的标准是以北方方言语汇为基础,以北京话的语汇为核心,这是因为北方方言是普通话的基础方言,北京话是北方方言的代表。

语汇是一个巨大的知识宝库,包含着人们几千年来认识世界、改造世界的成果,记录着一个民族的发展史。通过对某一时期语汇情况的考察,可以大致测定当时社会发展变化的情况。如五四时期以前,汉语中的现代科技语汇很少,而五四时期至今,汉语中这一部分语汇在飞速增长,这说明汉族社会的现代科技正在飞速发展。也正因如此,一个人要学习文化知识,就必须学习语汇,语汇量越大,知识才能越丰富。我们要不断丰富自己的语汇,重视语汇的学习和积累。

? 思考与练习

1. 汉语语汇的发展变化表现在哪几个方面?举例说明。
2. 下边这些词的古代意义已经给出来,请把现在的意义写出来。
   (1) 兵,古代指武器,现在的意义是:_____
   (2) 哭,古代专指大声哭,现在的意义是:_____
   (3) 坟,古代泛指一切高大的土堆,现在的意义是:_____
   (4) 行李,古代指两国往来聘问的使者,现在的意义是:_____
   (5) 勾当,古代是办事和事情的意思,现在的意义是:_____

第六节　语汇知识在小学语文教学中的运用

《义务教育语文课程标准(2022年版)》中课程目标对不同年级的小学生在语汇学习和应用等方面做了明确的要求：一、二年级的学生能"结合上下文和生活实际了解课文中词句的意思，在阅读中积累词语。""积累自己喜欢的成语和格言警句。"三、四年级的学生"能联系上下文，理解词句的意思，体会课文中关键词句表达情意的作用。""积累文中的优美词语、精彩句段"。五、六年级的学生"能联系上下文和自己的积累，推想课文中有关词句的意思，辨别词语的感情色彩，体会其表达效果"等。因此，教师在小学语汇教学中的主要任务是：运用语素和构词方式的知识，指导小学生通过组词理解生字的语素意义；运用词义知识指导小学生进行词语解释和词语练习，让小学生加深对生词的理解、丰富自己的语汇，为阅读和作文打下良好的基础。

一、指导小学生组词

小学语文教学中的组词，是指用生字(语素)组成复音词、成语或简短的短语。组词的目的主要是为生字创设一定的语言环境，以便帮助学生理解生字的语素意义、熟悉生字的应用范围。如"学"字，可以组成"学生""学习""学校""学问""学费""学前班""好学生""好好学习"等。指导学生组词的方法有以下几种：

1. 让学生自由组词

这是最常用的组词方法。只要所组的词、成语或短语里用上所学的生字就算正确。例如：《植物妈妈有办法》(统编版二年级上册)一课中安排了"法"这个生字，用"法"字进行自由组词，学生可以组成"方法""办法""法则""法规""法律"等词语。这样的简单的方式可以活跃课堂气氛，激发孩子们组词的愿望。同时，上这一课可以紧扣"办法"来提问："植物妈妈有哪些办法播撒种子？带着问题读读课文，找找答案吧！"以关键词作统领，激发学生的阅读兴趣。

2. 引导学生按照规定的方式组词

以构词知识为核心，进行顺序组词、逆序组词、按成语组词等。所谓顺序组词就是把生字作为第一个语素，要求学生在它的后面再补上一个语素组成词；逆序组词就是把生字作为第二个语素，要求学生在它的前面再补上一个语素组成词。在组词教学中，先用哪种方式再用哪种方式，共采用几种方式，要根据用来组词的生字的具体情况确定。学生熟悉哪种组词方式就用哪种方式。比如用"船"字组词，就适合先用逆序的方式组成"小船""轮船""划船""客船""货船"等，这样用"×船"的方式组词就是对"船"这个语素进行限制,构成偏正关系的词语;然后用顺序方式组成"船员""船厂""船主""船夫""船舱""船桨""船帮"等,构成以"船"为修饰性语素的偏正式合成词;还可以引导学生组成包含"船"的成语,如"水涨船高""草船借箭"等。

3. 引导学生按照规定的语素意义组词

汉字大部分是多义的,一个汉字表示几个语素。教师应该运用组词帮助学生了解汉字的这一特点。例如:"打"字就有20多个意思,学生学过"殴打"意思的"打架"这个词;学过器皿、蛋类等因撞击而破碎的意思,如"玻璃打破了";还有"举、提"的意思,如"打灯笼""打旗子";学过"做某种游戏"的意思,如"打球"等。教师可以首先引导学生通过"打架""打球"这两个词认识"打"的两个语素的意思——"殴打"和"做某种游戏",然后限定学生只按照"做某种游戏"这个语素义组词或短语,引导学生组成"打鼓""打牌""打游戏""打雪仗"等,再换成另外的语素义组词。如果学生组词超出了规定的语素意义的范围,教师可因势利导,引导学生分析鉴别。

二、指导小学生解词

在教学中,教师还要引导学生理解词义。介词方法有以下几种:

1. 熟练而准确地查字典、词典

小学语文大纲要求学生从二年级开始学习用音序查字法和部首查字法查字典,到三年级要求会数笔画查难检字。教师要教给学生这些查字典的基本方法,并注意培养他们选择义项的能力,提高检索的速度。对于音序检字法,要让学生熟记汉语拼音字母的排列顺序,熟悉某字母开头的汉字大体上在字典、词典的什么位置。如"M"在字母表上排列第13位,是中间位置,以"M"开头的汉字在《新华字典》和《现代汉语词典》中大体处于中间位置。熟悉了这些情况,在查"M"开头的汉字时,就可以直接打开字典的正文进行检索,大大提高了检索的速度。对于部首检字法,要让学生熟悉《部首检字表》的排列顺序,能够准确迅速地为生字确定部首。如"妈"属于"女"部,"割"属于"刂"部,"和"既属于"禾"部也属于"口"部等。大部分汉字是多义的,学生查字典主要是为了正确理解课文的词句,因此,查多义字着重要求学生从几个义项中选出切合课文内容的词义。

2. 利用语言环境准确地理解词义

首先,确切地理解词语的含义,经常需要联系具体的语言环境。大多数的词是多义性的,在词语教学中,不能要求学生通过一次学习就掌握某个词的全部意义,引导学生理解词义,主要是借助词语所处的具体语言环境来体会和辨析。有些词语中的语素是多义多音字,对于这样的字,借助语言环境可以确定它的读音和意义。

例如:"我有机会看清它的真面目,是一株大榕树,枝干的数目不可计数。"对于"不可计数"中的"数",有的认为应该读 shǔ,有的人应该读 shù。读 shǔ 是"查点数目,查查有多少"的意思,读 shù 是"数目"的意思,这里说的是"枝干的数目不可计数",在前面作者还曾说过,这样的大榕树还是第一次见,它枝繁叶茂,盘根错节,看不出主干在什么地方。"不可计数",意思是大榕树的树干没法查点清楚,按口语的说法就是"数不过来"。由此可见,"不可计数"中的"数"应该读 shǔ,类似的词语还有"不可胜数""数不胜数"等。

其次,对于某些专业性较强的词语或者理解较困难的词语,我们建议随文理解,让学生学会在阅读中联系课文内容来理解词语的意思。这样不仅减少了教师零碎的讲解,而且对于提高学生阅读能力也有较大帮助。例如:《草原》(统编版六年级上册)第一段中就出现了"翠色欲流""绿色渲染""黑线勾勒"等词语,对于小学生来说不需要掌握这些表示色彩的或中国国画中的专业术语的本义,教师结合语境,联系课文内容让学生理解课文即可。下面分享这篇课文的教学片段:

师:本篇课文老舍先生是如何把草原的美丽风光展现出来的呢?请大家用心地读读这一段,思考一下,作者抓住了草原的哪些特点来写?作者除去写风光美以外,还写没写别的东西?把你认为不是直接写草原风光的部分画出来。

生:我画了两句,"使我总想高歌一曲,表示我的愉快""这种境界……奇丽的小诗"。

师:第一句话,作者说他总想高歌一曲,以表示他的愉快。(板书"高歌")

师:什么叫高歌?

生:就是放开声音,不拘束地唱歌。

师:第二句话,作者想做什么呀?谁能概括一下?

生:他想吟诗。

师:怎么样吟诗?

生:低吟。就是声音很小地吟诗。

师:这是作者的两次抒情,一次要高歌,一次要低吟,两种不同的情感,不同的心境。一开始,作者究竟看到什么,感受到了什么,使他情不自禁想高歌一曲?

生:这是老舍先生第一次看到草原,草原一直是他很向往的地方,踏上这块神圣的土地,他很激动、很兴奋。人在激动的时候,就想跳起来、喊起来、唱起来。

师:这里没有林立的工厂,没有密集的楼群,没有废气浓烟的污染,空气像溪水一样清澈,像泉水一样纯净,不带任何杂质。置身在这样的空气中,你会怎么做呢?

生:我觉得我一定会贪婪地呼吸,让每个毛孔都张开,让清新的空气浸润到身体的每一个细胞。我们要尽情享受这新鲜的空气。

师:初到草原,心胸开阔,视野大开,一股豪放之情油然而生,想引吭高歌。每个人到这个地方都想大声歌唱,当然老舍先生就更会这样。

师:那么作者低吟又是因为什么呢?

生:他被草原美景陶醉了,后来作者平静下来了,细细地看,静静地看,所以就成了低吟。

师:谁能把他接下去看到的景色读给大家听听。哪一句让你陶醉了?

生:在天底下,一碧千里,而并不茫茫。

师:(板书:一碧千里 并不茫茫)读得非常好!你能不能给大家说一说,"一碧千里"在你脑海中是一幅怎样的画面?

生:小丘是绿的,平地也是绿的。眼前是绿色,远一点的也是绿色,再远一点的也还是绿色!草原非常辽阔,放眼望去,草原如同一张巨幅的绿色绒毯,一直铺到天地相接的地方。

师:听,这位同学说得多好啊!我们都要像他这样读书,一边读一边想象画面。文中还有一个句子写了小丘的柔美,谁能读一下?

生:那些小丘的线条是那么柔美,就像只用绿色渲染,不用墨线勾勒的中国画那样,到处翠色欲流,轻轻流入云际。

师:同学们,这句话里有一个形容绿色的词语是——

生:翠色欲流。

师:谁能用自己的手画一画来表现小丘柔美的线条?

[生用手画波浪线]

师:你能把这种柔美的感觉读出来吗?这段话该怎么读?(慢一点、轻一点、优雅些、甜一点)这绿色向周围慢慢扩散、渗透、流动。请你们轻声再读"轻轻流入云际"这句话,感觉会更好。

……

再次,在古诗教学中,有些词的意思仅仅通过查字典不一定能完全理解,这时候可以借助语境、图片、背景资料等启发孩子深入理解词义,如古诗《书湖阴先生壁》(统编版六年级上册)中的"花木成畦手自栽"中的"成畦"到底是什么样的?同学们会理解到成垄成行,这时教师可以追问,想象一下湖阴先生会种哪些花?学生自由表达后,老师继续问这成畦的花木给你的感受是?(既壮观又漂亮)教师接着追问为什么院内的花木培育得这样好呢?(因为这都是湖阴先生亲手栽种的)教师乘胜追击地让学生想象湖阴先生会怎样栽培花木。(孩子们尽情地猜想先生每天很早就给花木浇水施肥、除草除虫、打扫卫生等)由此教师便顺水推舟地让孩子们感受湖阴先生的品质。(爱花护花、勤劳朴实、志趣高雅)这样,古诗的思想感情已经自然浮现,给接下来后两句的教学打下了基础。在教学中,从"花木成畦"着手打开理解古诗的切入点显得自然,有趣,不仅理解了"成畦"这个词的意思,更对古诗所表达的意思有了更全面且深入的理解。

3. 采用语素分析法理解词义

小学词语教学的目的不是单纯地学习某个词语,而是为了丰富学生的词汇,提高理解词语的能力。因此,在词语教学中应当加强对语素的分析。现代汉语的自由语素和半自由语素都有很强的构词能力,在一个词语的学习中掌握好一个语素,就为学习其他同语素的词语打下了基础。《海上日出》(统编版四年级下册)中的"红霞"一词,这里的"霞"是一个看起来熟悉实际上生疏的语素,学生通过生活经验明白了它的语素意义是"彩色的云"后,再请查过字典的同学补充"霞"字在字典中的准确意思:日出或日落时天空云层因受日光斜射而呈现的光彩。因此学生不仅可以明白"红霞"的意思,而且在见到"朝霞""晚霞""彩霞""霞光""云霞"等词语时也会容易理解。

4. 运用溯源法理解词义

有些词语应当运用词义变迁、一词多义以及成语的来源等知识,引导学生理解其意义。例如:"琢磨"的本义是"雕刻和打磨(玉石)",后来由此发展成比喻义"通过润色加以修改(文章)",再后来又发展成引申义"思索、考虑"。这三个意思都在使用,但是读音不同,使用前两个义项时要读成 zhuómó,而作为"思索、考虑"的意思的时候要读成轻声词 zuómo,而且"琢"的声母是平舌的"z"。再比如"照相""相片",学生不明白为什么不用"像"字。教师可以告诉学生,用"相"而不用"像"与这个词产生的时代背景有关。"照相"这个词是摄影技术传入我国后产生的新词,最初的"照相"主要是为了记录人的相貌,不像现在这样既有人像照,又有生活照、风景照,所以"照相""相片"不能写成"照像""像片"。

思考与练习

1. 请选出合适的答案填在相应的横线上。

(1) 下列词语中,带点字读音全部正确的一组是_____。

    A. 点缀(zuì)   险峻(jùn)   袜(wà)子   横跨(kuà)

    B. 清澈(cè)   留恋恋(niàn)   遮(zhē)挡   山峰(fēng)

    C. 尿(niào)液   庄稼(jia)   增(zēng)加   缭(liáo)绕

    D. 缓(huǎn)慢   潜(qián)水   尤(yóu)其   沏(qì)茶

(2) 下列词语书写完全正确的一组是_____。

    A. 百练成钢   独出心裁   别无所求   落荒而逃

    B. 相得益彰   蜂拥而至   美不胜收   集思广义

    C. 实事求是   哄堂大笑   革故顶新   养尊处优

    D. 标新立异   各抒己见   精益求精   惊心动魄

(3) 请给下列句子选入正确的一组词语。

我顺着小溪,向远处望去,好像看到水越汇越多,越流越大,(　　)草地,(　　)高山,(　　)平原,终于(　　)奔腾的黄河,行程五千多米,(　　)大海。

    A. 流过   绕过   汇成   越过   流入

    B. 流过   越过   汇成   绕过   流入

    C. 流过   汇成   绕过   越过   流入

    D. 流过   绕过   越过   汇成   流入

2. 请选择下列汉字的正确意思并填在相应的括号里。

(1) 疾:① 疾病 ② 痛苦 ③ 痛恨 ④ 急速猛烈

群马疾驰(　　)   疾恶如仇(　　)   积劳成疾(　　)   疾苦(　　)

(2) 仰:① 脸向上 ② 敬慕 ③ 依赖

    A. 久仰大名,今天认识您太荣幸了。(　　)

B. 我躺在草地上,仰望着深邃的夜空,心中无限遐想。(　　)

C. 他能有今天的成绩,全仰仗师傅的指点。(　　)

3. 选词填空。

(1) 爱护　　爱戴

　　A. 我们要(　　)下一代,不能大量消耗地球资源,给子孙留下蓝天白云、绿树红花。

　　B. 人民都很(　　)习近平总书记,把他说的"金山银山不如绿水青山"挂在嘴边。

(2) 抚养　　赡养

　　A. 我们不仅有(　　)父母的义务,更要在精神上关心他们。

　　B. 他的妻子过世了,这个父亲一个人(　　)四个孩子,真不容易。

(3) 事情　　事件

　　A. 华为(　　)终于出现大反转!当全世界都在联合抵制你,想拒绝你时,却发现已经离不开你。

　　B. 连续出现的校园欺凌(　　)给了我们警示。

　　C. 妈妈很忙绿,每天有做不完的(　　),所以此刻,她睡着了,睡得那么香。

4. 仿写词语。

(1) 湿漉漉　水汪汪　_____　_____　_____

(2) 绿树依依　月色溶溶　_____　_____　_____

(3) 归心似箭　温润如玉　_____　_____　_____

第五章 语法

扫码查看
学习资源

 知识树

语法
- 语法概说
  - 语法和语法的性质
  - 语法单位
- 词类的划分
  - 词性的判别
  - 实词
  - 虚词
- 短语
  - 短语及其分类
  - 短语的结构类型
  - 短语的功能
  - 复杂短语
- 单句
  - 单句及其分类
  - 句法成分
  - 特定句式
  - 常见的句法错误
- 复句
  - 复句及其构成
  - 复句的分类
  - 常见的复句失误
- 句群
  - 句群及其分类
  - 多重句群
  - 常见的句群错误
- 常用标点符号
  - 标点符号的种类
  - 点号的用法
  - 标号的用法
  - 标点符号的位置和书写形式
- 语法知识在小学语文教学中的运用
  - 正确理解和运用句子
  - 正确理解自然段
  - 正确理解和使用标点符号

 学习目标

了解汉语语法的基本单位和语法性质，掌握短语、单句、复句以及句群的构造和分类，能够规范使用汉语语法，具备分析和纠正语法错误的能力。能够指导小学生正确运用语法知识。

第一节　语法概说

一、语法和语法的性质

语法是语言的结构规律,而语言包括了词、短语、句子等语言单位。语法和语音、语汇是语言的三要素。

语法的性质主要有以下几个方面:

(一) 抽象性

语法的抽象性,指的是语法不以研究个别的、具体的词、短语、句子等为主要内容,而是从众多的语法单位中抽象出其中的共同组合方式或者组合类型,来表达某种语义。如汉语里有主谓句这一特殊的用法,"天气晴朗""步伐矫健""口味一致",这些句子虽然意思有所不同,但是结构相同,都属于主谓句的范畴。由此可见,语法是从具体的现象中抽象出来的公式,而并非个别的、具体的内容。这也赋予了语法学说明组成词语、短语和句子的规则、格式的任务,所以,语法具有抽象性。而这种抽象的语法规则表现在人们日常的说和写的话语之中,也储存在人的脑中,极具客观性。

(二) 稳定性

语法的稳定性,指的是语法的变化相较于语音、词汇等都缓慢得多。事物都是在不断地发展变化的,语法也不例外。但是这种发展变化的速度相对较慢,因为它本身的抽象性,使得语法成了一种抽象规则交织而成的复杂体系。而这种体系的存在具有普遍性,较难在短时间内废止。如果废止了旧的语法体系及其规则,在短时间内迅速换成新的,会让使用者们感到困难,也会影响交流的通畅性。如在汉语中,语序和虚词是重要的语法手段,从古至今皆如此。而一些旧的规则,消亡的过程也非常缓慢。

(三) 民族性

语法具有民族性,是因为每个民族的语法都有自己的个性特征。这种特征既表现在语音和词汇上,又表现在语法上。例如:汉语中具有量词,但是英语中则缺乏量词的表达;在复数形式的方面,汉语使用"们"作为复数形式,如"朋友们",而英语则是用名词+词尾"s"如"friends"来表达,可二者也不具有完全相同的含义。所以,在进行语法研究的时候,要注意不同语法的民族特点,以及不同语言之间的共性和个性。

与此同时,也不能过分强调个性,而忽略了语法的共性。

二、语法单位

语法单位包括语素、词、短语和句子。它们是具有不同级别或者不同性质的四种语法单位。

(一) 语素

语素是语言中最小的音义结合体。语素是构词的基本要素,是一种构词成分。它可以和其他的语素组合成词,也可以自己单独成词。

(二) 词

词是最小的能够自由运用的语言单位,是构成短语和句子的基本单位。一部分词如加上句调,可以单独成为句子。

(三) 短语

短语亦可被称为词组,是由两个以上的词组成的语法单位。短语是构成句子的基本单位,大部分短语可以加上句调而构成句子。在汉语中,短语和词的区分并不够清楚,而一般采用扩展法,来区别二者。例如:"山区"不能扩展为"山的区","我们"不能扩展成"我的们",所以这二者为词,而非短语;"走路"可以扩展为"走的路",所以可知"走路"是短语,不是词。

(四) 句子

句子是由词、短语组成,有一个句调能够表达一个完整意思的语言单位。例如:
(1) 今天是星期五。
(2) 你去哪儿?
按照句子的内部结构可以分为单句和复句。单句是指带上句调的短语或者词,例如:走开!下雨了。复句是由两个或两个以上意义相关、结构上互不作句法成分的分句加上贯通全句的句调构成的。例如:我不知道她为什么离开,只知道她走的时候留下了一句话。这个复句中包含了两个单句。

思考与练习

1. 什么是语法?语法的性质有哪些?
2. 举例说明语法的抽象性和稳定性。
3. 语法单位包括哪些?请举例说明。

第二节 词类的划分

一、词性的判别

词类是词的语法性质分类。词类划分的根据是词的语法功能、词的形态和词的意义。

词的语法功能,首先表现在能否单独充当句法成分。在汉语中,大多数词都可以单独地充当句法成分。例如:"旗帜""上海""山""学校""上边""挂""起""非常""多"等词可以组成"上海学校非常多""山上边挂起旗帜"等语句。这些能充当句法成分的词,统称为实词。而不能充当句子成分、只有语法意义的词就是虚词。在现代汉语中,实词包括名词、动词、形容词、数词、量词、代词、区别词、副词以及拟声词、叹词;虚词则包括介词、连词、助词、语气词。

其次,表现在实词和另一类实词的组合能力。"包括这一类能不能跟另一类组合,用什么方式组合,组合后发生什么关系等。"例如:"月亮"可以前加数量短语"一个",而不能跟副词"极"组合。

最后,则表现在虚词与实词的组合能力上。包括虚词与什么实词组合,表示什么样的语法意义等。例如:"呢"用在句末表示疑问语气。

使用实词,可以造出一些简单的句子。而单纯使用虚词则不能造句,虚词要依附实词才能进入语句的结构。有了虚词,在实词组成句子的基础上,就可以表达更丰富的含义。例如:"她了解我。"在这个句子中是使用实词造的句子,里边不包含虚词。而增加了虚词以后,可以说成"她了解我了。""她了解我吗?"等意义各不相同的句子。有了虚词,还可以让两个分句之间发生特定的关系。例如:"不论她了解不了解你,都不重要。"总的来说,使用了虚词,会使得句子产生更多的变化,有更加丰富的意思。

二、实词

(一) 名词

1. 名词的种类

名词表示人和事物以及时间、处所、方位的名称。

名词有以下几种:

(1) 表示人和事物。例如:

普通名词:人、山、报纸、文章、作家、学生、猪、牛
专有名词:鲁迅、武当山、黄河、深圳
集合名词:群众、人民、财产、羊群
抽象名词:烦恼、道德、想法、政治、文化

(2) 表示时间。例如:

早晨、明天、明年、冬天

(3) 表示处所。例如:

里面、上海、中国、欧洲

(4) 表示方位。例如:

前、后、左、右、上、下、东、西

2. 名词的语法特征

(1) 常常做主语和宾语。例如:朋友买东西。也常常做定语,修饰其他的名词。例如:柳树梢头。

(2) 名词前面可以加上数量短语,但是一般不能加上副词。例如:我们可以说"一匹马",不能说"不马"。

(3) 能直接用在介词后边,构成介宾短语。例如:

去书店(买书)

比妈妈(更高)

关于恐怖主义

3. 时间名词和方位词

时间名词虽然有名词的特点,但是它还可以做状语,修饰动词,表示事情发生的时间。例如:我昨天去了。

而方位词则是特殊的名词,数量有限,可以单独使用。例如:向前走。又可以附着在别的词语的后边,组成表示处所的词组或短语。例如:门前有一株小草。

(二) 动词

1. 动词的种类

动词表示动作、行为、心理活动或者是存在、变化、消失。
(1) 动作动词:跑、跳、看、讨论、检查、保存。
(2) 心理活动动词:爱、恨、想、喜欢、厌恶、敬仰、希望。
(3) 表示存现的动词:在、有、发生、发展、成长、死亡、消失。
(4) 判断动词:是、否。
(5) 能愿动词:能、会、可以、可能、能够、愿意、敢、要、应该、肯。
(6) 趋向动词:上、下、来、去、进、出、回、过、开、起。

2. 动词的语法特征

(1) 动词能充当谓语或者谓语中心词,大部分可以带宾语,例如:我知道这个人。

(2) 动词的前面能够加上副词"不",大部分不能加程度副词。只有表示心理活动的动词和一些能愿动词能够在前面加上程度副词,例如:很怕、很喜欢、很愿意、很应该。

(3) 许多动词可以带上动态助词"着""了""过"。例如:吃着、吃了、吃过。

(4) 一部分动词可以有重叠的形式,表示短暂的意味,但是只限于可持续动作的动词。单音节动词重叠是 AA 式。例如:看看、玩玩。双音节动词重叠的形式是 ABAB 式。例如:讨论讨论、了解了解。

3. 特殊的动词

有些动词比较复杂,需要进行单独的说明。

(1) 判断动词"是","是"放在主语和宾语之间,有多重作用。

表示对事物的判断和肯定,基本用途是带上判断宾语一起对主语进行判定。例如:"鲁迅是伟大的作家","伟大的作家"是对"鲁迅"进行判定,"伟大的作家"属于判断宾语。

(2) 能愿动词,又称为助动词,是用在动词、形容词之前表示可能性、必要性和意愿性的动词。

表示可能性:能、能够、会、可能、可以、可。

表意愿性:愿意、肯、敢、要、愿。

表必要性:要、应该、应、应当、该、当。

能愿动词一般不可用在名词之前,不能重叠、不能带助词"了、着、过"等。

(3) 趋向动词,表示移动的趋向,有单纯趋向"来、去、上、下、进、出、回、过、开、起"和复合趋向"上来、上去、下来、下去、回来、回去"等。

趋向动词可以单独作谓语或者谓语中心词。例如:"妈妈出去了,还没有回来。"但是它也经常用在别的动词或者形容词后边表示趋向,作为趋向补语。例如:"拿〈出〉一把伞""拿〈出来〉一把伞""拿〈出〉一把伞〈来〉"。

(三) 形容词

1. 形容词的种类

形容词一般表示性质和状态。

(1) 性质形容词:好、坏、远、近、红、黑、大、小、老实、谦虚、愉快、干净、聪明、大方。

(2) 状态形容词:粉红、笔直、水灵、红扑扑、黑不溜秋。

(3) 不定数量的形容词:多、少、全、许多。

2. 形容词的语法特征

(1) 形容词可以充当谓语或者谓语中心语和定语,在多数情况下能够直接修饰名词。

(2) 性质形容词大都能受程度副词修饰。例如:很小,太难。"性质形容词的重叠式和状态形容词,或者因为是表情态的,或者因为本身带有某些程度意义,不能再受程度副词修饰。"

（3）形容词不能带宾语。但是有些双音节的性质形容词兼属动词,做动词时能带宾语。例如:端正言行。

（4）有小部分性质形容词可以重叠。

单音节：AA 或 AA 的、AA 儿

早早、短短的、红红的、好好儿

双音节：AABB 或 AABB(的)、AABB(儿)

明明白白、高高兴兴(的)、痛痛快快(儿)

少数双音节贬义形容词有 A 里 AB 式：

流里流气、糊里糊涂、小里小气

（5）有小部分单音性质形容词可以带上叠音词缀或其他词缀。例如:亮晶晶、黄澄澄、黑咕隆咚等。

(四) 数词

数词表示数目和次序。分为基数词和序数词。数词最突出的语法特征是能和量词组合,而且一般跟量词结合使用。

（1）基数词

表示数目的多少,大都表示确定的数目。例如:一、十、十五、四十；少数表示不确定的数目。例如:几、十几、几十、许多。

（2）序数词

表示与数有关的序列的数词,表示次序前后。一般是在基数前加上"第"或者"初"组合而成。例如:第三、第五、初五、初六。

(五) 量词

1. 量词的意义和种类

量词表示计算数量时所用的单位。一般可以分为两类：

（1）物量词

物量词是表示人和事物的单位。

专用量词

度量衡单位：尺、丈、寸、斤、两、升、斗、公里、平方米

个体单位：个、位、条、件、本、间、把、根、张、匹、块、片、句、段、篇、章

集体单位：对、双、副、堆、群、批、帮、套、串

（2）动量词

动量词是专门表示动作行为的单位。

专用量词：次、下、回、趟、顿、阵、番、遭、遍

借用量词：笔、眼、脚、刀、年

2. 量词的语法特征

（1）量词总是出现在数词后边，跟数词一起组成数量短语，做定语、状语或补语等。

（2）一些量词可以重叠。例如：个个、件件、张张、朵朵、句句。

（六）代词

1. 代词的种类

代词的作用是代替和指示。代词所代替的词语能做什么句子成分，那么代词就能做什么句子成分。按照传统语法的划分方式，根据不同的作用，可以将代词分成以下三类：

人称代词：我、你、他、自己、别人、人家、大伙儿、彼此。
疑问代词：谁、哪、哪儿、哪里、多会儿、几、几时、多少、怎么、怎样、怎么样。
指示代词：这、那、这里、那里、那儿。

2. 代词的语法特征

（1）人称代词。

人称代词主要分为三种：第一人称、第二人称、第三人称，表群体意义的加"们"。第一人称指说话人一方。其中"我们"和"咱们"的用法是有区别的。"我们"既可以排除说话人，也可以包括说话人。但是"咱们"既包括说话人，也包括听话人。例如："老师，你说说，我们班干部应该怎么解决这个问题？""我们都热爱自己的工作。"前一句中的"我们"和"咱们"不能替换，但是在后一句中二者可以相互替换。另外，"我们"是在口语和书面均可通用，但"咱们"则是口语体，在一般正式的场合不会使用。

第二人称指听话人的一方。例如："你""你们"，敬称用"您"。

第三人称指对话双方以外的第三方，也可以指代事物，所以在书面语表达时，为了分清楚性别和事物，指代男性用"他"，指代女性用"她"，指代事物用"它"。如果是指代有男有女的一群人，一般用"他们"。

除了以上三种以外，还有一种则是用来复指前面的名词或者代词，可以称之为"反身代词"，例如：自己、自个儿等。

（2）指示代词。

指示代词用来指代人和事物。"这"为近指，"那"为远指。"这、那"等有指示和替代作用。指示作用如"这老师""那孩子"；代替作用如"这是最漂亮的衣服""那是你的叔叔，快过去问好"。

"每、各、某、另外、其他"等也是指示代词。但是各有不同的意义。"每、各"都是指全体中的任何一个，但是"每"侧重于相同的一面，而"各"侧重于不同的面。例如："每个人都有自己的母亲。""各人有各人的问题。""某"是不定指；"其他、另外"都是旁指，是所说的范围之外的不能明确指出的人或者事物。

（3）疑问代词。

疑问代词的主要作用是表示疑问。可以是有疑而问,例如:"你去哪儿?"也可以是无疑而问,如反问、设问。

疑问代词的非疑问用法主要有两种。

一是任指。指代相关联的任何人和事物。例如:

谁的话她也不信。

我什么都不知道。

妈妈哪儿也不想去。

二是虚指。指代不知道、不肯定、不能说的人或者事物。例如:

我好像在哪儿见过他,但是说不上来。

刚才好像有人抽烟。

除此之外,疑问代词"什么"还可以用于否定形式和举例。例如:

什么五星饭店,服务太差了。

(七) 区别词

1. 区别词的定义

区别词可以表示事物的属性,有分类的作用。例如:中式、大型、初级等。

这些事物的属性往往有对立的性质,因此区别词常常是成对或者成组的。例如:男、女、雌、雄、单、双、金、银、阴性、阳性等。

2. 区别词的语法特征

(1) 能直接修饰名词作定语;多数能带"的"形成"的"字短语。例如:大号的、无毒的、单程的、无穷的等。

(2) 不能充当谓语、主语、宾语,组成"的"字短语后可以做主语、宾语。

(3) 前面不能加"不",在否定形式时要加"非"。例如:非单边的。

(八) 副词

1. 副词的种类

副词常常修饰、限制动词或者形容词,表示程度、范围、时间等意义。副词的分类有以下几种:

程度副词:很、最、极、挺、太、更、非常、特别、十分、格外、略、稍微。

范围副词:都、总、只、共、总共、全都、统统、仅仅、一齐、一概、一律、单单、就。

时间副词:正、正在、已经、曾经、刚、才、刚刚、将要、马上、就要、立刻、终于、往往、一直、渐渐、常常、始终、永远、赶紧、仍然、还是、依然、还、再、又、也。

肯定及否定副词:必须、必定、的确、不、没有、未、别、莫、勿、不用、未必。

情态副词:特意、亲自、猛然、忽然、公然、连忙、赶紧、悄悄、暗暗。

语气副词:居然、果然、竟然、何尝、何必、明明、恰恰、未免、只好、难道、究竟、到底、偏偏、索性、简直。

2. 副词的语法特征

(1) 副词都能做状语,修饰动词和形容词。程度副词"很、极",在一定的条件下还可以做补语。例如:好得很、好极了。

(2) 副词大多不能单说,只有"不、没有、也许、有点儿、当然、马上、何必、刚好、刚刚、的确"等可以单说。

(3) 部分副词能兼有关联作用。例如:"却"一词可以在句子中起关联作用。

(九) 拟声词

"拟声词是用于模拟自然界声音的词",又可称之为"象声词"。例如:喵喵、汪汪、叮当、叽叽喳喳、轰隆隆、噼里啪啦等。拟声词使得语言更加地形象、具体化,给人身临其境的感觉。所以多在文学作品中使用。

拟声词可以充当多种语法成分,如状语、定语、谓语、补语等,也可以单独成句。拟声词是比较特殊的一类实词。

例如:

(1) 窗外的风声呼呼响了一夜。

(2) 小溪哗啦啦地奔腾着。

(3) 小鸟们叽叽喳喳地在枝头叫着。

(十) 叹词

"叹词是表示感叹以及呼唤、应答的词"。例如:"哎、唉、啊、哼、哎哟、喂、嗯"。

叹词的独立性较强,通常都是独立做感叹语成分,或者单独用作句子成为感叹句。有时同一叹词读不同的语调,就可以表示出不同的含义。例如:

(1) 啊(ā)! 太好了。(表示赞叹)

(2) 啊(á),这是怎么回事?(表示惊讶)

(3) 啊(à),好吧。(表示答应或者知道了)

三、虚词

汉语的实词缺乏像印欧语系那样的形态变化,许多的语法意义主要通过虚词来表现,因此,虚词在汉语中有着重要的作用。汉语中,虚词的使用非常灵活,使用频率也较高。同一类虚词有共性,而其中的每个虚词又有其个性,许多虚词则往往具有多种语法意义。虚词最重要的作用是连接和附着各类实词和词组。

(一) 介词

介词主要用在名词性的词语前面,以构成介词短语,整体修饰谓词性词语,表示跟动作、性状有关系的时间、处所、方式、原因、目的、施事、受事、对象等。例如:

表示时间、方向、处所:从、自从、打、到、当、往、朝、沿着、在、向、于、顺着、由、趁。

表示方式、方法：按、按照、依照、以、遵照、根据、据、拿、比、用、靠。
表示原因、目的：因为、由于、为了、为着。
表示施事、受事：被、给、让、叫、归、把、管。
表示对象或者范围：对、对于、关于、跟、和、同、替、除了、向。

介词和动词不同，它不能单独做谓语或者谓语中心语，也不能单独回答问题，更不能加上动态助词或者有重叠形式。它不能单独充当句子成分，所以要构成介词短语做状语。

（二）连词

连词主要用于连接，它可以连接词、短语、分句和句子等。例如：
词语连词：和、跟、同、与、及、或。
词语或分句连词：而、而且、并、并且、或者。
复句中的分句连词：不但、不仅、虽然、但是、然而、如果、与其、因为、所以。
连词"和"和介词"和"的主要区别在以下几个方面：
第一，连词"和"所连接的两个词语可以互换位置，而不改变意思。介词"和"前后的两个名词性词语则没有直接的语法关系，所以不能互相换位。
第二，介词"和"前面可以有状语，但是连词"和"前面不能出现状语。
第三，连词"和"也可以省略，用顿号代替，但是介词"和"则不能省略。

（三）助词

助词附着在实词、短语或者句子中表示语法意义。助词主要分为以下几种类型：

1. 结构助词：的、地、得

一般来说，在定语后面的写成"的"，在状语后面写成"地"，在补语前面写成"得"。例如：一个穿红衣服的女人，静静地看着街上走过的人们。那些人们走得匆匆忙忙，似乎都赶着回家。

除此以外，"的"还可以用来组成名词性"的"字短语，例如：红的、喝的、那样的、好看的、卖菜的等。

2. 动态助词：着、了、过

动态助词用来表示动作或性状在变化过程中的情况。动态又可被称为"体"或者"情貌"。

"着"用在动词、形容词后面，表示动作正在进行，或者状态正在持续。例如："他们说着话，忘记了时间。"
灯开着。

"了"用在动词、形容词后面，表示动作或者性状的实现。动作和性状的发生跟时间没有必然的联系，所以"了"的应用跟"着"一样不受时间的限制。例如："他吃了放在冰箱里的东西。""上个星期下雨只下了一天。"

"过"用在动词、形容词后面,表示曾经发生这样的动作或者曾经具有这样的状态。例如:"我去过北京。""母亲学过这种乐器。""过"表示过去的事情的动态,所以动词、形容词前面可以用副词"曾经"或者表明过去时间的词。

3. 比况助词:似的

比况助词附着在名词性、动词性、形容词性词语的后面,表示比喻。例如:

朝阳似的前景。

聋了似的听也不听。

常常和动词"像"一起配合使用。例如:

孩子们像小蝌蚪似的游来游去,好不自在。

4. 其他助词:所、给、连、们

所:这是书面语沿用下来的助词,用在及物动词的前面,组成一个名词性的短语。例如:所见、所闻、所想。

给:用在动词的前面,加强语气,一般用于口语。例如:所有的行李妈妈都给装好了。

连:用在名词性、动词性、形容词性词语前面表示强调,说明事实和情理之间的矛盾之处。例如:连小朋友都知道这个字是什么。

们:用在指人的普通名词后面,表示群体的意义。例如:老师们、同学们、同志们。

(四) 语气词

语气词常常用在句末,表示不同的语气,也可以用在句中表示停顿。语气词主要可以分为以下几类:

陈述语气:的、了、吧、呢、啊、着、嘛、呗、罢了、也罢、也好、啦、嘞、喽

疑问语气:吗、呢、吧、啊

祈使语气:吧、了、啊

感叹语气:啊、哇

语气词的语法特征主要有以下两个方面:

第一,通常只能附着在其他词语的后面,表示一定的语法意义。

第二,语气词常常和语调一起共同表达语气,所以有些词语可以表达多种不同的语气。

思考与练习

1. 划分汉语中实词和虚词的依据是什么?
2. 汉语中的实词包括哪些?各有什么特点?
3. 汉语中的虚词包括哪些?各有什么特点?
4. 指出下面这段话中的形容词和副词。

我在朦胧中,眼前展开一片海边碧绿的沙地来,上面深蓝的天空中挂着一轮金黄的圆月。我想:希望本是无所谓有,无所谓无的。这正如地上的路;其实地上本没有路,走的人多了,也便成了路。

5. 下面各组句子里加着重号的词语在词性上、作用上有什么不同?

(1) 过河时一定要小心!

我看过这部电影。

(2) 听到这些话,他惭愧地低下了头。

近来,她的心情好多了。

(3) 他的姐姐是画画的。

情况会好起来的。

6. 下面每组结构相似句子的意思是否相同?

(1) 我在上海住了一年。

我在上海住了一年了。

(2) 我只同他玩过这个游戏。

我同他只玩过这个游戏。

7. 指出下列各句中"在"所属的词类。

(1) 我在图书馆呢。

(2) 她就坐在第一排的位置。

(3) 老师拉着张小明,让他在自己的身边坐下。

(4) 他们正在进行篮球友谊比赛。

(5) 萌萌在和乐乐说说笑笑,突然,乐乐摔倒了。

第三节 短　语

一、短语及其分类

短语是词的组合,是词和词按照一定的方式组合起来的语言单位。

短语内的词语,按照一定的语法手段组成的语法形式,表现出具体的语法意义。而在汉语中,组成短语的语法手段是语序和虚词。语序是各类词语排列的前后顺序。而短语需要从多种角度去观察,从而分出不同的类别。最重要的有两种分类:一种是结构类,结构类指的是根据内部的结构类型来划分短语。而另外一种是功能类。功能类指的是根据短语在语法单位中所充当的成分的能力来划分类别。

除了以上提到的类别以外,还有其他的分类标准。词和词的组合,可以是实词和实词的组合,也可以是实词和虚词的组合。根据短语的构成要素,可以把短语划分为实词短语和虚词短语。

二、短语的结构类型

(一) 主谓短语

由主语和谓语两个成分组成。主语在前,谓语在后,用语序和词类表明陈述关系。例如:

考试结束(名+动)
天气晴朗(名+形)
今天阴天(名+名)
今天是星期五(名+是+名)

(二) 动宾短语

由动词和宾语两个成分组成。动词在前,宾语在后,动宾之间的支配、关联关系用语序表示。例如:

发展经济(动+名)
去一趟(动+数量)
接受整改(动+动)
喜欢安静(动+形)
是他(动+代)

(三) 偏正短语

由修饰语和中心语两个部分组成,修饰语描写或者限制后面的中心语,关系是修饰关系。可再细分为以下两种:

1. 定中短语

修饰语为定语,中心语一般是名词性成分。定语之后有时用"的"。例如:

大型工厂(区别+名)
上海人(名+名)
去年的工作(名+名)
发展的脚步(动+名)
旧鞋子(形+名)
家养动物(区别+名)
资料的查找(名+动)
合同的签订(名+动)

2. 状中短语

修饰语为状语,中心语是动词性或者形容词性的成分。状语之后有时用"地"。例如:

立刻离开(副+动)
明天出差(名+动)
屋里说(方位短语+动)
那么跑(代+动)
绕道走(动+动)
快跑(形+动)
一下一下地敲(数量+动)
短期评估(区别+动)
叽叽喳喳地说(拟声+动)
非常大(副+形)
那么窄(代+形)
四寸长(数量+形)

(四) 中补短语

由中心语和补语两个成分组成,补语附加在中心语的后面,其间是补充关系。有的补语的前面可以用"得"。例如:

救活(动+动)
吃得快(动+形)
听了一回(动+数量)
跑到那里(动+介词短语)
伤心极了(形+副)

(五) 联合短语

由关系平等的两个或几个部分组成,可以更进一步分成并列、顺承、递进、选择等关系。一般来说,联合短语中的词语都是同性质的,整体的功能和部分的功能一致。例如:

去年和今年(并列)
他或者我(选择)
书和笔(并列)
幸福和快乐(并列)
又高又大(并列)
读书或者工作(选择)

以上五种短语跟句子和词的基本结构相同,可以叫作基本短语。下面是几种特殊的短语。

（六）连动短语

由多于一个谓词性成分连用，共用一个主语，短语内部是连续关系。例如：

上房揭瓦（动＋动）　打电话叫人（动＋动）　看了很愉快（动＋形）
喝着爽快（动＋形）

（七）兼语短语

由前面一个动词的宾语兼做后面一个动词或者形容词的主语。例如：

让她走　使我相信　尊称他为先生　通知学生来上课

（八）同位短语

一般由两个部分组成，前后各个部分的词语不同，但是所指内容相同，语法地位平等。例如：

东方之珠香港　我们大家　你们几位　夏秋两季　列车长老王
乒乓球这种运动　地球这个星球

（九）方位短语

由方位词直接附在名词性或者动词性词语后面组成，主要表示处所、范围或者时间。一般的结构是前一部分是词或短语，后一部分是方位词。

屋子里（名＋方）
讲台上（名＋方）
下个星期以前（时间词＋方）
五点钟后（时间词＋方）
硕大的脑门上（短语＋方）
父亲出国以前（短语＋方）
我们打完球以后（短语＋方）

（十）量词短语

由数词、指示代词加上量词组合而成。数词加上量词组成的叫作数量短语，而由指示代词加量词组成的叫指量短语。例如：

数量短语：一个人、两条街、三双鞋子、一堆作业
指量短语：这个比那个好、只去过这一次

（十一）介词短语

一般由两部分组成，前一部分是介词，后一部分是词或者短语。介词是这类短语的标志。介词短语可以表达多种语义。例如：

用勺子吃饭（表示动作所使用的工具）

比以前好多了(表示比较)
为了生活而赚钱(表示目的)
被他掰成两半(表示动作的发出者)
向他追讨欠款(表示动作的对象)
从南走到北(表示动作的方向)

(十二) 助词短语

由助词附着在词语上组成。主要有以下三种类型：

1. "的"字短语

由"的"附着在实词或者短语的后面组成，用于指称人或者事物，属于名词性短语，但是只能做主语或者宾语。例如：

木头的(好看)、男的(站在右边)、彩色的(最贵)、外国的(不一定都好)、开车的(是小王)、一等的(有三十个)

2. "所"字短语

由"所"字加在及物动词前面组成，指称动作要支配或者关联的对象，是名词性短语。例如：所见所闻、所剩无几、各取所需、他所写的文章、我们所认识的老师、所答非所问等。"所"因为是文言词，所以"所"字短语多用于书面语。

3. 比况短语

一般由词或者短语加上助词"似的""一般""一样"等组成，表示比喻、推测，包括多种语法功能。属于形容词性短语。例如：

潮水般的掌声　乞丐似的人　箭离弦似的
太阳一样的光亮　死一般的沉默　他们好像以前认识似的

三、短语的功能

短语有两个方面的功能，一方面是充当句子成分，另一方面是成句，大部分短语加上语调后都能独立成句。

短语的功能类型则是由它跟别的词语组合时能充当的句子成分，相当于哪一类词来决定的。能够做主语、宾语，功能和名词相当的短语叫作名词性短语，这类短语通常中心语是名词；而可以做谓语，功能和谓词相当的叫作谓词性短语，通常中心语是动词、形容词。谓词性短语可以更进一步地划分为动词性短语和形容词性短语。

名词性短语：联合短语(名词性成分联合)、偏正短语(定中)、同位短语、方位短语、量词短语、"的"字短语、"所"字短语。

谓词性短语：联合短语(谓词性成分联合)、偏正短语(状中)、动宾短语、中补短语、连动短语、兼语短语、比况短语。

四、复杂短语

复杂短语和简单短语的区分主要体现在组合层次的多少。简单短语指的是词和词在一个层次上的组合,而复杂短语则是两个或者两个以上的层次上的组合。有关于复杂短语的例子如下:

学生和教师的食堂　关系到国家生死存亡的大计　储存食物

使用层次分析法可以帮助我们了解大部分复杂短语的结构。下面以两种情况为例进行分析:

第一,结构关系不同引起的切分不同。

按照第一种分析方法,短语的意思指的是"几个学校"的老师;但是按照后面一种的分析方法,说的是学校的几个老师。所以为了避免歧义,需要给出更加清晰的语境。

第二,结构层次相同、切分相同,但是结构内部的关系不同。

复杂的短语虽然比较常见,但是在清晰的有上下文的语境中,可以消除多义,不至于在交际中产生误会。如果不能够提供清晰的语境,在交际过程中极容易产生歧义,出现语病。所以在交际中,要尽量避免这种现象发生。

思考与练习

1. 短语的结构类型有哪些?请举例说明。
2. 短语有哪些功能?
3. 请说明下面偏正关系的短语是由什么词或短语充当的。

(1) 鸟语花香的季节

(2) 他的同桌

(3) 两个校长

(4) 我们学校的食堂

(5) 年轻的军官的肩上

(6) 李白写的诗

(7) 刚买来的自行车

(8) 红红的太阳

4. 指出下面句子中定语内的短语的结构类型。

幸福,是饿了的时候有饭吃。

幸福,是困难时期的一声问候。

幸福,是心心相印的一个眼神。

幸福,是父亲一次粗糙的抚摸。

幸福,是花园里艳丽的花朵。

幸福,是寒冷的冬天那一轮红彤彤的太阳。

幸福,是"采菊东篱下,悠然见南山"的闲适。

幸福,是一幅美丽的画卷,看到它的人个个心满意足。

5. 用‖线把下边各个主谓短语里的主语谓语画开,并指出它们是由什么词或短语构成的。

(1) 人们世世代代纪念海力布

(2) 北京有许多旅游景点

(3) 什么是奉献精神

(4) 我的故乡美丽得很

(5) 眼泪在她的眼眶里打转转

(6) 浓雾笼罩着伦敦

(7) 我更加吃惊了

(8) 无数颗星星在宇宙大爆炸中陨落

第四节 单 句

一、单句及其分类

在说明单句的情况前,首先我们要明确句子的定义。"句子是语言的基本运用单位。在交际和交流思想的过程中,词和词组只能表示一个简单或者复杂的意思,句子才可以表达一个完整的意思。"而句子除了有自己的结构成分和结构方式以外,还应该包含特定的语调。有了语调以后,句子中的内容就可以和实际发生具体的联系。

单句是与复句相对的句子类型。一般来说,单句是由短语和词构成的。例如:

(1) 今天是星期五。

(2) 谁写的?

(3) 请你读一下。

(4) 请进！
(5) 水！

例子中的(1)~(4)是由短语构成的单句,而(5)则是一个词语构成的单句。

从结构的角度来划分,单句可以分为两种:主谓句和非主谓句。例如:"今天是星期五"是主谓句,"请进"则是非主谓句。

(一) 主谓句

主谓句是能够分出主语和谓语两个成分的句子。例如:
(1) 今天‖周二。
(2) 我‖明天走。
(3) 这个地方‖真漂亮。

这些句子都能直接分出主语和谓语两个成分,"‖"表示前面是主语,后面是谓语。主谓句又可以分成以下的小类:

1. 名词谓语句

名词谓语句是名词或名词性短语充当谓语的句子。名词性词语及短语充当谓语要受到一定的条件限制,常常限于说明时间、天气、数量等。例如:
(1) 今天星期日。(表时间)
(2) 明天晴天。(表天气)
(3) 青椒肉丝一盘。(表数量)

2. 动词谓语句

动词谓语句是动词充当谓语的句子。动词谓语句的常见形式是动词后面还有其他成分,对其后的成分有一定的依赖性。例如:
(1) 小朋友们笑了。(动+补)
(2) 手指出血了。(动+宾+补)
(3) 我们曾经说。(状+动)
(4) 那个公司的生意很难做。(状+动)

动词谓语句在汉语中的数量较大,是比较常见的句型。

3. 形容词谓语句

形容词谓语句是形容词性的词语充当谓语的句子。形容词作谓语时常常有较为复杂的形式,而状态形容词作谓语的时候常常加"的"。例如:"星星亮晶晶的。""走路慢悠悠的。"性质形容词要加上程度副词。例如:"他的老师很开心。""风特别大。"等。

4. 主谓谓语句

主谓谓语句是主谓短语充当谓语的句子。例如:"小王买了一本书。""大爷去上海了。"等。

(二) 非主谓句

非主谓句则是跟主谓句相对,不能直接划分出主语和谓语的句子。例如:
(1) 请勿插队。

(2) 打雷了。
(3) 多厉害的人!

这些句子都不能划分出主语和谓语的直接成分,都是非主谓句。

非主谓句也可以划分成如下的小类:

1. 名词性非主谓句

名词性非主谓句是由单个名词和名词性短语构成的,例如:
(1) 1919年,联合国大会。(说明故事发生的时间、地点)
(2) 矮矮的个子,小小的眼睛。(描写人物形象或景象)
(3) 多么漂亮的风景啊!(表示赞叹)
(4) 熊!快走!(表时突然发现或者出现的事物)
(5) 校长!(表示称呼)

2. 动词性非主谓句

动词性非主谓句大部分是由动宾短语或者其他动词性短语构成。例如:
(1) 起风了。(表示自然界情况)
(2) 跑了!(表示突然发生的情况)
(3) 禁止吸烟!(表示祈使、命令和要求)
(4) 从教室里传来了阵阵的笑声。(表示存现)

3. 形容词性非主谓句

形容词性非主谓句通常由一个形容词或形容词性短语形成。例如:
(1) 对!
(2) 太棒了!

4. 叹词句

叹词句由叹词构成,例如:
(1) 啊!
(2) 哼!

(三) 句类

从语气的角度来划分,句子又可以分为四类:陈述句、疑问句、感叹句和祈使句。

1. 陈述句

陈述句是述说事情,陈述事实,语调一般较为平缓。
例如:
我的笔在这里。
他立刻来。
众人拾柴火焰高。

2. 疑问句

疑问句是提出问题的句子,语调通常在句尾会升高。疑问句可以分为是非疑问句

（做出肯定或者否定的回答）、选择疑问句（选择其中一个问题回答）和特指疑问句（用疑问代词代替未知的部分，需要回答疑问代词所指代的内容）。例如：

你喜欢旅游吗？（是非疑问句）

你喜欢旅游还是看电影？（选择疑问句）

谁喜欢旅游？（特指疑问句）

3. 感叹句

感叹句是抒发强烈感情的句子，在句子中常常包括感叹词。例如：

多么、多、好、真、太等。

多么高尚的人啊！

这孩子长得多可爱啊！

我真不喜欢这道菜。

4. 祈使句

祈使句一般是表示命令或者请求的句子，常常在句子中使用"请、别、千万"等。例如：

请勿吸烟！

请您进来。

千万别去那个地方。

二、句法成分

（一）主语

主语可以分为名词性主语和谓词性主语。名词性的主语由名词性的词语构成，多表示人和事物。主语是被陈述的对象，名词性主语时常能够回答"谁"或者"什么"的问题。例如：

(1) 领导同意了我的申请。（名词）

(2) 后面站着一些士兵。（方位词）

(3) 二十是四的五倍。（数词）

(4) 他们是人民的榜样。（代词）

(5) 拼搏的精神可以带领我们赢得比赛。（偏正短语）

(6) 树叶、小草变黄了。（联合短语）

谓词性主语可以由谓词性词语和一些主谓短语构成，谓词性词语包括动词、形容词、谓词性的代词、动词性短语以及形容词性短语等。谓词性主语主要是描述动作、形状等。例如：

(1) 哭是婴儿表达自己的方式。（动词）

(2) 自信比不自信好。（形容词）

(3) 这样可以吗？（代词）

(4) 搬家比买房容易多了。（动宾短语）

（二）谓语

谓语一般由谓词性词语构成，主要的功能是对主语进行叙述、描写或者判断，能够解决主语"怎么样"或者"是什么"的问题。

通过上面和主语有关的例子，可以看出，动词性词语作谓语的时候，通常使用复杂的形式，而并非单独的动词。而单独的动作做谓语则需要一定的条件，可以用在对话里，例如："你看看！"复句的分句里，例如："他去，我就不去。"或者是对比、排比句里，例如："一个人赚，四个人花。"

形容词性词语也可以作谓语，常常用复杂的形式，例如：今天非常热。而形容词若要单独作谓语，也需要受到一定的条件限制。如用在提问和回答中："哪个地方漂亮？"还可以用在复句的分句当中，例如："知易，行难。"

主谓短语作谓语也是汉语的特色，例如："那个人头脑清晰。"

主语和谓语之间联系紧密，根据主语所表示的人、事物和谓语所表示的动作之间的语义，可以把主语的意义类型划分为施事、受事、与事。

1. 施事主语

指的是主语是发出动作、行为的主体，主谓的语义结构基本是"动作发出者＋动作"的关系，例如："老师写了两个字。""羊吃了不少草。"

2. 受事主语

指的是主语表示承受动作、行为的客体，主谓的语义结构基本是"动作承受者＋动作"的关系，例如："黑板被老师擦干净了"。"饭做好了。"

3. 与事主语

表示并非施事，也并非受事的人或者事物。例如："我们走丢了一个人。""那件事不是他的错。"在这些句子中，主语只是跟动作有关联，但并非施事主体，宾语才是。

（三）宾语

宾语是动词性成分后边表示人物、事件的成分，能够回答的是"谁""什么"的问题。宾语也可以分为名词性宾语和谓词性宾语两种。

名词性宾语：

(1) 这个房子有六十平方米。（数量短语作宾语）

(2) 这个人惧内。（名词作宾语）

(3) 山上下来两个人。（数量短语作宾语）

(4) 苹果已经有熟的了，可是香蕉还是生的。（"的"字短语作宾语）

谓词性词语充当宾语，必须符合一定的条件，只能出现在能带谓词性词语的动词

后面,这种动词是动宾动词。例如:

(5) 最好的学习方式是模仿。(动词)

(6) 这道菜成功的秘诀是掌握火候。(动宾短语)

(7) 稀稀落落的月影,显得周围疏离、落寞。(联合短语)

宾语的意义类型主要是指宾语和谓语之间的语义关系,主要有以下三种:

1. 施事宾语

表示动作的发出者,可以是人或者事物。例如:"来了一个人。""出太阳了。""天上飞着一只鸟。""这些玉米可以三个人吃。"这些句子的动词一般是不及物动词,动词后要带动态助词和补语后独立成句。

2. 受事宾语

表示动作、行为直接支配或者关联的人或事物。例如:"他做出了一定的成绩。""我告诉大家。"

3. 与事宾语

表示施事、受事以外跟动词有关系的宾语。例如:

离开教室(表示处所)

说英语(表示方式)

过劳动节(表示时间)

赶高铁(表示目的)

讨教学问(表原因)

根据动词带宾语的情况,我们还可以将表示动作行为的动词再重新分类。能够带受事宾语的动词叫及物动词。例如:做、看、给、玩等。不能带受事宾语的动词叫作不及物动词。例如:走路、休息、游行等。

(四) 定语

1. 定语的构成

定语是在名词性成分前面起到修饰性作用的成分,实词和短语大部分都可以充当定语,表示"谁的、什么样的、多少"等意思,常常带"的"。定语和中心语的关系主要是描写性的和限制性的。

描写性的定语是描绘人或者事物的性质、状态,多由形容词性的成分充当,例如:多好的孩子、红彤彤的太阳、笔直的公路、波澜壮阔的大海。

而限制性的定语,作用在于给事物分类或者规定一个范围,使得语言表述的时候更加缜密。通常情况下,名词性词语、动词性词语和区别词作定语是具有限制性的,可以用来表示人或者事物的领有、时间、处所、环境、范围、用途等。例如:香港的风景、早秋的日光、树林里的声响、家养动物、搬东西的人、木头屋子等。

2. 定语和"的"

定语和中心语在组合的时候,有时候一定要加"的",有的时候不可以加"的",还有的时候可加可不加。下面从词语种类的角度来讨论这些不同的情况。

(1) 单音节形容词。

一般来说，单音节形容词作定语不加"的"，例如：新家、绿树、旧书等。如果加上"的"，则具有强调意味，例如：新的家、绿的树、旧的书。

(2) 双音节形容词。

双音节形容词作定语常常加上"的"，用于描写状态，例如：阴冷的天、肮脏的地方、优秀的人才、厚重的历史等。

(3) 名词。

名词作定语可以不加"的"，直接修饰中心语，是将偏正短语用作特定的名称。例如：红砖房子、玻璃器皿等，如果不是这种情况，一定要加"的"。例如：明年的安排、父母的建议、老师的想法。有的时候，加"的"与否会影响定语的性质和意思，加上"的"后可以表示领属关系，不加"的"则是表示性质和属性。

(4) 人称代词。

人称代词作定语时，一般要加"的"，人称代词表示领属者。例如：我的书、他的眼睛、她的能力。但是如果用在比较复杂的句子中或者更复杂的组合里，有时候可以不用加"的"。例如：我同学的朋友等。而中心语是国家、集团、机关、亲属名称等，"的"也是可以不加的，例如：我爸爸、他们学校、我们公司等。

(5) 动词。

动词做定语的情况可以划分为两种：一种是直接修饰中心语，组成一种特定的名称，例如：死鱼、活鸡、红烧肉、教学计划、使用状况等。单音节词做定语，中心语是具体名词，例如：死鱼。而双音节词作定语则没有这种限制。另外一种情况一般要加上"的"，例如：写的书、画的画、织的毛衣、飞扬的雪花、积攒的钱等。

3. 多层定语

一般来说，定中短语加上定语就可以形成多层定语，例如："小矮人"里的"矮人"再加上定语"小"就构成了一个新的定中短语。而"小"和"矮"是不同层次的两个中心语的两层定语，如果再加上数量词，则又多了一层定语，可以用括号图解法表示如下：

(七个)(小)(矮)人

多层定语的排列次序很复杂，有时候定语的位置非常灵活，所以从离中心语最远的词语算起，多层定语的一般次序是：

(1) 表示领属关系的词（谁的）

(2) 表示时间、处所的词语（什么时候、什么地方）

(3) 指示代词或量词短语（多少）

(4) 动词性词语和主谓短语（怎样的）

(5) 形容词性词语（什么样的）

(6) 表示性质、类别或者范围的名词、动词（什么）

我们可以采用这一分类来分析以下的句子：

我的一辆刚买的德国二手车也开过来了。

我的——一辆—刚买的—德国—二手(车)
领属—数量—动词性词语—范围—性质

(五) 状语

第一,状语不只是由副词来充当,也可以用时间名词、能愿动词、形容词(表状态的形容词用得较多)来构成。介词短语、量词短语和其他一些短语也可以做状语。例如:
(1) 山顶的风景[十分]美丽。
(2) 经济问题[一定][要][抓紧]解决。
(3) [关于]这个问题,我们[要]开会讨论。
(4) 你[到底]想去哪里?
(5) 我[凌晨四点]起来去跑步。
(6) 压力[像山一样]压在他的肩膀上。

通常名词、动词不做状语,可以直接修饰动词作状语的名词限于表示动作方式、手段状态的词。例如:团体购买、网络购票、微信支付等。

状语主要分为限制性状语和描写性状语。限制性状语主要用来表示时间、处所、目的、依据、程度、否定、方式、手段、关联、数量、对象、语气等。

而描写性状语主要是描写中心语所代表的动作的状态,描写动作或者动作者。描写动作的状语可以变换成对动作的表述,描写动作者的状语不能有这样的变换。

他伤心地对我说——他很伤心
双腿急速地摆动——＊双腿很急速

第二,状语与"地"结合的情况较为复杂,状语是否要带"地"应据具体情况决定。
(1) 限制性状语大多数不能带"地"。例如:
第二天他睡得很晚。
从裤子口袋里拿出钱包。
为解决孩子上学的问题来回奔跑。
我跟妈妈买菜去了。
对这本书很感兴趣。
(2) 描写动作者的状语,除了单音节形容词以外,一般要带"地"。例如:
高兴地说、得意地笑、傻傻地等、抱歉地问、认真地听
(3) 描写动作的状语,一般单音节形容词、双音节形容词、量词短语不带"地"。例如:快跑、仔细看、直接去等。而动词短语、名词短语一般带"地"。例如:不停地笑、有目的地接近等。其他情况可带可不带"地"。

(六) 补语

补语可以由谓词性词语、数量短语和介词短语充当。补语前面的中心语是谓词性词语。补语可以用来说明动作、行为的结果、状态、趋向、数量、时间、处所可能性或

者是说明性状的程度、状态等。而由谓词性词语充当的补语,有的直接加在中心语之后,有的要用"得",而有数量短语、介词短语充当的补语是和中心语直接组合的。补语的分类主要由以下几种:

1. 结果补语

表示动作、行为产生的结果,补语常常是形容词,极少数情况下用动词。例如:

那个字写[错]了。

他回答[对]了。

别伤心了,小心哭[坏]了眼睛。

孩子太累了,你别叫[醒]她。

结果补语在结构上跟中心语结合得很紧,所以动态助词"了、过"只能加在补语的后面。

2. 程度补语

程度补语的数量较少,常用的是"极、很、多"和虚义的"透、慌、死、坏"等,表示到达了极点或者是到达了极高的程度。与此同时,还可以使用量词短语"一些、一点"表示很轻的程度。谓语中心大多为形容词和某些能前加"很"的动词。例如:

这酒喝得痛快[极]了。

这些菜凉[透]了。

城堡坚固得[很],没人能攻破。

我今天累[死]了。

学费的事情可把我们愁[坏]了。

公司派经理去好[一点],因为这个项目很重要。

3. 状态补语

表示由动作、性状而呈现出来的状态。在中心语和补语中间都有助词"得"。例如:

那人跑得[飞快]。

小鸟飞得[很高]。

这个问题我想得[很透彻]。

搬家搬得我[满头大汗]。

别笑了,你都笑得[满脸皱纹]了。

4. 趋向补语

表示动作的反向或者事物随动作而活动的方向,用趋向动词充当。例如:

夜晚的江边闪[起]了点点灯火。

老虎一阵风似的扑[来]。

远处传[来]了牧羊人的笛声。

这一年我们坚持[下来]了。

他走[过来]了。

5. 数量补语

有一种是动量补语,用表示动量的量词短语充当。这种可以用来表示动作的次数,例如:"看了几次、跑了一趟、打了一下、好好聊一聊"等。另外的是时量补语,用表时量的量词短语充当,用来表示动作持续的时间,例如:"住了五天、等了一会儿";或者表示动作实现以后到目前的时间,例如:"来了一周、消失了五年了、挂了一天"等。

6. 时间、处所补语

表示动作发生的时间和处所,多用介词短语。例如:

事情发生[在1918年]。

她不知道自己身[在何处]。

请你把成绩单贴[到大门侧面]。

7. 可能补语

可能补语有两种,第一种是用"得"或者"不得"来充当,表示动作结果能实现或不能实现,例如:

这东西吃[得]吃[不得]?

这次考试很重要,你大意[不得]。

她的病耽搁[不得],要赶快治疗。

另外一种是在结果补语或者趋向补语和中心语之间插入"得/不"(轻声),表示动作的结果、趋向可能不可能实现。例如:"说得好、说得不好、听得清楚、听不清楚、出得去、出不去、走得回来、走不回来"等。

8. 独立语

句子里的某个实词或者短语成分,跟它前后其他的词语没有结构的关系,但是与句意的完整性有关系,这种成分就是独立语。独立语的位置很灵活,可以出现在句首、句中、句末。独立语的种类主要有以下四种:

(1) 插入语。

插入语包括了说话者的态度,或者引起听话者的注意,可以表示强调、推测、估计等。例如:"毫无疑问、显而易见、我看、据说、你瞧、你看、总之、包括"等。

(2) 称呼语。

用来招呼对方,引起注意。例如:"师傅、老师"等。

(3) 感叹语。

用感叹词表达感情。例如:

唉,怎么会这样呢?

嗯,我马上回来。

(4) 拟声语。

模拟事物的声音,进行生动地描写,加强表达效果。例如:"砰、咚、呼"等。

三、特定句式

(一)"把"字句

"把"字句是指用介词"把"将谓语动词涉及的事物放置于动词之前作状语的一种句式,该句式是用"把"以引出受事、对受事加以处置的一种主动句。所谓处置,就是指谓语动词所表示的动作对"把"字引出的受事对象产生了一定的影响,例如:

(1) 我一定要找到我的孩子。(一般主动句)
　　我一定要把我的孩子找到。("把"字句)
(2) 你收拾一下家里的客厅吧。(一般主动句)
　　你把家里的客厅收拾一下吧。("把"字句)
(3) 老虎咬死了山羊。(一般主动句)
　　老虎把山羊咬死了。("把"字句)

由此可见,"把"字句的主要作用,是要突出"把"所引出的词语。

"把"字句主要有四个特点:

第一,动词的前后总是有其他成分,动词一般都不能单独出现,特别是单音节动词。通常在动词的后面有补语、宾语、动态助词,或者是动词的重叠形式。例如:

(1) ＊把书放。
　　把书放下。
(2) ＊把书放。
　　把书放好。
(3) ＊把水喝。
　　把水喝了。
(4) ＊把情况跟领导谈。
　　把情况跟领导谈谈。

第二,"把"字句所带的宾语一般都是确定的、已知的人或事物,所以有时候会带上"这、那"的修饰语。例如:"把那本书拿来。""把这个东西拿走。"如果是"把书放下",那么这书应该是确定的某本书或者某些书。如果是无定的或者泛指,常常是讨论一般的情况或者一般的道理。例如:"不要把真心当作假意。""把一天掰成两天用。"

第三,谓语动词具有处置性,因此能愿动词、判断动词、趋向动词和"有、没有"等不能用来做谓语动词。

第四,能愿动词和否定词要置于"把"字的前面。例如:

＊我把这个东西没有弄坏。
＊他们把这件事不告诉他。
＊她把自己的时间愿意奉献给事业。

(二)"被"字句

"被"字句是指在谓语动词的前面,用介词"被、给、让、叫"引出施事或单独使用"被"的被动句。例如:

东西被小偷偷走了。

我被她的热情打动了。

他让同事劝回去了。

太阳叫云挡住了。

小王被警察带走了。

在书面语中,比较常见的还有"被……所"的格式,对应口语中也有"让(叫)……给"的格式。例如:

所有的悲伤都被欢乐的气氛所冲淡。

他让别人给叫走了。

盘子叫我给打碎了。

"被"字句以前的语义比较窄,常常用于不如意或者负面的意思。但是近年来,它使用的范围也不仅限于负面意思,表示如意或者希望的情况有时候也会用"被。"例如:"我被选为了学生代表。"

"被"字句也有自己的特点:

第一,和"把"字句类似,"被"字句的动词也是具有处置性的。动词后面也多有补语或者其他的成分。如果只用一个双音节动词,那么动词的前面也要有能愿动词、时间词等状语。例如:"小王被人打伤了。""这样的作品很难被人欣赏。""快餐正在逐渐被中国人接受。"

第二,主语所表示的受事主体是确定的。例如:我们不能说"一个人被他带走了",而应该说"那个人被他带走了。""一个人"加上"这、那"成为确定的,就可以成为受事的主体。

第三,能愿动词和表示否定的副词要放置在"被"的前面。例如:"他应该被尊重。""我没有被困难吓倒。"

(三) 连动句

连动句是由连动短语作谓语构成的句子。连动句的前后动词或者谓词性词语有以下的语义关系。例如:

他拿了我的钱走了。(表示先后发生的动作)

公司表扬先进树立典型。(前后表方式和目的关系)

他看着窗外思考问题。(前面的动作表示方式)

妈妈听了很伤心。(后一性状表示前面动作的结果)

我写字写烦了。(两件事表示因果关系)

他有资格当老师。(前后有条件和行为的关系)

连动句内部的几个动词或者谓词性词语不管语义关系如何,排列的顺序都是遵循时间顺序,即是先出现的动作在前。

(四) 兼语句

兼语句是由兼语短语作谓语或者独立成句的句子。根据兼语前面一个动词的语义,可以将兼语句做以下的类型划分:

第一,前面的动词有使令意义,能够引起一定的结果。常见的动词包括:使、请、让、叫、派、催、命令、促使、发动、鼓励、禁止等。例如:

父亲鼓励我学好自己的专业。

愤怒使人精神紧张。

第二,前面的动词有表示称赞或者责怪的意义,是及物动词,通常是由后面的动作或性状引起,前后具有一定的因果关系,表示致使的原因和致使的结果。常见的动词包括:爱、恨、笑、嫌、气、骂、夸、喜欢、感谢、羡慕、佩服、埋怨、责备、担心等。例如:

他恨我没告诉他这件事。

我埋怨哥哥没给我买东西。

第三,前面的一个动词用"有""没有""轮"等表示"领有"或"存在"等。例如:

我有个姐姐在美国工作。

屋子外边没有人经过。

有人找你。

轮到你吃火锅了。

(五) 存现句

存现句是叙述或者说明某处存在、出现或者消失了什么人或物的一种句型。一般句首有表示处所的词语作为主语,宾语则是存现的主体。存现句可以分为存在句和隐现句两种类型。

1. 存在句

表示某个地方存在某人或某物。动词后有"着",有时候也用"了"。宾语则多为带有数量短语的偏正短语。例如:

院子里种着几种花。

山下有一片草地。

广场的东边来了几个人。

天空上飞着一只雄鹰。

以上四个句子中,句子里的动词表示的是静止还是进行状态,决定了存在句可以被分为静态存在句和动态存在句。"有"等词所在的是静态存在句,而后两个句子则是动态存在句。

2. 隐现句

隐现句表示某个地方出现或者消失了某人或者某物。例如:

我们班转走了一个同学。
脸上露出了愉快的表情。
教室里少了几张桌子。
隐现句的动词后面常常加上助词"了"或者趋向补语,宾语也常有数量短语。

(六)省略句

在一定的语言环境下,如果双方对于某些言语的成分都有充分的了解,不会造成误解,在说话时往往会省略特定的成分。但是如果离开了这种特定的语境,意思就不太清楚了,需要添加一定的成分,而且只有一种添加的可能性,这就是省略句。一般省略句会因对话、上下文等情况来省略。

1. 对话省略

(1) 问:你去哪儿?
答:V 学校。
(2) 问:谁走了?
答:爸爸 V。

2. 因上下文而省略

有些成分在上文中已经出现了,或者下文很快就要出现,也会省略不说。例如:
(1) 不只我们 V,我们的上一辈也为了祖国的未来做出了努力。
(2) 池塘的边上躺着一群人,V 怕是天气热了来散散暑气。
例(1)是蒙后省略,例(2)是承前省略。

四、常见的句法错误

在语法学习的过程中,正确地运用所学知识是极为重要的。这不仅要求能够理解所学的语法规律,组织一个正确的句子,还要求能够举一反三,发现和纠正错误。所以,了解常见的语法错误,能够帮助我们更好地培养理解和运用语言的能力。下面是几种比较常见的句法错误:

(一)搭配不当

所谓搭配不当,是指句子中相关成分违反了语法规律和语言习惯,在意义上不能配合。主语和谓语、谓语和宾语、定语与中心语、状语与中心语、补语与中心语以及主语与宾语等都是句子中密切相关的成分,在组织句子时,如果不注意它们之间的配合,就会犯搭配不当的错误。

1. 主语和谓语搭配不当

由于没注意主语与谓语的配合而造成搭配不当。例如:
(1) 山西煤炭的蕴藏量是我国最丰富的地区之一。

(2) 生活告诉人们：急躁的人往往容易转化为灰心丧气。

例句(1)主语"蕴藏量"说的是产量问题，谓语"是我国最丰富的地区之一"是说地域问题，两者不搭配，可以改为"山西是我国煤炭蕴藏量最丰富的地区之一。"例句(2)主语"急躁的人"与谓语"往往容易转化为灰心丧气"不搭配，可以删去"转化为"。

2. 谓语和宾语搭配不当

由于没注意谓语与宾语的配合而造成搭配不当。例如：

(1) 我们要不断发挥优点，改进缺点。

(2) 这是作者出版的第一本诗集，它记录了诗人新的里程碑。

例句(1)"优点"不能说"发挥"，"缺点"不能说"改进"，应该把"发挥"改为"发扬"，"改进"改为"改正"。例句(2)"记录了……里程碑"不通，应该改为"它记录了诗人独特的生活，是诗人新生活的里程碑。"

3. 定语、状语、补语与中心语搭配不当

由于没注意定语、状语、补语与中心语的配合而造成搭配不当。例如：

(1) 我们有一双聪明能干的手，什么都能造出来。

(2) 老师问清了原因，沉思了少许，对他说道……

例句(1)定语"聪明"与中心语"手"不搭配，"能干的手"可以说，但不能说"聪明的手"，可以把"聪明"改成"灵巧"。例句(2)补语"少许"与中心语"沉思"不搭配，"沉思"是时间长短的问题，"少许"往往是重量的问题，我们可以把"少许"改为"片刻"。

(二) 残缺和多余

由于不符合省略的条件而缺少应有的成分，以至于句子的结构不完整，不能清晰地表达意义，就是成分残缺。例如：

(1) 在2018年于英国召开的国际研讨会上，他的论文受到了与会代表的高度重视，给予了很高的评价。

(2) 学好普通话，提高口语表达能力对学好其他功课的实际意义，学生不重视学习普通话的现象应该纠正。

(3) 由于上述种种原因，公司员工不安心本职工作，更谈不上树立全心全意为顾客服务了。

例句(1)是个复句，第一个句子是被动句，说的是"他的论文"这个话题，第二个句子是主动句，而且话题也变了，是与会代表对"他"的态度问题，可是这里动词"给予"前面缺少了主语，可以补出主语"大家"。例句(2)"学好普通话……实际意义"是一个较长的名词短语做主语，没有谓语，应该在"实际意义"后面加上"很大"之类的谓语。例句(3)谓语动词"树立"后面缺少能和它搭配的名词，也就是宾语，应该在"为顾客服务"后面加上"思想"或"意识"之类的词语。

与成分残缺相反，在句子里添加了某些成分使得意义不够清晰则是成分多余。例如：

(1) 往事的回忆又像电影一样一幕一幕地在我眼前闪现。
(2) 看完整场表演,观众被深深地感动了,使观众感到余味无穷,不忍离场。
(3) 全国人民热烈庆祝中华人民共和国成立七十周年国庆节的到来。
(4) 我们教育小学生要"诚实守信""助人为乐",这是优秀的传统美德,是做人的基本准则。
(5) 由于暴雨的侵袭,全县洪涝灾害严重,有些问题几天内不可能很快解决。
(6) 从此,原来这个平静的小山村里,就不时发生出使人不安的怪事来。

例句(1)是主语有多余成分,"往事"跟"回忆"语义重复,"的回忆"应该删去。例句(2)"使观众感到余味无穷,不忍离场"是个承前省略主语的兼语短语,如果把主语补出,则是"观众使观众感到余味无穷,不忍离场",显然"使观众"是谓语的多余成分,应该删去。例句(3)宾语中心"的到来"多余,因为"庆祝……国庆节"意思已经完整,加上"的到来"反而同谓语中心搭配不当。例句(4)"优秀"与"传统美德"意思重复,应该删去"优秀",否则定语有多余的成分。例句(5)"几天内不可能解决"与"不可能很快解决"意思一样,因此"几天内"和"很快"用在一起共同修饰"解决",造成了重复,是状语有多余成分,应该删去一个。例句(6)中的"发生"就是出现的意思,补语"出""来"多余。

(三) 语序不当

1. 定语和中心语的位置颠倒

(1) 鲁迅的晚年,仍然精神焕发,站在革命斗争的最前面,留下了许多不朽的作品。
(2) 近几年来,由于我国科技进步,电子产品的出口深受各国顾客的欢迎。

例句(1)不是"鲁迅的晚年,仍然精神焕发"而应该是"晚年的鲁迅,仍然精神焕发",定语和中心语位置颠倒了。例句(2)"电子产品的出口"深受欢迎,搭配显然是错误的,实际上受欢迎的是"出口的电子产品",定语和中心语位置颠倒。

2. 定语和状语的位置错误

(1) 经过努力学习,同学们普遍的成绩提高了。
(2) 故宫博物院展出了两千多年前出土的文物。

例句(1)把该做状语的"普遍"错放在定语的位置上了,应该移到"提高"前面。例句(2)把该做定语的"两千多年前"错放在了状语的位置上了,应该给"两千多年前"加上"的"移到"文物"前做定语。

3. 多层定语的语序不当

(1) 总裁、副总裁和其他公司的领导出席了本公司的揭牌仪式。
(2) 年轻帅气的温柔美丽的丽莎的丈夫瑞恩,从前线回到了家乡。

例句(1)说的是总裁、副总裁和另外公司的领导呢,还是说同一个公司的总裁、副总裁和其他公司的领导呢?有歧义。从结构看,"其他"是"公司"的定语;但从文意上看,则应该是"领导"的定语,应改为"总裁、副总裁和公司的其他领导"。例句(2)"年轻帅气"到底指向谁？从居中位置看,应该指向丽莎,这就明显错了。实际上应该是"丈夫瑞恩"有两个定语,一个"温柔美丽的丽莎"表示领属关系,另一个"年轻帅气"表示性状。按照多层定语排列的顺序应该是领属性定语在前,性状定语在后,所以全句应改为"温柔美丽的丽莎的丈夫年轻帅气的瑞恩,从前线回到了家乡。"

4. 多层状语的语序不当

(1) 我们青年人应该有远大的理想,把自己的一切应该献给祖国、献给人民。

(2) 这期学习班是全国小学教师联合会和教育部义务教学研究中心联合于今年6月初举办的。

例句(1)"应该"要放在"把"字之前。因为否定副词(不、没)或能愿动词(能、应该、愿意)只能放在介词"把"的前边,不能放在"把"的后边。例句(2)表示时间的介词短语"于今年6月初"应该提到"联合"的前边,表示时间的状语通常放在表示情态状语的前边。

(四) 句式杂糅

1. 两个句子混杂

句式杂糅通常是指一个句子当中,两种句子格式混用,使句子不通。例如:

(1) 作为一名外语老师,一方面要学好外语,一方面要学好本民族的语言也是非常必要的。

(2) 英烈们为真理而献身的精神是伟大的作为我们学习的榜样。

例句(1)应在"学好本民族语言"之后加逗号,后面另立一个分句"这样是非常必要的"或者把"也是非常必要的"删掉。例句(2)是把"英烈们为真理而献身的精神是伟大的"和"英烈们是我们学习的榜样"两个句子并成了一个句子,造成了句式杂糅。可以改为"英烈们为真理而献身的精神是伟大的,他们是我们学习的榜样。"

2. 前后牵连

把前一句的后半句用作后一句的开头,硬生生地把两句合为一句,造成前后牵连的语病。例如:

(1) 当老师宣布科技小组成立并交给我们任务的时候,我们大家有既自豪又快乐的感觉是难以形容的。

(2) 我们听到一个解放军战士在返乡途中奋不顾身同不法分子搏斗的英勇事迹对我们教育很大。

例句(1)"既自豪又快乐的感觉"是前一个分句"有"的宾语,又是后一个分句的主语,牵连在一起,形成语病。可以在"感觉"后加一个逗号,再加上"这种感觉"几个字。例句(2)把"我们听到一个……英勇事迹"跟"一个解放军战士……英勇事迹对我们教育很大"两个分句纠缠在一起。可以改为:"我们听到一个解放军战士在返乡途中奋不顾身同不法分子搏斗的英勇事迹,受到教育很大。"或者在"对我们教育很大"前面加"这",并在"这"前面加一个逗号,变成"我们听到一个解放军战士在返乡途中奋不顾身同不法分子搏斗的英勇事迹,这对我们教育很大。"

思考与练习

1. 句法成分包括哪些？请举例说明。
2. 特殊句式中的"把"字句和"被"字句有哪些特点？
3. 连动句和兼语句的特点有哪些？请举例说明。
4. 指出下列各句中的宾语、补语和状语。
(1) 大家看了,都开心地笑起来。
(2) 我们吃饱了,准备立刻赶路。
(3) 我们一起参加比赛的选手都是百里挑一的佼佼者。
(4) 我们正在上课,突然走廊里传出了很大的吵闹声。
(5) 这场唇枪舌剑整整持续了一个多小时。
(6) 立夏后,天气渐渐热起来了。
(7) 在场的观众都感动得流下了眼泪。
(8) 四周的小山给济南围了个圈。
5. 请说明下列各个动词谓语句的结构。
(1) 她喜欢唱歌。
(2) 孩子们又叫又跳地奔向了操场。
(3) 他从树上"蹭蹭"两下就跳了下来。
(4) 春耕、春种,都要忙完了。
(5) 暑假,同学们要去贵州支教。
6. 把下面的句子变成把字句和被动句。
(1) 这个真实的故事里的小男孩逮住了我。
(2) 西北风卷起的漫天的尘沙遮住了眼睛。
(3) 他不小心折断了蚂蚱的一只腿。
(4) 太阳晒黑了她的皮肤。
(5) 他们抢光了电影票。
7. 下面的句子哪些是连动句,哪些是兼语句？
(1) 几个青年人骑着自行车赶紧回家了。
(2) 她请我做向导。
(3) 李明去图书馆查资料。
(4) 老师让同学们坐在草坪上休息。
(5) 他们争着付钱。
(6) 医生嘱咐他按时吃药。

第五节 复 句

一、复句及其构成

复句是由两个或者两个以上分句构成的句子。分句之间意义相关,但是结构上不互相包含。复句中各个分句之间一般有停顿,通常用逗号或者分号、冒号表示,而句末则会有一个终止性停顿,书面上使用句末标点。

构成复句的分句从结构上看,可以是主谓结构或者非主谓结构。例如:
(1) 天气寒冷,飘着大雪。
(2) 下了一夜的雨,现在竟然下起雪来了。

各个分句的主语可以是相同的,也可以是不同的,可以省略或者不省略。
(3) 获得了奖学金,他非常高兴。
(4) 那是我的一个亲戚,应该叫他二舅,是一个身体瘦小的老人。

在例(3)里面,两个分句主语相同;例(4)里面第二个分句承前省略了主语"我"。

复句中的分句在结构上是相互独立的,但是这种独立性又是相对的。分句之间的关系如果用关联词语来表达,则叫作关联法。不用关联词语表达分句间的结构关系的,叫作意合法。在口语中意合法使用较多,而关联法多使用在书面语中。

关联词语大都是连词,是复句中用来联结分句表示分句间关系的词语。例如:
(5) 如果你好好学习,就能够取得好的成绩。
(6) 只要你好好学习,就能够取得好的成绩。
(7) 因为你好好学习,所以你取得了好的成绩。

因为关联词语存在差异,所以能比较清楚地了解复句的分句间不同的关系。

二、复句的分类

复句总的来说分为两大类:联合复句和偏正复句。联合复句内各个分句之间的意义是平等的,而偏正复句内各分句间的意义则是有主有次的。

(一) 联合复句

1. 并列关系

前后分句描写或者叙述有关联的事情或者同一事情的几个方面。分句间常见的关系是对比或者并列。

并列关系就是分句间表示的几件事情或者几个方面是并存的。常见的关联词语有：既 A，也(又) B；又(也) A，又(也) B；有时 A，有时 B；一方面 A，(另)一方面 B；一边 A，一边 B；一会儿 A，一会儿 B。单用的话则有：也、又、还、同时、同样、另外等。例如：

(1) 他刚才说了那么多，一方面是由于他居住的时间很长，另一方面也是由于他有很多的意见。

(2) 我既是学生，又是老师。

对比关系就是前后两个分句的意义相反相对，表示两种情况对比对立。常见的关联词语有：不是 A，而是 B；是 A，不是 B。单用的话则有：而、而是。例如：

(3) 那个人不是汪老师，而是张老师。

(4) 一个人是否成功，是要看他为社会做出了多少贡献，而不是看他有多少财产。

2. 顺承关系

前后分句按照时间、空间或者逻辑上的顺序阐述连续动作或者相关的情况，分句之间有先后顺承的关系。常用的关联词语有：首先 A，然后 B；刚 A，就 B。单独使用的时候则有：就、便、才、又、再、于是、然后、后来、接着、跟着、继而、终于。例如：

(1) 首先把冰箱门打开，然后再拿出冰冻的食物。

(2) 他刚躺下，就有人来敲门。

3. 解说关系

前后的分句之间有解说、总分的关系。在解说关系的复句中不用关联词语表示，后面的分句会解释前面的分句。例如：

(1) 创世之初便有人将天地分开，这人就是盘古。

也有先总述，然后分说的，例如：

(2) 家里来了很多客人，有的是母亲的朋友，有的是父亲的领导。

还有先分说，后总述的。例如：

(3) 对儿子，他费尽心思；对女儿，他不管不问，这种重男轻女的态度是不值得提倡的。

4. 选择关系

有的复句分别说出两种或两种以上可能的情况，让人从中选择，这叫作未定选择；有的说出选定其中一种，舍弃另外一种，这叫已定选择。常用的关联词如下：

未定选择：

数者选一：或者(或、或是) A，或者(或、或是) B；是 A，还是 B

或者、或是、或、还是

二者选一：不是 A，就是 B；要么 A，要么 B

已定选择：

先舍后取：与其 A，不如 B；还不如(倒不如)

先取后舍:宁可(宁愿、宁肯)A,也不B

在未定选择中,数者选一表示说话人的态度比较灵活。例如:

(1) 或者你去,或者我去,或者我们一起去。

(2) 要么工作,要么继续进修,要么辞职。

在未定选择中,二者选一表示说话人的态度比较坚决,二者必居其一,语气肯定。例如:

(3) 不是你死,就是我活。

(4) 要么耻辱地活着,要么光荣地死去。

在已定选择中,先舍后取的情况可以成对使用关联词语,也可以在后面的分句单独使用关联词语。例如:

(5) 与其随便乱猜,不如去跟本人求证一下。

(6) 你现在走,倒不如等我一会儿。

在已定选择中,先取后舍要成对使用关联词语。例如:

(7) 他宁可自己受累,也不希望孩子受苦。

5. 递进关系

后面的分句意思比前面分句的意思更进一层,由轻到重,由小到大,由浅到深,由易到难。递进关系的复句要使用关联词语。常用的关联词如下:

一般递进:不但(不仅、不只、不光、非但)A,而且(还、也、又、更、就连)B;不但(不但不、非但没)A,反而(反倒还、相反还、偏偏还)B。例如:

(1) 小王不但能唱歌,还能自己作词。

(2) 他非但没有赚钱,反而还赔光了自己的本钱。

单用:而且、并且、何况、况且、甚至、更、还、甚至于、更何况

衬托递进:尚且A,何况(更不用说、还)B;别说(慢说、不要说)A,连(就是)B。例如:

(3) 别说同事了,连领导他都不放在眼里。

(4) 大的问题我尚且不怕,何况只是些小问题。

单用:尚且、何况、反而

(二) 偏正复句

1. 转折关系

前后分句的意思相反或相对,后面的分句才是说话人要表达的意思。根据转折程度的不同,可以分为:重转、轻转和弱转三类。以下是常用的关联词:

重转:虽然(虽是、虽说、虽则、虽、尽管)A,但是(可是、然而、但、却、还、也、而)B;虽然、虽、但是、但、然而

轻转:可是、可、却

弱转:只是、不过、倒

"重转"分句间的意思明显相反,转折意味重。例如:

(1) 虽然天气这么热,但是他们还是坚持在太阳下作业。
(2) 马谡尽管在理论方面说得头头是道,实战经验却极为欠缺。

"轻转"的转折意味较轻,例如:

(3) 她吃过一些亏,可是没长记性。

"弱转"分句间意义上的相对往往不明显,只用承上关联词语。例如:

(4) 她摇了摇头,没有说话,只是眼里有些失望。
(5) 他想参加这个活动,不过没有时间。

2. 条件关系

分句中提出条件,另一分句说明满足条件后产生的结果。条件关系分为"有条件"和"无条件"两种,"有条件"的复句分为"充足条件复句"和"必要条件复句"两类。常用的关联词语包括:

充足条件:只要(只需、一旦)A,就(都、便、总)B;便、就

必要条件:只有(唯有、除非)A,才(否则、不)B;才、否则、要不然

无条件:无论(不论、不管、任、任凭)A,都(总、总是、也、还)B

3. 假设关系

在偏句中提出假设,正句表示假设实现后所产生的结果。常用的关联词语有如下:

假设和结果一致:如果(假如、假使、假设、倘若、若是、要是)A,就(那么、那、便、则、也)B;那、那么、就、便、则。例如:

(1) 如果你不尊重别人,别人也不会尊重你。
(2) 假如你不想离开这儿,就留下吧。

假设和结果相背离:即使(就是、就算、纵使、纵然、哪怕)A,也(还)B;再A,也B;也、还。例如:

(3) 即使你考上了那个大学,也没法去学好的专业。
(4) 纵然天气再差,我们也要去参加这次活动。

4. 因果关系

因果关系的复句中,次句说出原因,主句表示出结果。因果关系分为"说明"和"推论"两类。常用的关联词语有以下:

说明:因为(由于)A,所以(才、就、便、于是、因此、因而、以致)B;之所以A,是因为(是由于、就在于)B;因为、由于、是因为、是由于、所以、因此、因而、以致、致使。例如:

(1) 因为他的专业不对口,所以不能找到一个合适的工作。
(2) 由于亲戚的病情加重,所以他们赶快转院了。

"因为"常常和"所以"合用,"由于"常常单用或者跟"因此、因而、所以"合用。"以致"后面常常是不好的情况或者说话人不希望发生的结果。例如:

(3) 他刚愎自用,以致他的公司全面失败。
(4) 天气太热了,以致很多学生都中暑了。
推论:既然 A,那么(就、又、便、则)B;既然、既、就、可见。例如:
(5) 我们既然已经来了,就吃了饭再回去吧。
(6) 这么简单的题都做错,可见他没有用心学习。
(7) 既然你这么不想去那里,就别去了。

5. 目的关系

次句表示行文,主句表示行为的目的。一般关联词语都是单用的。常用的关联词语有:

达到某种目的:以、以便、以求、用以、借以、好、好让、为的是。例如:
(1) 他提早离开公司,以便去参加在外地举办的会议。
(2) 你把房间打扫一下,好让表妹在这里休息。
避免什么情况:以免、免得、省得、以防。例如:
(3) 飞行员仔细检查了一下,以免飞行中飞机出现问题。
(4) 我们还是早点解决这个问题,以免夜长梦多。

(三) 多重复句

多重复句是指有多个结构层次的复句。其分句间层次关系在两层以上。例如:
① 手术室里虽然有十几个人, ‖ ② 可是谁也没有说话, ｜ ③ 只有头顶上的
　　　　　　　　　　　　　　　转折　　　　　　　　　　　　　　并列
灯闪着光。

例子中有三个分句,第①分句和第②分句是转折关系,而分句①②和③构成了并列关系,是第一个层次,用"｜"表示。①和②是转折关系,为第二个层次,用"‖"表示。图解如下:

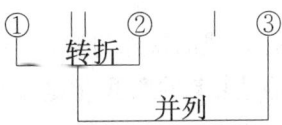

只有一个结构层次的复句叫一重复句。例如:
① 他应该以信心为基础,｜② 以经验为顾问,｜③ 以希望为方向。
　　　　　　　　　　　　并列　　　　　　　　　　并列

在本句中,虽然包含三个分句,但是各个分句都是并列的,因为只有一个结构层次,都是一重复句。图解如下:

一个复句,如果分句之间的层次不止一个,它一定是多重复句,如前一个例句。

但是，只有一种关系的也可以是多重复句。例如：
① 漓江山明水秀，‖② 人杰地灵，│③ 日头里江水波光粼粼，‖④ 夜晚则星光点点。

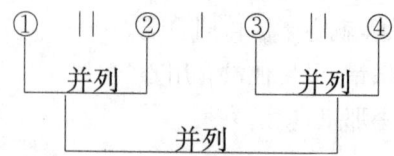

这个复句只有并列关系，但是有两个结构层次，因此叫作二重复句。一般五重以上的复句比较少见，而三重和四重的复句较为常见。

分析复句的步骤主要有以下几个方面：

（1）总括全句，确定不同分句的界限，在每个分句的开头标明数字；

（2）找出关联词语，判定分句之间的关系；

（3）先用单竖线把第一个层次的分句分开，并且在下方标明前后分句间的关系，然后用双竖线把第二个层次的分句分开，并且标明前后的关系。如果还有层次，就标上三条竖线，再写明前后关系。逐层分析，一直到单个的分句为止。

举例如下：
① 孟子相信人性是善的，‖② 所以要人发展善性，‖③ 以达到至善；│④ 荀子相信人性是恶的，‖⑤ 所以要人节制恶性，‖⑥ 以由恶变善。

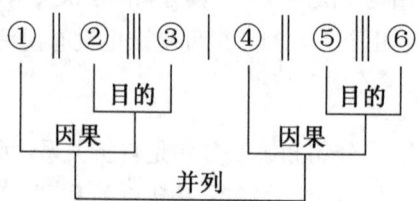

（四）紧缩句

紧缩句是由复句紧缩在一起形成的特殊句型。

紧缩句中间没有语音停顿，表达复句的意思，但是却采用单句的形式。例如：

　　她一说话就结巴。
　　舅舅、舅妈一有空就跑来看我。
　　他看了还不明白。
　　车撞了没按时来。

紧缩句的各分句间存在着条件、转折、因果、顺承、选择等结构关系。例如：

　　没有辛劳就没有收获。（假设关系）
　　说了又怎么了。（假设关系）
　　想笑又不敢笑。（转折关系）
　　想想也有几分高兴。（顺承关系）

紧缩句一般都采用固定的表达格式。例如："……也……、……就……、……又

……、不……不……、越……越……、再……也……、一……就……"等。例如:
　　　　他非骂几句不可。
　　　　这种方法一学就会。
　　　　再大的困难我也要继续做。
　　有些紧缩复句则不使用关联词语,而且还依靠语义上的关系和语序表示其内部的结构关系。例如:
　　　　雨过天晴。(顺承关系)
　　　　眼高手低。(转折关系)
　　　　人勤地不懒。(假设关系)
　　　　争气不争财。(选择关系)
　　紧缩复句如果加上相应的关联词语或停顿,就可以转换为一般的复句。例如:
　　　　天塌下来也顶得住。──→即使天塌下来,也顶得住。
　　　　条件再好也不行。──→即使条件再好,也不行。
　　　　天一亮就出去锻炼。──→只要天一亮,就出去锻炼。
　　　　他走我就走。──→只要他走,我就走。
　　紧缩句的表达特点是凝练紧凑,明快简洁,所以时常用于口语或熟语中。例如:
　　　　干什么都不能光图轻松。
　　　　我越想越觉得生气。
　　　　一想就明白。

三、常见的复句失误

(一) 分句之间的联系不够紧密

　　复句是各个分句按照一定的逻辑关系组织起来的,所以分句之间一定要有逻辑联系。否则,便不能组成复句,即使硬凑在一起,也是病句。例如:
　　(1) ＊他壮得简直像头牛,所以常常抢着做事情。
　　(2) ＊她在人们心目中完全是一个天真的少女,但她怀着一颗报效祖国的心。
　　例(1)"他壮得简直像头牛"和"他常常抢着做事情"这二者之间毫无因果联系,根本就不能组合在一起。例(2)"一个天真的少女"难道不该或不可能"怀着一颗报效祖国的心"吗?这里表示转折关系的连词"但"要删去。组织复句时如不注意分句的逻辑联系,使得句子之间缺乏紧密的联系,会严重影响句意的表达。

(二) 结构混乱、层次不清

　　一个复句层次是否清楚,分句之间是否有严密的结构,这跟说话人自己对所要谈的问题、所要说的意思是否想得很清楚有关。因此,我们要自觉地注意分句之间的逻辑联系,注意前后文的联系。

(1) *他身为副校长,经常在教育局领导面前说校长搞行贿,是为了能晋升,这完全是一派胡言。

这个复句包含了四个分句,分句之间的关系很不清楚。第一,"是为了能晋升"这一分句,是"他"对"校长"的污蔑呢,还是作者用以指出"他""说校长搞行贿"的目的呢?这不清楚。第二,"这完全是一派胡言"里的"这"是复指什么?这个复句应重新组织,可改为:

(2) 他身为副校长,经常在教育局领导面前说校长搞行贿,这完全是一派胡言,是为了自己能晋升。

(三) 关联词语应用错误

1. 搭配不当

复句中的关联词语往往是搭配起来使用的,什么词语跟什么词语配合也比较固定,例如"不但……而且……""只有……才……""只要……就……"等。下面的句子关联词语搭配不当:

(1) *因为这篇文章无论在突出主题方面,而且塑造人物性格方面都是做得比较好。

(2) *不论刻苦学习,认真钻研,才能掌握好这种复杂的语言。

例(1)"因为"不能和"而且"搭配,要把"无论"改成"不仅"。例(2)"不论"和"才"不能搭配,要把"不论"改为"只有"。

2. 缺少关联词

表达的内容本来应该用关联词,可是没有用,或者该成对使用,却只用了一个,这就是缺少关联词。该用关联词时如果不用,就会使复句的结构不清楚。例如:

(1) *作者以流畅的文笔刻画了艾丝美拉达的可爱形象:她不仅有着美丽的外貌,有着崇高的心灵,对爱情忠贞不移。

(2) *由于作品具有特色,自问世以来三百年中,口口相传,经久不衰,至今仍是一部有参考价值的作品。

例(1)"不仅"的范围不够清楚,是只管到第一个分句"有着美丽的外貌",还是一直管到第二个分句"有着崇高的心灵"?从上下文看,应该管到第二个分句,可以在"对爱情……"这一分句前面加连词"而且"。例(2)也是,"由于"的范围也不够清楚,是只管到第一个分句"……具有特色",还是管到第二个分句"口口相传",还是管到第三个分句"经久不衰"?从前后上下文看,应该只管到第一个分句。宜在"自问世以来……"之前加连词"所以"或"因此"。

3. 错用、滥用关联词

在汉语里,特别是在口语是,复句常常需要使用关联词语。但是如果不管有没有必要,就随便使用"因为""所以""虽然""但是",反倒会显得语义不够清楚。例如:

(1) *因为昨天有台风,所以穿梭巴士不能按时到,因此许多人都来晚了。

（2）*虽然大半个学期过去了,但是堵车严重的问题仍然没有解决,因此司机们的意见很大,于是国家交通部部长责令召开专门会议,为的是讨论解决这个问题。

上面两个例句里的关联词语最好都删去,这样删去后,句子的意思更加清楚。

4. 关联词位置错误

所谓关联词语的位置问题,是指复句中关联词语同主语的先后次序问题,也就是关联词语放在主语前还是主语后的问题。有的关联词语在前在后比较自由,对整个句子的意思影响不大。例如:

(1) 你只要能坚持努力,一定能成功的。　　　[前后分句主语相同]
(2) 只要你能坚持努力,一定能成功的。　　　[前后分句主语相同]
(3) 他只要肯读书,我一定好好教他。　　　　[前后分句主语不同]
(4) 只要他肯读书,我一定好好教他。　　　　[前后分句主语不同]

例(1)、例(2)意思一样,例(3)、例(4)意思一样。可是,有些表示联合关系的关联词语,在前在后要受到整个句子意思的制约。例如:

(5) *你与其去坐火车,不如我去坐火车。

例(5)按前一个分句连词"与其"放在主语"你"的后面,下一个分句该说"你"怎么样(例如:"你与其去坐火车,不如坐飞机去。");而现在前后两个分句显然配合不上。宜将前一分句的"与其"放到主语"你"的头上。下面复句关联词语都放错了位置:

(6) *今年互联网行业全面扭亏为盈,我们公司不但完成了全年的项目,而且分公司也超额完成了全年的项目。

(7) *这样的学习方式,既使学生觉得新奇有趣,也能训练分析问题、解决问题的能力。学生普遍感到满意。

例(6)"不但"一定要放到"我们公司"的前头。例(7)由于"既"放错了位置,句子意思就说不通了。"既"应放在"使学生"之后。

思考与练习

1. 从现代教育的角度来说,拥有隐私对于孩子的成长具有重要作用。这是_____。
   A. 紧缩复句　　B. 单句　　C. 因果复句　　D. 条件复句

2. 一个愚蠢的人怎么培养也成不了企业家。这是_____。
   A. 主谓谓语句　B. 紧缩复句　C. 非主谓句　　D. 连谓句

3. 即使他满口答应,你也千万不要当真。这是_____。
   A. 单句　　　　B. 转折复句　C. 条件复句　　D. 假设复句

4. 他们在社会关系的链条上,有着自己的价值取向。这是_____。
   A. 承接复句　　B. 并列复句　C. 因果复句　　D. 单句

5. 不甘平庸的浪漫的徐志摩注定是一个优秀的诗人,也是一个辛苦的情人。这是_____。

A. 主谓句　　B. 递进复句　　C. 并列复句　　D. 承接复句

6. 无论什么,都不能消除她的烦恼。这是_____。
   A. 转折复句　　B. 条件复句　　C. 假设复句　　D. 单句

7. 为了维护我国经济发展中的国家经济安全,我们必须抛弃单就"外经贸论外经贸"的传统思路。这是_____。
   A. 承接复句　　B. 目的复句　　C. 单句　　D. 条件复句

8. 无论是在跨国公司工作,还是创立自己的国际型企业,都必须了解世界上不同国家和民族的文化。这是_____。
   A. 单句　　B. 转折复句　　C. 因果复句　　D. 条件复句

9. 发放个人消费贷款,对活跃市场、改善人民生活、扩大有效需求、拉动经济增长发挥了重要作用。这是_____。
   A. 条件复句　　B. 单句　　C. 目的复句　　D. 因果复句

10. 人类教育的历史和现实都证明,单纯的科学教育和单纯的人文教育一样,将会造成理智的扭曲。这是_____。
    A. 条件复句　　B. 并列复句　　C. 转折复句　　D. 单句

11. 下列关于复句的说法错误的是_____。
    A. 分句在意义上紧密相关、结构上互不包含。
    B. 分句之间互相不做句子成分。
    C. 复句的结尾在书面上用句号、问号或感叹号表示停顿。
    D. 复句必须使用关联词语表示分句之间的结构关系。

12. 复句与单句的区别在于_____。
    A. 单句内部没有停顿,复句的分句之间可以有停顿。
    B. 单句不能使用关联词语,复句经常使用关联词语。
    C. 单句内部的停顿不能用分号表示,分句之间的停顿用逗号或分号表示。
    D. 单句不能表示相对完整的意思,复句可以表示比较复杂的意思。

13. 下列关于分句的说法正确的是_____。
    A. 分句不能由非主谓句构成。
    B. 分句的主语如果不同,前后分句的主语都不能省略。
    C. 分句的主语如果相同,主语一般只出现在其中的一个分句中,其余分句多省略主语。
    D. 分句内部不能有停顿。

14. 下列关于关联词语的说法正确的是_____。
    A. 关联词语主要由连词来充当,副词不能连接分句。
    B. 关联词语在复句中只起连接分句的作用,不能作句子成分。
    C. 有些复句必须使用关联词语,否则意思表达就不明确。
    D. 分句的主语相同时,关联词语位于前一分句的主语之前。

15. 下列复句中属于并列复句的是_____。

A. 既然当了领导干部,就是要高标准严要求。
B. 脚穴既是神经的聚集点,又汇集了人体多种神经末梢。
C. 这些人也都是穷人家的孩子,也是因家境贫穷连小学、初中都没念。
D. 他不仅要干繁重的活,而且还得挑起全家生活与劳作的重任。

16. 关于下面句子的说法正确的是_____。凡是校园内最新最好的建筑,几乎都是冠以某某名字的,就是说都是某某人赞助而建的。
    A. "凡是……都是……就是说"是分句之间的关联词语。
    B. 关联词语"就是说"表示分句之间是解说关系。
    C. 这个复句包含三个分句。
    D. "凡是校园内最新最好的建筑"与"几乎都是冠以某某名字的"之间是条件关系。

17. 下列句子中是选择复句的是_____。
    A. 国外大学宁可把学生送出去,再高薪把他们请回来,也不允许学生读母校的研究生。
    B. 说实在的,我也搞不懂是怎么回事,也不想去搞懂它。
    C. 无论师长还是学生,跨系间的兼课或选科犹如邻居间的串门。
    D. 多一点翻译的技能还在其次,更主要的,还是受一点英美文化的熏陶。

18. 下列句子中不是条件复句的是_____。
    A. 只有高等学校获得了更大的自主权,才能及时调整自己的办学思路和模式。
    B. 患这种病要经常锻炼,否则肌肉会继续萎缩。
    C. 互联网目前只有中国能保持百分之百增长速度,其他市场增长都在百分之二十以下。
    D. 只要轻视消费者利益的状况不改变,广大消费者的权益就无法得到充分的重视与保护。

19. 下列复句中不是转折复句的是_____。
    A. 即使在自己最困难的时候,先生也从不向困难低头。
    B. 新闻事业发展迅速,但国内的新闻学教材却几十年不变。
    C. 尽管诗歌不是宗教,但诗歌却蕴含着宗教一样神圣而不容亵渎的情感。
    D. 这部戏本可当戏说让观众作为故事看,却偏将其归为"历史正剧"。

20. 对下列紧缩复句的结构关系分析正确的是_____。
    ① 敢说不敢做。② 她来了我才能走。③ 电脑上网一学就会。④ 你替他也行。
    A. ①转折关系;②条件关系;③承接关系;④假设关系
    B. ①转折关系;②承接关系;③假设关系;④条件关系
    C. ①并列关系;②假设关系;③条件关系;④转折关系
    D. ①并列关系;②条件关系;③转折关系;④转折关系

第六节 句 群

一、句群及其分类

句群是由两个或两个以上意义相互联系的句子按照一定规则组成的,表示一个明晰的中心意思的语法单位。一个句子是不能叫作句群的,而没有意义上联系的两个或两个以上的句子,也不是句群。例如:

① 春天来了。② 它来到教室里,静静地听小学生读书、唱歌。③ 它来到操场上,欢乐地和小学生一起游戏。(《春天来了》)

①②③是三个句子,都讲"春天来了"。三个句子的关系在意义上十分密切,它们便组成了句群。

句群的类型可以分为以下几个部分:

(一) 并列句群

常用的关联词语有"也、同时、又"。可以分为平列和对列两类。例如:

(1) 一事不做,凭空设想,那是空想。不动脑筋,埋头苦干,那是"死做"。

(2) 从他们的讨论中我听出来,这两位年轻人是自由恋爱。同时,我还弄清楚了两个人不打算办婚礼。

(二) 顺承句群

常用的关联词语有"于是、然后、后来"等。例如:

(1) 天空的霞光渐渐地淡下去了,深红的颜色变成绯红,绯红又变成了浅红。然后,当这一切都消失了的时候,天空呈现出一片肃穆的神色。

(2) 他怎么想也咽不下这口气。于是,他找了几个打手来帮忙。

(三) 解说句群

由两个或两个以上有解说关系的句子构成。例如:

战国时代的孟子,有几句很好的话,"富贵不能淫,贫贱不能移,威武不能屈,此之谓大丈夫。"意思说,高官厚禄收买不了,贫困穷苦折磨不了,强暴武力威胁不了,这就是所谓的大丈夫。

(四) 递进句群

常常用的关联词语有"而、并且、甚至、何况"等。例如：

(1) 你这么着急去公司干什么？不是正在放假吗？何况我需要你帮忙搬家呢。

(2) 仿佛从这一天起，未庄的女人们忽然都怕了羞，伊们见阿Q走来，便个个躲进门里去。甚而至于将近五十岁的邹七嫂，也跟着别人乱钻，而且将十一岁的女儿都叫进去了。

(五) 选择句群

常用的关联词语有"或者、还是"等。例如：

(1) 领导的态度是怎么样的呢？是站在他们的后头指手画脚地批评他们呢？还是站在他们的对面反对他们呢？

(2) 小孩儿们有很多不同的安排。或者是留在营地里跟同学们聊天，又或者是出去参加户外攀岩。

(六) 转折句群

常用的关联词语有"但是、可是、然而、不过"等。例如：

(1) 他们的文化程度并不高，发言也没有稿子。可是他们说的内容有思想，有感情，语言生动感人。

(2) 小红以为自己是个文化人，这种程度的题目她来回答绰绰有余。可是当她打开书本，才发现自己连题目都看不懂。

(七) 因果句群

常用的关联词语有"所以、因此"等。例如：

(1) 就语言方面来讲，字眼总要用得恰如其分。因此，表现的概念才会准确，也才能使人感到鲜明。

(2) 在义理、考据、辞章这三者中，义理应当是灵魂，是统帅。因为形式是为内容服务的，而材料是要由观点来统帅的。

(八) 目的句群

表示目的的句子可以表示积极的目的，也可以是消极的目的。常用的关联词语有"为的是、省得"等。例如：

(1) 越王勾践，卧薪尝胆，忍辱十年。为的就是收复失地，打败吴王。

(2) 他来得正好！省得我去找他说这件事情。

(九) 假设句群

常用的关联词语有"那么、那"等，前面的句子一般是问句。例如：

(1) 你对那个问题不太熟悉是吗？那么，请你做一些有关那个问题的调查吧。
(2) 倘若真的去了外国居住，不适应怎么办呢？那这就是个大问题了。

（十）条件句群

由两个有条件关系的句子构成。相对来说较少。例如：
你喜欢吃的菜不少！锅里还放着一盘菜呢！只要你还能吃。

二、多重句群

具有两个或者两个以上层次的句群叫作多重句群。只有一个层次的叫简单句群。例如：

① 世界上万事万物都永远在运动、变化、发展，语言也是这样。｜② 语言的变化，短时间内不容易觉察，日子长了就显现出来。‖③ 如宋朝的朱熹，他曾经给《论语》做过注解，可是假如当孔子正在跟颜回、子路他们谈话的时候，朱熹闯了进去，管保他们讲什么，他是一句也听不懂的。‖‖④不光古代的话后世听不懂，同一种语言在不同的地方经历着不同的变化，久而久之也会这个地方的人听不懂那个地方的话，形成许许多多方言。

（吕叔湘《语言的演变》）

三、常见的句群错误

句群在使用中的错误是各种各样的，常见的有以下几种：

（一）前后脱节

句群里的几个句子在意思上缺乏必然的联系，使得前后句子脱节。例如：
① 我们每个人都应该认真学习，不能荒废学业。② 认真学习和荒废学业是相对的。③ 要专心学习是非常不容易的。④ 现在社会上的很多人都荒废了学业。
①句是句群的语意中心，②③句是围绕着这个中心说的。④跟前后句关系不大，属于脱节，应该删除。

（二）语序不当

句群所描述的意义有一定的次序，因此，先说什么，后说什么，并不是任意的。例如：
① 作者十分成功地，同时又有意识地借鉴了电影艺术所特有的"蒙太奇"和"画外音"手法。② 画面组合相当成功。③ 这真的是一部成功的电影。
句子应该先总括"电影是成功的"，然后再说明电影的成功之处。这样会显得逻

辑更加清楚。

(三) 前后矛盾

① 在一次战争中,我方的指挥官身负重伤,神志不清,昏迷不醒。② 士兵们将他送去了战地医院。③ 他说:"你们快走,打击敌人要紧!"

在例子中,指挥官已经"昏迷不醒",又如何说出话呢?所以在这里就显得前后矛盾了。

(四) 答非所问

一般这种错误出现在解说句群中和自问自答中。例如:
① "全人教育"是什么呢?② 现在的学校,普遍都非常重视素质教育。③ 因为越来越多的人意识到,光有成绩是不够的。④ 如果一个学生的道德修养和自身的素质不能提高,那么他也无法成为一个对社会有用的人。

在本例中,问的是"全人教育是什么",但是下文并没有做出任何的解释,而是大谈特谈"素质教育",答非所问。

(五) 重复多余

① 前天早上我们全家去茶楼喝早茶。② 八点出发。③ 去得太早那里也不开门。④ 茶楼前面排起长龙。⑤ 我们在门口拿了号码,等了二十分钟才进去。⑥ 没有号码的人不能进去。

③和⑥两句作用不大,是重复多余的话,应该删去。

思考与练习

1. 选择题。

(1) 下列不是并列句群的是(　　)。

　　A. 华环由小变大,天气将趋向晴好。华环由大变小,天气可能转为阴雨。

　　B. 不要变成事实的保管人。要洞悉事实发生的奥秘。

　　C. 松树的生命力可谓强矣!松树要求于人的可谓少矣。

　　D. 大豆属于豆科植物,包括我们常见的黄豆、青豆、黑豆、褐豆等。

(2) 下列是解说句群的是(　　)。

　　A. 我们这么大一个国家,怎么才能团结起来,组织起来呢?一靠理想,二靠纪律。

　　B. 还是历来惯了,不以为非呢?还是丧了良心,明知故犯呢?

　　C. 你来了就好!省得我去找你。

　　D. 从门到窗子是7步,从窗子到门是7步。

(3) 下写是因果句群的是(　　)。

A. 我疑心他是自杀。因为他是浮水的好手,不容易淹死的。

B. 我勤奋学习,刻苦锻炼。为的是夺回那失去的宝贵时间。

C. 在这些时候,我可以附和着笑,掌柜是决不责备的。而且掌柜见了孔乙己,也每每这样问他,引人发笑。

D. 倘使后来对此用了"侵略"一词呢?那就会变成"干了坏事,不尊重他们"了。

(4) 下列是选择句群的是( )。

A. 我又模糊地睡去了吗?或者我在嘻嘻嘻地笑你的愚蠢吗?或者我在怜悯你的困苦吗?

B. 你爱喝的咖啡多得很!我还有一瓶哩!只要你能喝。

C. 顾问要会当,要超脱。不然,遇事都过问,同政党委吃不消。

D. 厂长被拘留。不过纯属保护性拘留。否则,他会被疯癫了的死者家属活活揪死了。

(5) 下列是转折句群的是( )。

A. 郑重决不能甘心这么算了。凡是他决定做的事情必须成功,不能破例。不然,在同机乘客面前也太丢面子了。

B. 草地上野菜并不多,寻了个把钟头。每个人才弄到一把。我们把野菜洗干净,送到炊事班。

C. 两人站在枯草丛里,仰面看那乌鸦。那乌鸦也在笔直的树枝间缩着头,铁铸一般站着。

D. 人们常说:"东虹轰隆西虹雨。"意思是说,虹在东方,就有雷无雨;虹在西方,将会有大雨。

2. 分析下列句群的关系类型。

(1) 这些年来,西山地区买卖婚姻十分严重。农民要个媳妇,起码要带五六百元,多的要一千出头。不久以前,西岭大队有一对恋人,因为男方拿不出彩礼来,拖了三年不能结婚。结果,两个人手拉手地跳崖自杀了。

(2) 爸爸一手搂着一个孩子,望着窗外闪过去的白杨树,又陷入沉思。突然,他的嘴角又浮起一丝微笑,那是因为他看见在火车前进方向的右方,在一棵高大的白杨树身边,几棵小树正迎着风沙成长起来。

第七节 常用标点符号

在使用书面语进行交际时,为了能在"视觉"上"看"出句子中停顿、语气和某些词语的作用,就必须在书面文字上增加各种具有特定含义的符号,用来明确句子意义,增强书面语的表达效果,这些具有特定含义的符号就是"标点符号"。标点符号和文字都是书面语的组成部分,标点符号是辅助文字记录语言的符号。

一、标点符号的种类

标点符号大致分为两大类:点号和标号。

(一) 点号

点号的作用是点断,主要表示停顿和语气。分为句末点号和句内点号。

(1) 句末点号:用于句末的点号,表示句末停顿和句子的语气。包括句号、问号、叹号。

(2) 句内点号:用于句内的点号,表示句内各种不同性质的停顿。包括逗号、顿号、分号、冒号。

(二) 标号

标号的作用是标明,主要标示某些成分(主要是词语)的特定性质和作用。包括引号、括号、破折号、省略号、着重号、连接号、间隔号、书名号、专名号、分隔号。

(1) 表示引用:引号。

(2) 表示插入、转折和删节:括号、破折号、省略号。

(3) 表示特殊词语:着重号、连接号、间隔号、书名号、专名号、分隔号。

二、点号的用法

(一) 句末点号的用法

1. 句末点号的一般用法

句号、问号、叹号这三种句末点号主要用在句尾。句号主要表示句子的陈述语气,形式是"。";问号主要表示句子的疑问语气,形式是"?";叹号主要表示句子的感叹语气,形式是"!"。例如:

① 北京是中华人民共和国的首都。

② 王小明的爸爸昨天来开家长会了吗?

③ 才一年不见,这孩子都长这么高啦!

2. 句末点号的其他用法

(1) 句号有时也可表示较缓和的祈使语气和感叹语气。例如:

请您稍等一下。

(2) 在选择问句中,问号通常只在最后一个选项的末尾用,各个选项之间一般用逗号隔开。当选项较多或较长,或有意突出每个选项的独立性时,也可每个选项之后都用问号。在多个问句连用或表达疑问语气加重时,可叠用问号。通常应先单用,再叠用,最多叠用三个问号,叠用常表达异常强烈的情感。问号也有标号的用法,即用于句内,表示存疑或不详。例如:

① 要一个什么样的结尾:现实主义的? 传统的? 大团圆的? 荒诞的? 民族形式的? 有象征意义的?

② 这就是你的做法吗? 你这个班长是怎么当的?? 你怎么敢这样欺骗同学???

③ 李商隐,字义山,号玉谿生、樊南生。

(3) 叹号用于句子末尾,有时也可表示强烈的祈使语气、反问语气等;有时叹号用于拟声词后,表示声音短促或突然;表示声音巨大或声音不断加大时,可叠用叹号;表达强烈语气时,也可叠用叹号,最多叠用三个叹号。例如:

① 谁知道他今天是怎么搞的!

② 咚! 咚咚!! 突然传来一阵急促的敲门声。

③ 这么件小事,他居然不帮忙!!!

另外,当句子包含疑问、感叹两种语气且都比较强烈时,可在问号后再加叹号(问号、叹号各一)。例如:

这么点困难就能把我们吓倒吗?!

(二) 句内点号的用法

1. 句内点号的一般用法

句内点号包括逗号、顿号、分号、冒号。逗号表示句子或语段内部的一般性停顿,形式是",";顿号表示语段中并列词语之间或某些序次语之后的停顿,形式是"、";分号表示复句内部并列关系分句之间的停顿,以及非并列关系的多重复句中第一层分句之间的停顿,形式是";";冒号表示语段中提示下文或总结上文的停顿,形式是":"。例如:

① 在苍茫的大海上,狂风卷集着乌云。

② 造型科学、技艺精湛、气韵生动,是盛唐石雕的特色。

③ 没有实力,信心不过是无源之水;没有信心,拼搏只能是无本之木。

④ 北京紫禁城有四座城门:午门、神武门、东华门和西华门。

2. 句内点号的其他用法

(1) 逗号也常用在某些序次语("第"字头、"其"字头及"首先"类序次语)之后。例如:

"老水牛"原来包含着两个意思:第一,他会凫水,而且凫得特别出色;第二,他的脾气很怪,真像水牛一样。

(2) 顿号用于某些序次语(不带括号的汉字数字或"天干地支"类序次语)之后,相邻或相近两数字连用表示概数通常不用顿号,若相邻两数字连用为缩略形式,宜用顿号。标有引号的并列成分之间、标有书名号的并列成分之间通常不用顿号。若有其他成分插在并列的引号之间或并列的书名号之间(如引语或书名号之后还有括注),宜用顿号。例如:

① 我准备讲两个问题:一、逻辑学是什么?二、怎样学好逻辑学?
② 风格的具体内容主要有以下四点:甲、题材;乙、用字;丙、表达;丁、色彩。
③ 飞机在 6 000 米高空水平飞行时,只能看到两侧八九公里和前方一二十公里范围内的地面。
④ 农业是国民经济的基础,也是二、三产业的基础。
⑤ "日""月"构成"明"字。
⑥《红楼梦》《三国演义》《西游记》《水浒传》,是我国长篇小说中的"四大名著"。
⑦ 苏轼的名作有《念奴娇》(大江东去)、《水调歌头》(明月几时有)等。

注意:不带括号的阿拉伯数字、拉丁字母或罗马数字做序次语时,后面用下脚点"."(该符号属于外文的标点符号);阿拉伯数字与下脚点结合表示章节关系的序次语末尾不用任何点号。例如:

① 总之,语言的社会功能有三点:1. 传递信息,交流思想;2. 确定关系,调节关系;3. 组织生活,组织生产。
② 3 停顿
3.1 生理停顿
3.2 逻辑停顿

(3) 冒号一般不在一个句子内部套用。在列举式或条文式表述中,如不得不套用冒号时,宜另起段落来显示各个层次。例如:

第十条　遗产按照下列顺序继承:
第一顺序:配偶、子女、父母。
第二顺序:兄弟姐妹、祖父母、外祖父母。

另外,引语之间插入了"某某说",后面不能用冒号,只能用逗号;用了"即""也就是说"等提示性的词语,句中不能再使用冒号。例如:

① "马上就要中考了"王老师说:"请大家做好最后的冲刺"。
② X射线检查:Ⅰ型:共5例;Ⅱ型:共3例。

三、标号的用法

(一) 表示引用

表示引用的引号用来标示语段中直接引用的内容或需要特别指出的成分。形式有双引号" "和单引号' '两种。左侧的为前引号,右侧的为后引号。当引号中还需要使用引号时,外面一层用双引号,里面一层用单引号。例如:

① 李白诗中就有"白发三千丈"这样极尽夸张的语句。

② 他问:"老师,'七月流火'是什么意思?"

注意:独立成段的引文如果只有一段,段首和段尾都用引号;不止一段时,每段开头仅用前引号,只在最后一段末尾用后引号。例如:

我曾在报纸上看到有人这样谈幸福:

"幸福是知道自己喜欢什么和不喜欢什么。……"

"幸福是知道自己擅长什么和不擅长什么。……"

"幸福是在正确的时间做了正确的选择。……"

(二) 表示插入、转折和删节

表示插入、转折和删节的符号有括号、破折号和省略号。

1. 表示插入、转折和删节的符号的一般用法

(1) 括号标示语段中的注释内容、补充说明或其他特定意义的语句。主要形式是圆括号"( )",其他形式还有方括号"[ ]"(标示作者国籍或所属朝代)、六角括号"〔〕"和方头括号"【 】"(报刊标示电讯、报道的开头)等。

① 我校拥有特级教师(含已退休的)17人。

② [英]赫胥黎《进化论与伦理学》

③【新华社南京消息】

(2) 破折号标示语段中某些成分的注释、补充说明或语音、意义的变化。形式是"——"。例如:

一个高大而结实的中年人——铁山先生走了过来。

(3) 省略号标示语段中某些内容的省略及意义的断续等。形式是"……"。例如:

我们齐声朗诵起来:"……俱往矣,数风流人物,还看今朝。"

2. 表示插入、转折和删节符号的其他用法

(1) 标示公文发文字号中的发文年份时,可用六角括号。除科技书刊中的数学、逻辑公式外,所有括号(特别是同一形式的括号)应尽量避免套用。必须套用括号时,宜采用不同的括号形式配合使用。例如:

① 国发〔2011〕3号文件

② 〔茸(róng)毛〕很细很细的毛。

(2) 破折号可以标示话题的转换和用于副标题之前例如:

① "好香的干菜,——听到风声了吗?"赵七爷低声说道。

② 飞向太平洋

——我国新型号运载火箭发射目击记

(3) 省略号在标示诗行、段落的省略时,可连用两个省略号(即相当于十二连点)。例如:

从山坡上传来缓缓而悠扬的吟咏声——

床前明月光,疑是地上霜。

……

(三) 表示特殊词语

表示特殊词语符号有着重号、连接号、间隔号、书名号、专名号和分隔号。

1. 表示特殊词语符号的一般用法

(1) 着重号标示语段中某些重要的或需要指明的文字。形式是".",标注在相应的文字下方。例如:

诗人需要表现,而不是证明。

(2) 连接号标示某些相关联成分之间的连接。连接号的形式有短横线"-"(占半个字符位置)、一字线"—"(占一个字符位置)、浪纹线"～"(占一个字符位置)三种。例如:

① 安宁里东路26号院3-2-11室

② 北京—上海特别旅客快

③ 第六～八课

(3) 间隔号标示某些相关联成分之间的分界。形式是"·"。例如:

① 克里斯蒂娜·罗塞蒂

② 《天净沙·秋思》

③ 电视栏目《人口·资源·环境》今天开播。

(4) 书名号标示语段中出现的各种作品的名称。形式有双书名号"《 》"和单书名号"〈 〉"两种。例如:

① 《青年文摘》(刊物名)

② 他的毕业论文《试析鲁迅先生〈呐喊〉》获得优秀论文奖。

(5) 专名号标示古籍和某些文史类著作中出现的特定类专有名词。形式是一条直线"——",标注在相应文字的下方。例如:

从咸宁二年到太康十年,匈奴、鲜卑、乌桓等族人徙居塞内。(年号、民族名)

(6) 分隔号标示诗行、节拍及某些相关文字的分隔。形式是"/"。例如:

① 春眠不觉晓/处处闻啼鸟/夜来风雨声/花落知多少。

② 37/38次特别快车

③ 羽毛球女双决赛中国组合杜婧/于洋两局完胜韩国名将李孝贞/李敬元。

2. 表示特殊词语符号的其他用法

(1) 以月、日为标志的事件或节日,用汉字数字表示时,只在一、十一和十二月后用间隔号;当直接用阿拉伯数字表示时,月、日之间均用间隔号(半角字符)。例如:

① "一·二八"事变 "一二·九"运动

② "3·15"消费者权益日 "9·11"恐怖袭击事件

(2) 书名号除了标示图书作品,还可以标示电影、电视、音乐、雕塑等各类用文字、声音、图像表现的作品的名称。例如：

①《战狼》(电影名)

②《茉莉花》(歌曲名)

③《思想者》(雕塑名)

(3) 分隔号还可以分隔层级或类别。例如：

我国的行政区划分为：省(自治区、直辖市)/省辖市(地级市)/县(县级市、区、自治州)/乡(镇)/村(居委会)。

四、标点符号的位置和书写形式

(一) 横排文稿标点符号的位置和书写形式

(1) 句号、问号、叹号、逗号、顿号、分号、冒号均置于相应文字之后，占一个字位置，居左下，不出现在一行之首。两个问号(或叹号)叠用时，占一个字位置；三个问号(或叹号)叠用时，占两个字位置；问号和叹号连用时，占一个字位置。

(2) 引号、括号、书名号中的两部分标在相应项目的两端，各占一个字位置。其中前一半不出现在一行之末，后一半不出现在一行之首。

(3) 破折号和省略号，占两个字位置，上下居中，不能中间断开分处上行之末和下行之首。

(4) 连接号中的短横线比汉字"一"略短，占半个字位置；一字线比汉字"一"略长，占一个字位置；浪纹线占一个字位置。连接号上下居中，不出现在一行之首。

(5) 间隔号标在需要隔开的项目之间，占半个字位置，上下居中，不出现在一行之首。

(6) 着重号和专名号标在相应文字的下边。

(7) 分隔号占半个字位置，不出现在一行之首或一行之末。

(8) 标点符号排在一行末尾时，若为全角字符则应占半角字符的宽度(即半个字位置)，以使视觉效果更美观。在实际编辑出版工作中，为满足排版美观、方便阅读等需要，或为避免某一小节最后一个汉字转行或出现在另外一页开头等情况(浪费版面及视觉效果差)，可适当压缩标点符号所占用的空间。

(二) 竖排文稿标点符号的位置和书写形式

(1) 句号、问号、叹号、逗号、顿号、分号和冒号均置于相应文字之下偏右。

(2) 破折号、省略号、连接号、间隔号和分隔号置于相应文字之下居中，上下方向排列。

(3) 引号改用双引号"﹁""﹂"和单引号"﹃""﹄"，括号改用"︵""︶"标在相应文字的上下。

(4) 竖排文稿中使用浪纹线式书名号"～"，标在相应文字的左侧。

(5) 着重号标在相应文字的右侧,专名号标在相应文字的左侧。

(6) 横排文稿中关于某些标点不能居行首或行末的要求,同样适用于竖排文稿。

(7) 同类数字形式的序次语,带括号的通常位于不带括号的下一层。通常第一层是带有顿号的汉字数字;第二层是带括号的汉字数字;第三层是带下脚点的阿拉伯数字;第四层是带括号的阿拉伯数字;再往下可以是带圈的阿拉伯数字或小写拉丁字母。一般可根据文章特点选择从某一层序次语开始行文,选定之后应顺着序次语的层次向下行文,但使用层次较低的序次语之后不宜反过来再使用层次更高的序次语。例如:

一、……

(一) ……

1. ……

(1) ……

①/a. ……

思考与练习

1. 给下列两段文字加上标点符号。

(1) 中国西部我们通常是指黄河与秦岭相连一线以西包括西北和西南的二十个省市自治区这块广袤的土地面积为五百四十六万平方公里占国土总面积的百分之五十七人口二点八亿占全国总人口的百分之二十三

(2) 第二天我们划着船到一个朋友的家乡去就是那个有山有塔的地方从学校出发我们又经过那鸟的天堂

2. 改正下列句子中使用不当的标点符号。

(1) "行啊,"小王接着说:"我们赶快把旅行计划定出来。"

(2) 试题难易程度要适中,既不可太难。又不可太简单。

(3) 《教育学》《心理学》都是师范生学习必修课。

(4) 嘉怡今年毕业了,让她继续考研? 还是找工作? 她妈妈问我。

(5) 希望我国运动员在本次世界运动会"赛出风格,赛出水平,为国争光"。

(6) 祖国啊!! 母亲!

(7) 经过暑假精准扶贫活动的锻炼,同学们在树立教育为广大人民群众服务的意识方面、在进一步掌握专业知识方面、在了解小学生的学习状况方面、都有了很大进步!

(8) "天宫一号""天宫二号"都已在我国卫星中心成功发射。

第八节　语法知识在小学语文教学中的运用

《义务教育语文课程标准（2022年版）》中课程目标对不同年级的小学生在语法学习和标点符号应用等方面做了要求。如一、二年级的学生能够"认识课文中出现的常用标点符号，在阅读中体会句号、问号、感叹号所表达的不同语气。""根据表达的需要，学习使用逗号、句号、问号、感叹号。"三、四年级的学生要"在理解语句的过程中，体会句号与逗号的不同用法，了解冒号、引号的一般用法。""学习修改习作中有明显错误的词句。根据表达的需要，正确使用冒号、引号等标点符号。"五、六年级的学生能够做到"表达有条理，语气、语调适当。""修正自己的习作，并主动与他人交换修改，做到语句通顺，行款正确，书写规范、整洁。"可见，课标在培养学生的语言能力方面，突出地强调了"完整""通顺"和"连贯"。"完整"是指句子不要残缺；"通顺"是指句子成分搭配要合理，语序不颠倒，结构不紊乱；"连贯"是指句子之间语意上要联系紧密，能够正确地运用语序和虚词这两种语法手段。在小学语文教学中，运用语法知识的主要内容是以语法知识为指导，巧妙设计教学程序，在小学语文教学中恰当地运用语法知识，可以帮助学生准确深入地了解教材内容，领悟语言规律，提高运用语言的能力。因此，教师应该引导小学生正确理解和使用结构比较复杂的单句、复句，正确理解简单的自然段的结构层次，正确理解和使用常用的句型，并能够修改自己作文中的病句，正确理解和使用常用的标点符号。

（一）正确理解和运用句子

课文中的长句子有的是结构复杂的单句，有的是复句。这样的句子是教学的重点，也是难点。运用语法知识，引导学生理解这类句子，常用的方法是以语法知识为指导，设计一系列的提问，例如：

　　在洋槐开花的季节，小朋友只要走进槐乡，他呀，准会被香气熏醉，美滋滋的卧在花丛中。

（鄂教版小学三年级下册课文《美丽的槐乡》）

这个句子的基本结构是"小朋友只要……准会……"。让学生了解到充分条件"走进槐乡"就能够有美好的结果——"被香气熏醉"并且想"卧在花丛中"，从而理解"槐乡"的美好。教师可以让学生体会"结果"来说明"条件"的重要性，可以这样设计如下的提问：

教师：谁能告诉我"陶醉"是怎么样的？

学生：……

教师：嗯，这位同学说得很好。那"被香气熏醉"说明槐花怎么样？

学生：非常香。

教师：有谁知道"卧在花丛中"是怎么样的？

学生：……

教师：嗯，说得很好。那么"美滋滋"地"卧在花丛中"表情是怎样的？

学生：……

教师：嗯，是多么幸福的样子啊！

教师：大家都感觉到了浓浓的香气和体会到了"卧在花丛中"的美，课文中说"小朋友"怎么样就会有这种幸福的感觉？

学生："只要走进槐乡"。

教师：对了！"只要走进槐乡"就有这样美好的感觉，好让我们齐声朗读这个句子，体会一下槐乡的美好。

对小学生不能过多地讲语法术语或进行语法分析，教师应当有意识地培养学生理解句子结构的能力，使其理清逻辑关系，让他们逐步领悟到句子的基本语序和句子中词与词之间的结构关系。

（二）正确理解自然段

小学语文教学大纲规定，小学生从三年级开始要学习分析自然段。作为文章结构最小单位的自然段同作为语言单位的句群是不同的概念，但是他们之间存在着密切的联系。小学中年级的语文课文大都比较简单，许多课文的自然段是由一个句群构成的，自然段与句群重合。因此，可以运用有关句群的语法知识，引导学生加深对自然段的理解。例如：

> 西沙群岛一带海水五光十色，瑰丽无比，有深蓝的，淡清的，绿的，淡绿的，杏黄的。因为海底高低不平，有山崖，有峡谷，海水有深有浅，从海面看，色彩就不同了。
>
> （统编版小学三年级上册课文《富饶的西沙群岛》）

这个自然段是借助关联词语"因为"组合的，两个句子构成一个表示因果关系的句群即自然段。我们还可以指导学生借助句群知识认识自然段的内部结构关系。比如：

海底的岩石上长着各种各样的珊瑚，有的像绽开的花朵，有的像分枝的鹿角。海参到处都是，在海底懒洋洋地蠕动，大龙虾全身披甲划过来划过去，样子挺威武。

这是一个并列关系的自然段，说明相关的几种事物，这类自然段还可以用来说明几件事情、几种情况或同一事物的几个方面。

(三) 正确理解和使用标点符号

在小学语文教学中,指导学生正确理解和运用标点符号,主要通过阅读教学中的句子教学和朗读教学进行。

1. 通过句子分析引导小学生正确理解标点符号

在阅读、作文等各个教学环节中,都包含着学习和运用标点符号的教学内容,在各个年级的课后练习和基础训练中,都安排了学习和运用标点符号的练习。例如一、二年级要求学生根据标点符号,读出陈述、疑问、感叹、祈使的语气;三、四年级要求学生改变句子的句式,并相应的改变句子末尾的标点符号等。例如:

> 每到夏天,雨来和铁头、三钻儿,还有很多小朋友,好像一群鱼,在河里钻上钻下,藏猫猫,狗刨,立浮,仰浮。
>
> (统编版小学四年级下册课文《小英雄雨来》)

这个句子的后半部分——"钻上钻下,藏猫猫,狗刨,立浮,仰浮",学生认为应当用顿号。这是因为学生没有明确逗号与顿号的区别:逗号表示单句内部各成分之间和复句内部各成分之间的停顿,而顿号表示句子内部并列词语之间的停顿。"钻上钻下,藏猫猫,狗刨,立浮,仰浮"从形式上看,好像是并列的词语,但实际上是承前省略了主语的并列小分句。为了让学生感受使用逗号和顿号的不同,教师可以把其中的逗号改为顿号,让学生读一读,体会一下改后停顿时间的长短,表示的意义有什么不同,对比一下怎样使用标点符号表达效果会更好。

高年级的小学生已经具备一定的归纳能力了,因此,对于几种标点符号可以加以整理区别,例如统编版六年级上册第一单元的《语文园地》里就涉及分号的用法。

分号教学片段:

> 我在原野上摇曳,使原野风光更加旖旎;我在清风中呼吸,使清风芬芳馥郁。我微睡时,黑夜星空的千万颗亮晶晶的眼睛对我察看;我醒来时,白昼的那只硕大无朋的独眼向我凝视。

教师用 PPT 出示自学提示:

(1) 读一读,说说这段话的意思。

(2) 想一想,这些分句之间的关系是怎样的。

(3) 悟一悟,分号常用在什么地方。

小组交流,教师巡视,听学生说一说。

师小结:这段话是讲花儿在不同地点不同状态下的情况。这些分句之间都是并列关系。

(4) 想一想,分号与逗号、句号有什么不同。

教师指导讲解:

分号是一种停顿时长介于逗号和句号之间的标点符号,主要用作分隔存在一定

关系(并列、转折、承接、因果等,通常以并列关系居多)的两个分句。(板书:分号表示并列、转折、承接、因果关系)

分号还可以用来分隔作为列举分项出现的并列短语,或是辞书中同一义项的不同释义。

请完成作业:
(1) 以"请你支持我"为话题练习写一段话,用上分号。(《口语交际》第四单元)
(2) 学生互相评价,提出意见或建议。在评价中加深对分号的理解。

2. 通过朗读引导小学生正确理解标点符号

在朗读教学中,教师要指导学生进行正确的停顿,读出句子的语气。通过这样的指导,可以加深小学生对标点符号所表示的停顿和语气的认识;在对标点符号加深认识的基础上,又可以更好地理解课文的内容和结构。例如:

"嗡嗡嗡……"小蜜蜂飞来了,采走了香香的花粉,酿出了甜甜的蜜;"噼啪啪……"孩子们跑来了,用篮儿挎走了白生生的槐花。五月的槐乡,连风儿打的旋涡都香气扑鼻,整个槐乡都浸在香海中。

(鄂教版小学三年级下册课文《美丽的槐乡》)

这一段文字,用";"表示较大的停顿,说明并列结构"小蜜蜂"和"孩子们"的欢快忙碌,拟声词"噼啪啪"对应前面"嗡嗡嗡"朗读起来朗朗上口,"小蜜蜂飞来了"与"孩子们跑来了"相呼应,结构整齐,动感十足。这两句一起生动地描绘出五月槐乡的动人画面,由此得出结论"五月的槐乡连风儿打的漩涡都香气扑鼻,整个槐乡都浸在香海中。"教师可指导学生运用重音的形式读好拟声词;以";"为停顿标记读出"小蜜蜂"和"孩子们"两组"人物"的活动,再稍做停顿,读出最后总结性的句子。

思考与练习

1. 请选择下列合适的选项。

(1) 下列句子中"破折号"的用法不正确的一组是_____。

A. 墙角那只又大又满的被袋吸引着我们的注意——里面装着神奇诱人的美味,最好吃的当然是那腌肉。

B. 妈妈吃力地搬起被袋——被袋装得太实了。

C. 哗——东西全倒在了桌子上。

D. 这就是山城、雾城——重庆的夜。(强调递进)

(2) "有的卖柿子的(　　　)词儿编得热闹,(　　　)卖弄一通唱腔。"句中应填的关联词是_____。

  A. 因为……所以……　　　　B. 不仅……而且……
  C. 尽管……还……　　　　　D. 不但……还……

2. 修改下列病句。

(1) 听着这熟悉的旋律,我仿佛看到了她那慈祥的面庞和温柔的声音。

(2) 我们要学习雷锋同志毫不利己专门利人,全心全意为人民服务。

(3) 听了这个消息,小声地议论起来。

(4) 无数成千上万的观众都在为博莱克喝彩。

(5) 不管气候条件和地理环境多么不利,登山队员仍然克服了困难,登上了顶峰。

(6) 孙爷爷希望我们从小培养远大的理想。

3. 按要求改写句子。

(1) 山谷里不断响着清脆的回声。(《小溪流的歌》)(紧缩句)

(2) 知音已去,我弹琴还有什么意思呢?(《伯牙断琴》)(改为陈述句)

(3) 万般无奈,莫泊桑只得再次来到老师家。(《莫泊桑拜师》)(改为双重否定句)

(4) 不久,天火熄灭了,洪水中的人们被女娲就上来了。(《女娲补天》)(改为"把"字句)

(5) 这是多么令人心酸的事啊!(《语言的魅力》)(改为反问句)

(6) 大雪会把所有的落叶和橡树叶掩盖起来。(《小松鼠做巢》)(改为"被"字句)

扫码查看
学习资源

第六章
修 辞

  知 识 树

修辞
- 修辞概说
  - 什么是修辞
  - 修辞的要求
  - 修辞的原则
- 修辞的范围
  - 语音修辞
  - 语汇修辞
  - 句子修辞
  - 篇章修辞
- 修辞格
  - 修辞效果生动形象的修辞格
  - 修辞效果鲜明突出的修辞格
  - 修辞效果含蓄幽默的修辞格
  - 修辞格的综合运用
- 修辞知识在小学语文教学中的运用
  - 领会课文用词的贴切精当
  - 理解句子修辞的技巧
  - 理解和运用篇章修辞的技巧

  学习目标

  了解什么是修辞和修辞的要求,掌握现代汉语语音、语汇、句子和篇章在修辞上的特点,掌握各类修辞格的用法,具备综合运用修辞格的能力,能够指导小学生正确地运用修辞知识。

第一节 修辞概说

一、什么是修辞

修辞是运用语言的艺术,是对一定的方法、技巧或规律的巧妙运用,目的在于提高语言的表达效果。这种研究提高语言表达效果规律的科学就叫修辞学。

语言包含语音、语汇、语法三个要素,修辞是对这三个要素的运用。运用包括调整和选择。调整语音,突出语义和增强音律美;锤炼词语,增强语言准确度和表现力;选择句式和安排篇章,增强文章的感染力,进而让人迅速理解,并产生兴趣,引起共鸣,从而乐于接受。试比较以下两句话:

① 禁止践踏草地。
② 足下留青。

这两句话是我们在公园里常见到的,恐怕谁都认为句子②比句子①好。为什么?句子①是命令、训诫的语气,使人反感;句子②是祈使、劝导的语气,显得有礼貌。不仅两个句子所表现出的对人的态度不同,而且句子②的语言艺术含量也更高。"青",本是形容词,这里灵活运用,具有名词性词组"青青的草坪"的意义。"足下留青"还是根据人们所熟悉的习用语"手下留情"的仿造,"留青""留情"谐音双关,新巧而含蓄。句子②表达效果好,是综合利用汉语语言要素的特点,精心组词造句的结果。

二、修辞的要求

修辞运用语言,一要合乎规范,二要讲究艺术。我们可以把修辞的要求概括为:准确、经济、富有表现力。例如:

经过的年月一多,话更无从说起,所以虽然有时想写信,却又不能动笔。(鲁迅《藤野先生》原稿中的一句话)

鲁迅是大作家,又没有生病,怎么可能"不能动笔"呢?实际情况是他想写信却又不知从哪里说起,心情很复杂。因此,定稿时调整为"难以下笔",恰如其分地反映了他当时的心情,用词非常准确。例如:

的。(陈华《拉萨的街市》)

例句中"没有不",表示全部都怎样,没有例外。

(四) 设问句和反问句

设问句、反问句同一般的疑问句不同。一般疑问句是有疑而问,要求对方或有关方面回答释疑;设问句和反问句表面上看也是提问,其实说话人心中并没有疑问,不要求回答。运用这种句式只是为了取得某种修辞效果。所以人们说这种句式是无疑而问,明知故问。

1. 设问句

先提出问题,接着再把答案说出来,这种自问自答的句子叫设问句。它可以引起读者的注意、思考。

文章全篇的开头,或者某一个段落的开头,常常运用设问句。例如:

① 在农村工作过的同志,大都参加过各种各样的现场会。你参加过"结婚现场会"吗?大概没有,我参加过。(马烽《结婚现场会》)

这是全文的开头,第二句为设问句。它有引出下文、吸引读者注意的作用,行文活泼,亲切自然,像是和读者聊天。

设问句用于全篇或段落的中间,有承上启下的过渡作用,一方面结束上文,一方面把问题的论述、说明推进一步。全篇或者是一个段落的结尾,也有用设问句的,让读者自己去思索,进一步深化思想情感。

2. 反问句

反问句又叫反诘句,它是用问句的形式表达确定的意思。反问句和设问句都不是有疑而问,这一点相同。但又有所不同:设问句主要引起读者的注意思考,反问句则表示强烈的语气和感情色彩;设问句是自问自答,答案在问句之外,反问句则不用回答,答案已包含在问句之中;设问句句末一般用问号,反问句可以用问号,也可以用叹号。例如:

虽然天山这时并不是春天,但是有哪一个春天的花园能比得过这时天山的无边繁花呢?(碧野《天山景物记》)

例句第二句比用陈述句"没有哪一个春天的花园能比得过这时天山的无边繁花"更为有力,感悟更强烈。

四、篇章修辞

篇章是书面语言的最大使用单位,即一篇首尾完整的文章,它把各章组成一个整体,全面表达一个完整意思。

文章各结构构成单位都有一个内部如何组织,外部如何与相关单位联系的问题,都有一个受更上一层次结构单位以至全篇制约,如何适应它们需要的问题。组句成段,组段成篇,不是任意的、杂乱无章的。

(一) 篇章修辞的要求

篇章修辞要有连贯性、统一性和艺术性。所谓连贯性,主要是指在一篇文章中,段与段之间意思要连贯;在一段话里,句与句之间不要前后脱节或前言不搭后语,要反映作者思想的条理性、逻辑性,反映客观事物的内在联系。所谓统一性,主要是指一篇文章的各个组成部分的步调、目标一致,乃至语言风格、行文笔调也一致,以此保证全文格调的谐和,使全文成为一个从内容到形式都完整一致的统一体。所谓艺术性,是指我们在文章里叙述一件事情时,并不一定从头到尾,描写并不一定从近到远,说明道理并不一定一步步按推理层次。还应重视掌握使行文能错综其势的一些结构艺术手法,如何使文势发展曲折变化,内容表现虚实相生,行文节奏张弛有致。文章的表达效果与篇章结构艺术性的高低很有关系,篇章结构的艺术性高,不但能增强文章在表达上的准确性和可理解性,而且更能吸引读者,引起读者的阅读兴趣,引起读者的回味和思考,大大提高文章的表达效果。如果一篇文章在结构上毫无新意,平平淡淡,引不起阅读兴趣,留不下什么印象,就收不到好的表达效果。

总之,文章结构应该条理清晰,错综变化,切不可语脉不明、呆板滞涩、千篇一律。不应仅仅满足于遵循结构安排的一般原则和共同要求,更需要突出篇章修辞的个性化特征。在不违背一般要求的前提下,真正从自己独特构思角度出发,使不同文章的结构安排各有特色。

(二) 篇章修辞的主要方法

写一篇文章,首先要确定主题,然后根据主题的要求来安排文章层次。考虑这篇文章应当分几层意思来写,怎样分段,哪些材料先写,哪些材料后写,哪些材料需要写得详细,哪些材料可以写得简略。怎样开头,结尾,中间怎样过渡,前后如何照应等等,这就是文章的"布局谋篇"结构层次问题。必须把文章材料组织安排好,做到层次分明,条理清楚,详略得当,前后联系紧密,照应周到,使全篇成为一个完美的有机整体。

篇章修辞常常在段落分层、衔接与照应以及开头和结尾等方面下功夫。

1. 段落的划分和层次的安排

层次,又叫意义段,一个层次可以是一个自然段,也可是几个密切相关的自然段。

它指文章各部分内容表现的次序,是根据事物发展的阶段性、客观事物的各个侧面以及作者的思维过程等给文章划分的各个组成部分。段落又叫自然段,是行文时形成的基本单位,有另起一行低两格的标志。段落和层次既相对独立又相互联系,各有其表现内容上的不可替代性,又有推进和展现全文内容发展脉络的逻辑必然性,任意调换顺序必然会造成整体布局的混乱。

(1) 段落的划分。

段落的划分要求单一而完整、段落长短适度。所谓单一,就是段落内容相对集中,不能太复杂;如果不把复杂的事物分解,一篇文章一段到底,会让人抓不住要领。完整是指一个段落要表达一个完整的意思,有相对独立性,不要把一段能写完的意思拆得七零八落。所谓段落长短适度,是指分段要适应内容和表达的需要,除少数特殊段落外,不宜过长或过短。如段落过长,则内容繁杂,让人眼花缭乱,不符合单一性的划分要求;过于零碎,杂乱无章,又不符合完整性要求。当然长短由其表达内容多少而定,不可能等齐划一。

(2) 层次的安排。

根据文章反映的客观事物的不同,层次划分的方法也有所不同。如果按事物的内在联系或客观事物的发展过程划分层次,文章自然条理清楚。写记叙性文章,可以按照事物发展变化的过程结构全文;写议论性文章,总是先提出问题,然后透彻地分析问题,最后提出解决问题的办法,或者得出对这个问题的结论。

如果把各种类型的层次安排所包含的逻辑关系加以归纳,大致有纵式结构、横式结构和纵横交错式三种基本逻辑关系类型。如李四光的《人类的出现》全文分四部分,分别写古猿、猿人、古人、新人,因为人类发展就分这四个阶段,由客观事物内部规律决定。叶圣陶《景泰蓝的制作》是根据制作过程按"制胎、掐丝、涂色、烧制、打磨"的生产过程安排层次。文中依据事件发展过程,作者观察感受认识过程,从原因到结果,从历史到现实等来说明文依事物发展变化的时间过程,事物特征形成的历史源流等来安排,都属于纵式结构。碧野《天山景物记》分雪峰、溪流、森林,迷人的夏季牧场,野马、蘑菇圈、旱獭、雪莲,天然湖与果子沟四部分进行描述。刘少奇《论共产党员的修养》开头先做概括说明,讲什么问题,有什么意义,紧接着分九个问题论述。都是横式结构式从不同角度、侧面、范围选取若干材料或事件,分别进行叙说或论证的结构形态。《为了六十一个阶级兄弟》一文采取以时间顺序(纵向)为主线,穿插叙述同一时间不同地点发生的各种事件和情况(横向)方式。

2. 衔接与照应

(1) 衔接。

衔接是指段与段的连接说的。如果段与段意思联系紧密,跳跃不大,可以用关联词语连接;如果段与段是两层不同的意思,跳跃较大,可以使用具有承上启下作用的段落或语句来连接。一个完整的篇章,应该是段与段衔接巧妙,意思与意思过渡自然。衔接是连接篇章各构成单位,使之前后连贯,成为有机统一整体的一个重要方法。如果文章里所叙述的事实,不是完完全全照着一件事情的时间次序写的,而是有穿插的,文章里一部分跟另一部分之间往往需要一些"纽带"。有衔接才能体现出思路顺畅,条理清楚,从而保证文章的一贯性。任何文章段之间都可能有一个顺承问题,也可能有一个转换问题。衔接通形式,常有顺接和转接两种形式。例如:

秦牧《社稷坛抒情》中两段:
北京有座美丽的中山公园,公园里有个五色土砌成的社稷坛。
社稷坛是北京"九坛"之一,它和坐落在南城的天坛遥遥相对。古代的帝王们,在天坛祭天,在社稷坛祭地。祭天为了要求风调雨顺,祭地为了要求土地肥沃。

再如孙世恺的《雄伟的人民大会堂》前七段对大会堂外观内部进行了周密描述和说明后,写了下面一段:

大礼堂的体形如此完美,色调如此清新,我们不能不赞叹建设者杰出的创造和智慧。但是,在这样大的空间里,音响问题是怎样处理的呢?能保证坐在任何角落的人都听清主席台上的发言吗?

这是一个带轻微转换性质、运用设问的过渡段,他既肯定了大会堂建设者的智慧,又提出了音响问题,以过渡到对音响效果科学处理的说明,然后推进到对内部结构的具体说明,给人突出印象。

(2)照应。
照应就是对前面提过的问题情况进行回应,它们对文章的变化起着重要的组织作用。如果在前面含而不露地埋伏下文章后面将要明显着笔的因素,而照应则是在设伏之后依需要回眸顾盼,一伏一应,全文更见连接紧密。没有照应,会造成文章内容残缺,结构脱落散乱。

彼此照应的结构单位在篇中的位置可以有所不同,据此划分,有文题照应、前后照应和首尾照应三种。

其一,文题照应,篇章的内容和篇章的题目相照应,或在某个地方点明题意,或在篇中随时和题目照应。如毛泽东《别了,司徒雷登》单从标题上看好像只是跟司徒雷登一个人告别,其实并非如此。司徒雷登是美国侵华政策最后的代表人物,文章目的是让我们从亲美、崇美、恐美的迷梦中清醒过来。文章开头介绍了司徒雷登的身份、来历,"平素装着爱美国也爱中国,颇能迷惑一部分中国人",并指出"在马歇尔系统看来,他只有一个缺点,就是他代表马歇尔系统的政策在中国当大使的整个时期,恰恰就是这个政策彻底地被中国人民打败了的时期,这个责任可不小。"如此经几处照应,把题目含义点明了。

其二,前后照应,就是文章的前后文互相呼应。适当预设伏笔,制造悬念,调动读者兴趣,在期待中伏笔得到呼应时,读者对文章有了深刻的理解,而把前后内容自觉联系在一起。既引人入胜，又出人意料。如《第二次考试》中陈伊玲复试时与初试判若两人，非常失败，苏林教授很生气文中写道："他生气地侧过头去望向窗外。这个城市刚刚受到一次今年最严重的台风的袭击，窗外断枝残叶狼藉满地。"后边再写到台风灾害的景象"那弄堂里有些墙垣已经倾塌，烧焦的栋梁呈现一片可怕的黑色，断瓦残垣中间时或露出枯黄的破布碎片，所有这些说明了这条弄堂不仅受到台风破坏，而且显然发生过火灾。"这里的描写照应和和前边不是简单重复，点出陈伊玲复试的头晚城市遭台风袭击，电线走火，她帮助里弄安置灾民，忙得整宿没睡，因而造成复试的失败。

其三，首尾照应，首尾完整是构成篇的组织条件，并且首尾要有一个合乎逻辑的内在联系，触动开头就能牵动结尾，触动结尾就能联系到开头，首尾照应对增强结构的整体感很有作用。如鲁迅《为了忘却的记念》的开头和结尾形成了很好的呼应：

> 我早已想写一点文字，来记念几个青年的作家。这并非为了别的，只因为两年以来，悲愤总时时来袭击我的心，至今没有停止，我很想借此算是竦身一摇，将悲哀摆脱，给自己轻松一下，照直说，就是我倒要将他们忘却了。

结尾又写道：

> 夜正长，路也正长，我不如忘却，不说的好罢。但我知道，即使不是我，将来总会有记起他们，再说他们的时候的。

3. 开头和结尾

开头和结尾分别担任领和收的任务，开头要是离开中心或丢三落四，遗漏文章重点，就是头没开好。结尾要是收得含糊，与前面重点失去联系，就是尾没收好。

（1）开头。

开头有时是文章的一个意义段，有时是意义段的一个组成部分，也可能是起始的一两句话。开头就像音乐里的定调，关系着作者思路如何开展，文章能否一下子抓住读者。开头有广开文路和引人入胜的作用，应该有利于文章的开展。思路开阔，能给下文留下广阔的余地，为下文做有力的铺垫。开头的具体方式方法概括为直接开头和间接开头。如《一次大型的泥石流》开头对"泥石流"这个一般读者不懂的名词先作一简单介绍，以便读者阅读。徐迟《地质之光》开头"一九五〇年五月六日，李四光从国外回到了北京。这年他六十岁。新的生活开始了。"交代时间、地点、人物，引出故事，总起全文。这都是直接开头的形式。再如《一件小事》开头却提了一些大事，又"都不留什么痕迹"，意在表明小事比大事有意义。从反面发出议论，比直接开头容易引起波澜，但运用不好就成了离题发挥，分散读者注意力。关键在于抓住其中的共同点，以此为中心，才能从很远很大的范围巧妙引导到本题上来。鲁迅在此用的就是间接开头的形式。

（2）结尾。

结尾有两个特殊的任务：一个是收束全文，一个是加深印象。结尾对全篇起着定局、深化、回应的作用，好的结尾应该善于归结收束，使全文完整、严谨；给读者留下深刻难忘的印象，令人久久回味。结尾大致可分为束前结尾、推后结尾和自然收束三种。例如：

① 闻一多先生，是卓越的学者，热情澎湃的优秀诗人，大勇的革命烈士。

他，是口的巨人。他，是行的高标。

（臧克家《闻一多先生的说和做》）

文章题目已标明"说与做"两个方面，文章内容也围绕这两方面写，结尾是前面叙述了闻一多一系列的"说和做"后的一个归结，对他的革命精神给予高度评价，这是较典型的束前结尾。

② 叶圣陶《多收了三五斗》写丰收后的农民到集镇上粜米，在洋米倾销、奸商压价的情况下，农民辛苦一年获得丰收带来的希望"犹如肥皂泡似的迸裂了"。接着写农民喝酒时议论要抗租、逃荒、抢粮等愤激之谈，结末大家开船回自己乡村，事情写完了，可小说还加了这样一段结尾：

第二天又有一批敞口船来到这里停泊。镇上便表演着同样的故事。这种故事也正在各处市镇上表演着，真是平常而又平常的。

把读者的眼光引向各地，告诉大家农民这样的遭遇是普遍的，而非个别，让人推究它的社会矛盾根源，这是推后结尾。

③ 契诃夫《变色龙》结尾集中写了主要人物，让变色龙做最后一次"媚上压下"的表演，并提了那条引起轩然大波的狗，这是自然收束：

普洛诃尔喊一声那条狗的名字，带着他从木柴厂走了。那群人就对着赫留金哈哈大笑。

"我早晚要收拾你！"奥楚蔑洛夫向他恐吓说，裹紧大衣，接着穿过市场的广场径自走了。

思考与练习

1. 下面这些句子在声音配合上各有些什么特色？

（1）他坚强不屈地斗争，铮铮铁骨，凛凛情操，真正表现了松树的风格。

（2）人民中国，屹立亚东。光芒万道，辐射寰空。艰难缔造庆成功，五星红旗遍地红。生者众，物产丰，工农长做主人翁。

2. 下面是诗人纪宇《风流歌》中的节选诗句，分析一下它们在音节、声调和押韵等方面的修辞特点。

风流哟,风流,什么是风流?
我心中的情思像三春的绿柳;

风流哟,风流,谁不爱风流?
我思索的果实像仲秋的石榴。

我是一个人,有血,有肉,
我有一颗心,会喜,会愁;

我要人的尊严,要心的颖秀,
不愿像丑类一般鼠窃狗偷!

我爱松的高洁,爱兰的清幽,
决不学苍蝇一样追腥逐臭;

我希望生活过得轰轰烈烈,
我期待事业终能有所成就。

我年轻,旺盛的精力像风在吼,
我热情,澎湃的生命似水在流。

风流呵,该怎样把你理解?
风流呵,我发誓把你追求;
…………

3. 请分析下列句子中画横线的词语好在哪里。
(1) 陶渊明一头<u>挑着</u>菊花和酒,一头挑着诗歌。
(2) 话犹未了,林黛玉已<u>摇摇</u>的走了进来。(《红楼梦》第八回,庚辰本)
(3) 过了八公里长的瞿塘峡,乌沉沉的云雾突然<u>隐去</u>,峡顶上一道蓝天,<u>浮着</u>几小片金色浮云,一注阳光像闪电样<u>落在</u>左边峭壁上。(刘白羽《长江三日》)
4. 更换下列各句中加点的词语,使它感情更鲜明,语体更协调。
(1) 上课以前,班主任就把王老师要调走的新闻告诉了同学们。
(2) 当酒席散场时,他也在几个朋友的陪同下,站起身朝家里走去。
(3) 恐怖分子调集了上千人进攻驻守的政府军。
(4) 小王对他素昧平生,所以没有说出什么建议。
5. 分析下面各组的原句和改句,说明它们属于哪种句式变换,再指出改句的修辞效果。

(1) 原句:苏轼有"罗浮山下四时春,卢橘杨梅次第新。日啖荔枝三百颗,不妨长做岭南人。"一诗,久为人所传诵。

改句:苏轼有名诗云:"罗浮山下四时春,卢橘杨梅次第新。日啖荔枝三百颗,不妨长做岭南人。"久为人所传诵。

(2) 原句:他告诉将军:因为天气太热,要多喝开水,等会来了咸菜要猛吃。告诉他:下班时候要把鞋里的沙土倒干净,要不走到家就会打泡的!还告诉他:睡觉前要用热水烫烫手脚。

改句:他告诉将军:因为天热要多喝开水,等会儿来了咸菜要猛吃;下班的时候要把鞋里的沙土倒干净,要不到家会打泡的;睡觉前要用热水烫烫水脚。

6. 下面是朱自清的《荷塘月色》的开头和结尾,它们之间哪些地方是互相照应的?请简单分析。

这几天心里颇不宁静。……妻在屋里拍着闰儿,迷迷糊糊地哼着眠歌。我悄悄地披了大衫,带上门出去。(开头)

……这样想着,猛一抬头,不觉已是自己的门前;轻轻地推门进去,什么声息也没有,妻已睡熟好久了。(结尾)

>>> 第三节 修辞格 <<<

修辞格,也称辞格,是为了增强说话的表达效果而运用的一些修饰描摹的特殊方法。修辞格如何划分大类,众说纷纭,多有分歧。本节我们将常用的修辞格依据其主要表达功能和突出的修辞效果分为三大类:

第一类:修辞效果生动形象的辞格。它们是比喻、比拟、借代、夸张,这四种。

第二类:修辞效果鲜明突出的辞格。它们是对偶、对比、衬托、排比、层递、反复、设问、反问,共八种。

第三类:修辞效果含蓄幽默的辞格。它们是双关、反语、拈连、仿词、移就、通感、顶针、回环、婉曲、引用,共十种。

一、修辞效果生动形象的修辞格

(一)比喻

比喻,俗称打比方。它是在描绘事物或说明道理时,根据联想,用跟它有相似点的事物或道理来打比方的一种修辞方式。比喻中,被描绘或说明的对象叫本体,用来描绘或说明的事物或道理叫喻体,联系本体和喻体的词语叫比喻词。比喻中的本体和喻体必须具备这样两个条件:第一,它们必须是有着质的差别的截然不同的两种事物;第二,它们之间有某种相似点。这两个条件必须同时具备,缺一不可。试比较下列各例:

① 叶子出水很高,像亭亭的舞女的裙。
② 眼睛也像他父亲一样,周围都肿得通红,这我知道,在海边种地的人,终日吹着海风,大抵是这样的。

例①本体是出水很高的叶子,喻体是亭亭的舞女的裙,它们属于性质不同的事物,它们在形态上有着相似点,叶子出水很高跟舞女翩翩起舞时那婆娑的裙子相似。这是比喻。例②虽有相似点,即眼睛周围都肿得通红,但相比的都是眼睛,一是指"他"的眼睛,一是指的"他的父亲"的眼睛,没有质的差别,不具备构成比喻的第一个条件,不能构成比喻,仅仅是比较。

比喻能使深奥的道理浅显化,抽象的概念具体化,一般的事物形象化,从而获得较好的表达效果。比喻可分为明喻、暗喻、借喻三类。

1. 明喻

明喻是明确地用一种事物来比喻另一种事物,是十分明显的比喻。本体、喻体、比喻词都出现。常用的比喻词有:用在喻体之前的"像""好像""好比""如""如同""犹如""有如"等一类动词和用在喻体之后的"似的""一样""般""一般"等一类比况助词,有时这两类比喻词也可以搭配使用构成"像……似的""如同……一样"等格式。这些词语表示比况关系时,人们一见就知道是比喻。例如:

远望天山,美丽多姿,那长年积雪高插云霄的群峰,像集体起舞时的维吾尔族少女的珠冠,银光闪闪……

例句中把天山"那长年积雪高插云霄的群峰"比作"集体起舞时的维吾尔族少女的珠冠",使用了表示明喻的比喻词。

2. 暗喻

暗喻又叫隐喻,是直接把本体说成是喻体的比喻。本体要出现,喻体也要出现,它们之间的比喻关系暗藏在对本体的判断中,或本体的变化中,或其他关系中。本体和喻体之间可用"是""成为""成了""变成""等于""算作"等动词作为比喻词,也可不用。例如:

① 啊,黄河,你是我们民族的摇篮。
② 霎时间,东西长安街成了喧腾的海洋。
③ 祖国,我的母亲!

例①把"黄河"比作"我们民族的摇篮",例②把"东西长安街"比作"喧腾的海洋",例③把"祖国"比作"母亲",这些比喻关系不像明喻那样一目了然,是暗藏在句中的。其中,前两例用了比喻词"是""成了",后一例不用比喻词。

3. 借喻

借喻是直接用喻体代替本体的比喻。本体和比喻词都不出现。例如:

① 他爱捅马蜂窝,所以有的人爱他,有的人恨他。
② 这个鬼地方,一阴天,我心里就堵上个大疙瘩。

例①用"马蜂窝"比喻不好招惹的人和事,例②用"大疙瘩"比喻怨气。

(二) 比拟

运用联想把物当作人写,或把人当作物、把甲事物当作乙事物来写,这种修辞格叫比拟。被比拟的人或事物叫本体,用来比拟的人或事物叫拟体。根据拟体的不同属性,比拟可分为拟人和拟物两类。

1. 拟人

拟人是把非生物或生物当作人来表现,赋予它们人的思想感情,声情笑貌,使它们人格化。例如:

① 那醉人的绿呀!仿佛一张极大极大的荷叶铺着,满是奇异的绿呀。我想张开两臂抱住她,但这是怎样一个妄想呀。
② 可是,山头上忽然漫起好大的云雾,又浓又湿,悄悄挤进门缝来,落到枕头边上,我还听见零零星星几滴雨声。

以上是把没有生命的事物当作人来写。又如:

③ 鸟儿将巢安在繁花嫩叶当中,高兴起来了,呼朋引伴地卖弄清脆的喉咙,唱出宛转的曲子,跟清风流水应和着。
④ 1976年,10月初的一个夜晚,已经有了秋凉肃杀的意思,蟋蟀在一个角隅悲伤地啼哭。

以上是把有生命的动物或植物当作人来写。

2. 拟物

拟物是把人当作物来写,或把甲事物当作乙事物来写,使人具有物的情态或动作,或者使甲事物具有乙事物的属性。例如:

① 我到了自家的房外,我的母亲早已迎着出来了,接着便飞出了八岁的侄儿宏儿。

② 牛皮不要吹得太大,尾巴不要翘起来。

以上两例是把人拟作物。

③ 告诉你,祥子,搁在兜子里,一个子永远是一个子!放出去呢,钱就会下钱!

④ 他总结失败的教训,把失败接起来,焊上去,作登山用的尼龙绳子和金属梯子。

以上两例是把甲事物拟作乙事物。由于比拟是用拟体的属性去表现本体,使本体临时获得拟体的属性,因此爱憎的感情得以鲜明地表示,气氛得以有力地渲染,从而引起读者的共鸣;同时使语言真切、生动、形象、新鲜,给人留下深刻的印象。

(三) 借代

不直接说出要说的人和事物,借和它密切相关的名称去代替,这种修辞格叫借代。被代替的人或事物叫本体;用来代替的人和事物叫借体。借体之所以能代替本体,是因为它们之间有密切的关系,这种关系还是实在的,而不是想象的。根据借体和本体的不同关系,可以将借代分为以下几类:

1. 特征代本体

用借体(人或事物)的特征、标志,来代替本体事物名称。例如:

① 花白胡子一面说,一面走到康大叔面前,低声下气地问道:"康大叔——听说今天结果的一个犯人,便是夏家的孩子,那是谁的孩子?究竟是什么事?"

② 像吴三桂那样首鼠两端的人,当初对于自成本有归顺之心。只是尚在踌躇观望而已。这差不多是一般的史家所公认的事。假使先给其父子以高爵厚禄,三桂谅不至于"为红颜"而"冲冠一怒"。

例①用"花白胡子"称代长有花白胡子的那个人。例②用"红颜"称代面施红妆、容颜美貌的妇女。这些是借人的特征代替人的例子。

③ 那人一只大手,向他摊着;一只手却撮着一个鲜红的馒头,那红的还是一点一点的往下滴。

④ 老栓看看灯笼,已经熄了。按一按衣袋,硬硬的还在。

例③用"红的"代替有这种颜色的人血。例④用"硬硬的"代替银圆。这些是借物的特征代替物的例子。

2. 专名代泛称

用人或事物专用的名称代替与它有密切关联的人或事物。例如：

① 我们所进行的空前伟大而艰巨的事业，不管在哪一条战线上，都需要有成千上万的雷锋。

② 这一群贪婪而又卑怯梦想着征服全世界的现代凯撒和现代拿破仑，一心期希西欧各国供给全部炮火。

例①是用专名"雷锋"代替像雷锋那样全心全意为人民服务的青年。例②是用专名"凯撒""拿破仑"代替梦想征服世界的野心家。

3. 具体代抽象

用具体的、形象的、能给人以直观感受的事物代替可以被人理解的某种含义。例如：

① 我们随时像李先生那样，前脚跨出大门，后脚就不准备再跨进大门！

② 别那么轻易地把饭碗丢掉了。

例①用具体的"前脚跨出大门，后脚就不准备再跨进大门"代替"牺牲"。例②用具体的"饭碗"代替抽象的"职业"。

4. 部分代整体

每种事物都有最显著最有代表性的部分，这部分最引人注意，人们就用这部分代替事物的整体。例如：

① 他对人说话，总是满口之乎者也，教人半懂不懂。

② 解放军不拿群众的一针一线。

例①用文言的部分词语"之乎者也"代替文言，例②用细小的财物"一针一线"代替任何财物或哪怕是一点点财物。

借代的方式远不止上述几种，其他的方式还多。例如：

③ 当皇帝或蒋介石出来的时候，街道上便打扫干净，洒上清水；可是他们的大轿或汽车不经过的地方，便永远没有见过扫帚和水桶。

④ 我们就在这条巩固的战线上和敌人比赛意志，比赛技术，而且还要在一定的时间和地点和他们比一比钢铁。

⑤ 翻译莎士比亚是一个艰巨的工作,需要很多具体的条件,才可以担当。
⑥ 前面是一条路,先生没有走完就倒下了,我们只有踏着他的血的足印,继续前进。

例③用打扫的工具"扫帚"代"打扫",用洒水的工具"水桶"代"洒水"。例④用"武器"的制造材料"钢铁"代"武器"。例⑤用作者的名字"莎士比亚"代他的著作。例⑥用死去的结果"倒下"代"死去"。

总之,借代这种辞格使用的频率高,使用的方式也多。恰当地运用借代这种辞格,可收到特点鲜明的效果。如"花白胡子""红颜""旧毡帽"等,可收到形象突出的效果,如用"红的"代人血,用"硬硬的"代银圆,用"曦"代太阳等,可收到具体生动的效果,如用"诸葛亮"代像诸葛亮那样聪明多智的人,用"斤两"代分量,用"之乎者也"代文言等。一种方式有时也不止一个方面的效果。

(四) 夸张

为了表达的需要,故意把话说得超过客观事实和实际可能的一种修辞格,叫夸张。夸张是极度形容,言过其实。把本来是大的说得更大,小的说得更小,多的说得更多,少的说得更少。夸张分为扩大性夸张、缩小性夸张、超前性夸张三种。

1. 扩大性夸张

扩大性夸张就是把一般事物朝大的、多的、高的、重的、强的、快的等方面夸张。例如:

① 他委实支撑不住了,他的一双眼皮像有几斤重,只想合起来。
② 要说渴,真有点渴,嗓子冒烟脸冒火,我能喝它一条江,我能喝它一条河。
③ 这一类不甚可靠的传闻,听得大家耳朵都起茧了。

2. 缩小性夸张

缩小性夸张就是把一般事物朝小的、少的、矮的、轻的、弱的、慢的等方面夸张。例如:

① 芝麻大个官,有啥了不起。
② 出门三脚平,抬头一线天。
③ 我们家那个巴掌大的地方,身都转不开。

3. 超前性夸张

超前性夸张是故意把实际上后来出现的事提前说出。例如:

① "请"字的音还未落,席上的酒肉早就一扫而光了。
② 李医生给俺看病,药方没开,俺的病就好了三分。
③ 他酒还没沾唇,心早就热了。

例①故意把"席上的酒肉""一扫而光"说成早于喊"请",借以夸张食客的贪吃和不顾礼仪。例②故意把"病好"说成早于吃药、开药方,借以夸张对李医生的信任和李医生医术的高明。例③故意把心里发"热"说成早于喝酒以前,借以夸张其心情的激动。

夸张是一种过甚其词的说法,它的作用是为了更突出地说明事物的特点,更深刻地揭露事物的本质,更鲜明地显示自己的思想,更有力地肯定自己喜爱的事物或否定自己不喜爱的事情,更好地渲染环境气氛,给人留下深刻的印象。正如王充在《论衡·艺增》中所说:"俗人好奇。不奇,言不用也。故誉人不增其美,则闻者不快其意;毁人不益其恶,则听者不惬于心。"可见,运用夸张比一般叙述给人留下的印象要深刻得多。

总之,在运用修辞效果生动形象的几种辞格时,为了获得生动形象的修辞效果,可以对人或事物的特征采用比喻、比拟、借代、夸张等修辞手法来表现,但表现的方式或方法却各不相同。比喻用相似的特征作比,比拟用异化的特征表现,借代用换名的方法称呼,而夸张则用言过其实的方法渲染。

二、修辞效果鲜明突出的修辞格

(一) 对偶

结构相同或基本相同,字数相等,意义密切相关联的一组短语或句子,两两对称地组织在一起,这种修辞格叫对偶。

从形式上看,对偶有严对和宽对之别。例如:

① 墙上芦苇,头重脚轻根底浅;山间竹笋,嘴尖皮厚腹中空。
② 惨象,已使我目不忍视了;流言,尤使我耳不忍闻。

严对,又称工对,即工整严格的对偶。要求相对称的两项字数相等,词类相同,句式的语法结构相同,相对应的字平仄相反或符合格律,相对应的字不用同一个字,如例①就是严对。而宽对,即要求宽松的对偶,它可以冲破一些严格的要求,格式上放宽了一些,只要结构上基本相同,音韵大致和谐即可,而且相对应的字可以是相同的字,例②就是宽对。标准的严对,当属律诗中的颔联(三四两句)或颈联(五六两句)。现代汉语中多用宽对。

从内容上分,对偶可分为正对、反对、串对三种。

1. 正对

正对是上下联意义相同、相近的对偶。两联在内容上往往互相补充。例①就是正对。又如：

① 海阔凭鱼跃，天高任鸟飞。
② 千年雪岭栏边出，万里云涛座上浮。
③ 有志者，事竟成，破釜沉舟，百二秦关终属楚；苦心人，天不负，卧薪尝胆，三千越甲可吞吴。

2. 反对

反对是上下联意义相反、相对的对偶。两联在内容上相反相成，对立统一。例如：

① 横眉冷对千夫指，俯首甘为孺子牛。
② 成事不足，败事有余。
③ 有理走遍天下，无理寸步难行。

3. 串对

串对，又叫流水对，是上下联意义相承、相接的对偶。两联之间常为承接、因果、假设、条件、转折等关系。例如：

① 即从巴峡穿巫峡，便下襄阳向洛阳。（承接关系）
② 野火烧不尽，春风吹又生。（因果关系）
③ 欲穷千里目，更上一层楼。（假设关系）
④ 春天播下千粒籽，秋后收回万斤粮。（条件关系）
⑤ 虽为毫末技艺，却是顶上功夫。（转折关系）

对偶是汉语所独具的修辞格，恰当地运用对偶，可获得良好的表达效果。由于对偶的结构相同（或基本相同），字数相等，两两相对，从而获得对称美。由于平仄谐调，节奏鲜明，悦耳动听，从而获得音律美。对偶有较好的表达效果，为人们喜闻乐见。从纵的方面看，古今都喜欢用，从横的方面看，不同语体都喜欢用，在书面语中，韵文、散文也都喜欢用。同时，构成对偶的两项既可是短语，又可是句子（包括分句）。宽对受的限制少，更便于使用。婚联，无疑是使用频率最高而又最常用的贺喜方式之一，教师的婚联巧妙地嵌入专业名词，往往别致自然，令人耳目一新，甚至拍案叫绝。例如：

⑥恩爱在长,加减乘除难算尽;好合地久,点线面体岂包完。(这是送给一对新婚的数学老师的)

⑦1234567,ABCDEFG 横批:OK(这是送给新郎新娘分别是音乐和外语老师的新婚夫妇的。其中的"1234567"应念成"哟来米发嗦拉西")

⑧恩爱为植物,萌发生长开花结果;婚恋贵同心,精诚团结播种育苗。(这是送给一对新婚的生物老师的。这副对联比拟自然,意境新颖,既联系了所教学科,又祝愿两人白头偕老,感人而饶有奇趣)

(二) 对比

对比是把两种对立的事物或一种事物对立的两个方面放在一起互相比较的一种辞格。

1. 两种事物的对比

把两种对立的事物放在一起加以对比。例如:

①我这时突然感到一种异样的感觉,觉得他满身灰尘的后影,刹时高大了,而且愈走愈大,须仰视才见。而且他对于我,渐渐的又几乎变成一种威压,甚而至于要榨出皮袍下面藏着的"小"来。

②亡国论者看敌人如神物,看自己如草芥;速胜论者看敌人如草芥,看自己如神物,这些都是错误的。

③有钱人家的孩子能念书识字,咱穷人上不起学要当一辈子睁眼瞎,这口气说什么也要争哩。

例①将"我"跟"他"对比,"他"虽然满身灰尘,形象却"高大","我"虽然穿的是皮袍,下面却藏着"小"。例②将"亡国论者"跟"速胜论者"对比,二者看敌人和看自己的态度截然相反。例③将"有钱人"跟"咱穷人"对比,"有钱人"能上学念书,"咱穷人"要当一辈子睁眼瞎。

2. 一种事物两个方面的对比

把一种事物矛盾对立的两个方面放在一起加以对比。如:

①这种态度,有实事求是之意,无哗众取宠之心。

②长期的折磨,使吴吉昌患了重病。从外表看来,他脸孔蜡黄,两腿肿胀,身似朽木,但在内心深处,一种严肃的使命感,仍然像烈火一样,熊熊不熄。

③这班官儿们,黑眼珠只看白银子,句句忠君爱民,样样祸国殃民。

例①对这种态度从"实事求是"和不"哗众取宠"正反两方面加以对比,例②对吴吉昌的"外表"和"内心"加以对比,例③对"这班官儿们"的言与行做肯定与否定方面的对比。

对比的修辞作用,总的来说是能使事物特征突出,形象鲜明,给人留下深刻印象。分开来看,对比的类型不同,修辞作用体现的方面也不同。两种事物进行对比,是把事物的好与坏,善与恶,美与丑,强与弱,大与小,久与暂,显示出来,突出出来,易于鉴别。一种事物的两个方面进行对比,是把事物内部既对立又统一的辩证关系显示出来,便于对事物有实质性的认识。

对比的修辞作用是在突出对立面当中表现出来的,因此在运用对比时,只要条件许可,应尽量使对立的意思反差强烈。

对比和对偶不同。试比较下例:

④ 我们的战士,对敌人这样狠,而对朝鲜人民却是那样地爱,充满国际主义的深厚热情。

⑤ 炉火熊熊,映透九州春色;钢流滚滚,描出四化蓝图。

⑥ 朱门酒肉臭,路有冻死骨。

⑦ 新文化中旧道德的楷模,旧伦理中新思想的师表。

例⑤两两相对,例④则不同:对敌人、对朝鲜人民一个"狠",一个"爱",是对立的。因此例④是对比,例⑤是对偶。它们的差别在于:对偶强调的是对称,对比强调的是对立,对偶是从结构上说的,对比是从意义上说的。例⑥例⑦从宽对的角度看是对偶,因为它们字数相等,结构相近;而从意义的角度看又是对比,因为它们内容对立,所以例⑥例⑦是对偶兼对比。例⑦是一则充满矛盾的评语,但对当年的胡适来说,在道德、婚姻、家庭的范畴内,这评语是贴切的。这样看来,对偶中的反对,从意义上说又都兼属于对比;而通常的对比,从结构上说却不一定都是对偶。

(三) 衬托

衬托,又叫映衬,它是为了突出主要事物,用正面的类似的事物或用反面的有差别的事物来做陪衬的修辞格。

衬托分正衬和反衬两种。

1. 正衬

正衬,又叫旁衬,是用跟主体事物相类似的事物来做陪衬。例如:

① 他现在要将这包里的新的生命,移植到他家里,收获许多幸福。太阳也出来了;在他面前,显出一条大道,直到他家中……

② 时候既然是深冬;渐近故乡时,天气又阴晦了,冷风吹进船舱中,呜呜的响。从篷隙向外一望,苍黄的天底下,远近横着几个萧索的荒村,没有

一些活气。我的心禁不住悲凉起来了。

③ 水生小声说:"明天我就到大部队去了。"女人的手指震动了一下,想是叫苇眉子划破了手。她把一个手指放在嘴里吮了一下。

例①写太阳出来了,写一条大道直到他家中,为了衬托华老栓得了人血馒头以为小栓的病得救了,感到无比幸福的心情。例②写深冬萧索荒凉的景象,衬托"我"的悲哀心情。例③写"女人的手指震动"和"她把一个手指放在嘴里吮了一下"的细节,借以衬托女人对丈夫的离开内心舍不得的隐隐的爱。

2. 反衬

反衬是用跟主体事物相反或相异的事物来做陪衬。例如:

① 教室里那么安静,只听见钢笔在纸上沙沙地响。
② 我给那些因为在近旁而极响的爆竹声惊醒,看见豆一般大的黄色的灯火光,接着又听得毕毕剥剥的鞭炮,是四叔家正在"祝福"了;知道已是五更将近时候。我在朦胧中,又隐约听到远处的爆竹声连绵不断,似乎合成一天音响的浓云,夹着团团飞舞的雪花,拥抱了全市镇。
③ 我提着灵巧的小橘灯,在黑暗潮湿的山路上慢慢地走着。朦胧的橘红的光,实在照不了多远,但这小姑娘的镇定、勇敢、乐观的精神鼓舞了我,我似乎觉得眼前有无限的光明。

例①用"钢笔在纸上沙沙地响"来反衬教室的极度安静。例②是在回忆祥林嫂一生的不幸遭遇以后写下的。写鲁镇的除夕的热闹情景,衬托了祥林嫂结局的悲惨。例③用"黑暗潮湿的山路""朦胧的橘红的光""实在照不了多远"来反衬小姑娘的镇定、勇敢、乐观的精神。

首先,衬托的修辞作用是突现被衬体,用含蓄、深沉的方式表达作者的感情,使中心思想得到深化。运用衬托应注意的是,以"景"衬"情"要考虑景与情的关系。应该是因情而写景,借景以抒情,景因情而获得深意,情因景而得以深切,否则将会情景不谐调,或者喧宾夺主,甚至为写景而写景。

衬托不同于对比。试比较下例:

④ 有的人活着,他已经死了;有的人死了,他还活着。
⑤ 说到他的漂亮,那不只在刘家峡有名,每年正月扮故事,不论去到哪一村,妇女们的眼睛都跟着他转。

例④是对比,例⑤是衬托。区别是:

第一,衬托的出发点是陪衬,要陪衬就必须有主宾之别,陪衬的事物是为被陪衬的事物服务的;而对比的出发点是对照,相对照的两事物是平行的并列关系,无主宾之别。

第二,对比中的两个事物或一个事物的两个方面,其对立关系是明显的,而衬托中的衬托体与被衬体的陪衬关系,则是隐藏着的,是暗中进行衬托的。如例④的"有的人活着,他已经死了"与"有的人死了,他还活着"是把这两种人放在一起,进行比较,让对立面突出,这种对立关系是明显的。例⑤中的"妇女们的眼睛都跟着他转"只起陪衬作用,衬托"他"的漂亮,衬体与被衬体没有明说,衬托是暗中进行的。

第三,衬托的修辞效果主要在于突出正面或反面的事物,表达强烈的思想感情,深化表达的意思;而对比的修辞效果主要是用对照的方式揭示事物的本质,让人们在比较中鉴别,给人们留下深刻而鲜明的印象。

(四) 排比

排比是把三个或三个以上的结构相同或相似、意义相关、语气一致的短语或句子排列起来,以增强表达效果的一种辞格。例如:

① 对同志对人民,不是满腔热忱,而是冷冷清清,漠不关心,麻木不仁。这种人其实不是共产党员,至少不能算一个纯粹的共产党员。

② 很多同志对这个问题并没有得到明确的解决。因此,在他们的情绪中,在他们的作品中,在他们的行动中,在他们对于文艺方针问题的意见中,就不免或多或少地发生和群众的需要不相符合,和实际斗争的需要不相符合的情形。

③ 这种反科学的反马克思列宁主义的主观主义的方法,是共产党的大敌,是工人阶级的大敌,是人民的大敌,是民族的大敌,是党性不纯的一种表现。

例①是由三个成语"冷冷清清,漠不关心,麻木不仁"构成的排比,例②是由四个介宾短语"在……中"构成的排比,例③是由五个动宾短语充当分句的"是……"构成的排比。它们的共同点是结构相似,意义相关,语气一致,至少有三项。排比的各项,可以是句子成分,可以是分句,也可以是句子。例如:

④ 夜啊,静悄悄…… 静悄悄 当祖国度过了沸腾的白天 当人们从睡梦里露出甜蜜的微笑,当熟睡的婴儿脸上现出幸福的酒窝,当晶莹的露珠挂上嫩绿的幼苗…… 同志啊,你可知道, 我们敬爱的周总理的办公室呵, 灯光又亮了通宵。

⑤ 赶超,关键是时间,时间就是生命,时间就是速度,时间就是力量。

⑥ 生产多么需要科学! 革命多么需要科学! 人民多么需要科学!

例④的"当……"是句子成分的排比,例⑤的"时间就是……"是分句的排比,例⑥

是三个句子的排比。

排比的主要修辞效果是：

第一，结构相同或相似，具有相对的整齐美；

第二，往往重复某些词语（提示语）来把各项连成一个整体，可以增强语言的旋律美；

第三，排比的各项意义相关，语气一致，而且排比的项数没有上限，可以尽情发挥，增强语言的气势。因此，用这种方式来抒情，可以把感情抒发得淋漓尽致；用来说理，可以把道理说得深刻透辟；用来叙事，可以把事情叙述得周密详尽；用来状物，可以把形象刻画得细致入微，而且可以收到节奏和谐、情绪激昂、语气通畅的效果，给人以强烈的感染力量。

（五）层递

把意义上有递升或递降的三个或三个以上的短语或句子按逻辑顺序排列在一起，增强表达效果，这种辞格叫层递。例如：

① 随着指挥棒的移动，上百人，不，上千人，不，仿佛全部到会的，上万人，都一起歌唱。

② 一只手，提土篮，两只手，把石搬，十只手，拉动船，百只手，引清泉，千只手，改荒滩，万只手，能移山，亿万人民齐动手，高山大海听调遣。

③ 听说四川有一首民谣，大略是"贼来如梳，兵来如箆，官来如剃"的意思。

这些都是递升的例子。例①从上百人、上千人到上万人，人数变多，场面变得宏大。例②从一到两、十、百、千、万、亿万，数字逐层增大，能量从提土篮到把石搬、拉动船、引清泉、改荒滩、能移山，最后高山大海听调遣，逐层增大。例③从梳到箆再到剃，搜刮的程度逐层加深。

④ 他父亲留下的一份家产就这么变小，变作没有，而且现在负债了。

⑤ 他一直是魂思梦想着打飞机，眼前飞过一只雁、一只麻雀、一只蝴蝶、一只蜻蜓，他都要拿枪瞄准。

⑥ 时间是紧迫的，一年、一月、一天、一小时都不能耽搁。

这些是递降的例子。例④的家产，从变小到变作没有，到现在负债了，数量递降。例⑤从雁到麻雀，到蝴蝶，到蜻蜓，形体递小。例⑥用时间长短的递降突出时间的紧迫。

层递的表达效果主要是：由于递升或递降，条理更清楚；由于意思逐步推进，用来说理，可使道理层层深化，用来抒情，可使感情渐次强烈；由于根据需要巧妙地作递升、递降安排,使语句有了逼人的气势,从而给人以强烈的印象。

(六) 反复

为了表达的需要,有意重复某些词语或句子,这种辞格叫反复。

反复分连续反复和间隔反复两种。

1. 连续反复

连续重复相同的词语或句子,当中没有其他词语或句子间隔,是连续反复。例如:

① 但一位先生却以为这客店也包办囚人的饭食,我住在那里不相宜,几次三番,几次三番地说。

② 盼望着,盼望着,东风来了,春天的脚步近了。

③ 沉默呵! 沉默呵! 不在沉默中爆发,就在沉默中灭亡。

例①是短语"几次三番"连续反复。例②是分句"盼望着"连续反复。例③是单句"沉默啊!"连续反复。

2. 间隔反复

反复的词语或句子,不是连续出现的,其间有别的词语或句子使其间隔开来,这种反复叫间隔反复。例如:

① 听说"拳匪"乱后,天津的青皮,就是所谓无赖者很跋扈,譬如给人搬一件行李,他就要两元;对他说这行李小,他说要两元,对他说道路近,他说要两元,对他说不要搬了,他说也仍然要两元。

② 她嫁了,女婿是个清秀的人,我喜欢。她生儿子了,是个聪明活泼的孩子,我喜欢。他们俩高高兴兴当教员,和和爱爱相互对待,我喜欢。

③ 花儿为什么这样红? 首先有它的物质基础。……花儿为什么这样红? 还需要用物理学的原理来解释。……花儿为什么这样红? 还有它生理上的需要。……花儿为什么这样红? 从进化论的观点来考察,它有一个发展的过程。……花儿为什么这样红? 从达尔文的自然选择学说来看,昆虫起到了重要的作用。……花儿为什么这样红? 最后要归功于人工选择。……

例①的"要两元"是一个句子中出现的间隔反复。例②的"我喜欢"是不同句子中出现的间隔反复。例③的"花儿为什么这样红"是不同段落中出现的间隔反复。

反复具有突出思想,强调感情,分清层次,加强节奏等修辞效果。这些方面的作用,有的反复是综合的,有的则是侧重的。例③的主要作用就侧重在分清层次方面。

运用反复,要注意充分发挥反复的作用,核心问题是用来反复的词语或句子要选准,应是关键性的,否则,将成为表达的累赘。试比较下例:

④ 范进不看便罢,看了一遍,又念一遍,自己把两手拍了一下,笑了一声,道:"噫!好了!我中了!"说着,往后一交跌倒,牙关咬紧,不省人事。老太太慌了,慌将几口开水灌了过来。他爬将起来,又拍着手大笑道:"噫!好!我中了!"

⑤ 部队进入广西以后,山区人家少,粮食供应有了困难,山区人家少,运输的人力也不足,炊事班的同志为解决吃饭问题绞尽了脑汁。

例④写热衷于功名利禄的范进,意外地中了举人。"噫!好了!我中了!"这是他梦寐以求的事,是他思想、行为的集中表现,是关键的句子。作者抓住关键,反复使用,突出范进的性格特征,给人留下了深刻的印象。例⑤将"山区人家少"进行反复,起不到反复的作用。从句意看,重点是炊事班遇到的困难以及克服困难的精神,让"山区人家少"反复,重点没有能够突出,倒是转移了读者的注意力。反复与其他有些辞格和语言现象不同,要注意区别:

第一,反复与排比。那些结构不相近的各项用相同的词语提示,使它们具有共性,构成排比,这样一来排比与反复就兼而有之了。例如:

⑥ 一个人的能力有大小,但只要有这点精神,就是一个高尚的人,一个纯粹的人,一个有道德的人,一个脱离了低级趣味的人,一个有益于人民的人。

⑦ 时间就是生命,时间就是速度,时间就是力量。

但是,它们毕竟是有不同的。排比不一定都有相同的词语,即使排比用了相同的词语,兼有了反复,二者也还是有区别,因为排比是由排列的各项构成的,反复仅指重复出现的词语。就整体而言,例⑥和例⑦都是排比;就局部而言,例⑥和例⑦又都内含反复,反复仅仅指重复使用的五个"一个……人"和三个"时间就是"而言。

第二,反复与重复或重叠。反复是有意重复那些关键性的词语,有积极的表达作用;重复是指那些多次出现的没有必要的词语,或者是口语表达时的无意重复(如"你看这样做行吗?""行行行。"),或者是一种语病。重叠虽然也是有意重复(如"打扫打扫""清清楚楚"),但那是汉语构词的一种语法手段,不属于修辞方法。

第三,修辞的需要与结构的需要。反复是修辞的需要,目的是增强表达效果。不同的语句中出现的相同的词语,如果是结构的需要,就不是反复,例如"他是云南人,我是四川人"中的"是"和"人"就不是反复。

(七)设问

为了引起听者或读者的注意和思考,本无疑问而自设疑问,有时自问自答,有时

问而不答,这种辞格叫设问。例如:

① 现在开这样一次会议,应该采取什么方法呢? 很明显,我们应该也只能采取实事求是、从实际出发、理论和实践相结合的方法……
② 为什么会重理轻文呢? 其理由据说是"学好数理化,走遍天下都不怕"。
③ 是谁创造了人类世界? 是我们劳动群众。
④ 死海海水的浮力为什么这样大呢? 因为海水的咸度很高。
⑤ 到哪儿去呢? 北方荒凉地带。去干什么呢? 修筑万里长城。多长时间可以回来呢? 谁也不知道。

例①所提的是方法问题,例②所提的是态度问题,例③所提的是对象问题,例④所提的是原因问题,例⑤所提的是处所问题、目的问题、时间问题,作者自己都做了明确的回答,这种问是无疑而问,这种答是自问自答,采用这种形式,目的在于引起听者或读者的注意和思考,提高表达效果。

设问并不一定都要回答,有时候也可以问而不答。例如:

⑥ 吃鲜荔枝蜜,倒是时候。有人也许没听说这稀罕物吧?
⑦ 也许住过杨家岭的人,想问一问你住过的窑洞还在不在? 也许到过枣园的人,想问一问今年梨树的收成? 延河还那样清澈? 谷穗还那样金黄? 西红柿怎么样? 波斯菊怎么样? 你有没有去看看我们赶着马驴去驮水的那条小径呢?

这种问而不答的设问通常是表达猜想性意思的无疑而问,它与自问自答的设问略有不同。但它并不是没有答案,可能是答案不是用一句话可以说清的,将在后文逐步回答;也可能答案是不言而喻的,不说出答案反倒简洁,富有启发性。

自问自答的设问常见的是一问一答式的,但也有多问一答式的。例如:

⑧ 在这偏僻的山村,为什么新的砖房不断出现? 为什么人们有了笑容? 一句话,富起来了。

这里连问了两句,就这些问题的内在联系做一总结性的回答。有时,还可以由一个设问引出另一个设问来。例如:

⑨ 虚和实的关系,也就是理论和事例的关系(这里说的"事例",用科学家的术语就是"数据")。理论从哪里来? 从事例中来。事例从哪里来? 从观察中来,从实验中来。

这里用了两个设问。由于第一个设问的答案,还需要说明,引出了第二个设问。有时,还可以用反问来回答一个设问。例如:

⑩ 朋友们,当你听到这段英雄事迹的时候,你的感情又如何呢?你不觉得我们的战士是可爱的吗?你不以我们的祖国有着这样的英雄而自豪吗?

这里用了两个反问来回答前边的一个设问。

设问的作用是:提醒注意,引导思考,突出重心,加深印象。同时,用的方式不同,用的地方不同,又有不同的作用:多问一答,设一连串的问,增加吸引力;做一个回答,语气更肯定;由一个设问引出另一个设问,可使表达步步深入;用反问来回答设问,态度更加鲜明;问而不答,更能启发人们的思考。另外,设问用作标题,可提示中心,用在段与段之间有引起下文、分清层次的作用,用在结尾可以启发人们深思。

设问不同于一般的疑问。设问是无疑而问,这种问是虚设的,它是一种修辞手段;而一般疑问是有疑而问,这种问是实际的,一般疑问不属于修辞方法。设问应避免滥用,否则起不到设问的作用,还显得拖沓。

(八) 反问

反问又叫反诘。它是无疑而问,一般都只问不答,以加重语气。它用疑问的形式从反面表达自己的看法或结论,该疑问形式的反面意思即自己所要强调的内容,这种辞格叫反问。反问的答案寓于问话的反面,往往肯定的意思用否定的反问来表达,而否定的意思用肯定的反问来表达。例如:

① 虽然天山这时并不是春天,但是有哪一个春天的花园能比得过这时天山的无边繁花呢?
② 看着这,有谁会感到滑稽可笑呢?
③ 我们和无论什么人做朋友,如果不懂得彼此的心,不知道彼此心里面想些什么东西,能够做成知心朋友么?

这三例中的反问,都是用肯定形式表达否定内容的。例①表示春天的花园比不过繁花无边的天山。例②表示没有谁会感到滑稽可笑。例③表示做不成知心朋友。

④ 当年用自己的血汗保卫过第一个红色政权的战士们,谁不记得井冈山上的青青翠竹呢?
⑤ 我这样说,是因为我们的时代是无产阶级集体主义兴起的时代,是个人主义终将被集体主义所代替的时代;雷锋呢,不就是这种时代精神活生生的完美的典型么?

⑥ 谁不说俺家乡好？

这三例都是用否定形式表达肯定意思的。例④表示战士们都记得井冈山上的青青翠竹。例⑤表示雷锋是这种时代精神活生生的完美的典型。例⑥表示谁都说俺家乡好。

反问不一定只问不答，有时候也可以自问自答。例如：

⑦ 虽然这些都是事实，但谁个曾怀疑人类需要太阳呢？谁个曾因为太阳本身有黑点就否认他的灿烂光辉呢？没有。

反问的作用是：加重语气，增强语言的力量，激发读者的感情。

反问和设问都是无疑而问，但它们是有区别的：设问句本身不表示肯定什么或否定什么，反问句明确表示肯定或否定的内容；设问不能用"岂""难道"等词表语气，反问可以用，没有用的也可以添上，或者将"为什么、怎么"改为这样的词。

总之，在运用修辞效果鲜明突出的几种辞格时，为了突显事物或事理，可以采用对偶、对比、衬托、排比、层递、反复、设问、反问等修辞手法，各自的修辞效果又有细微的差别。对偶排列整齐，便于记忆；对比意义突显，便于理解；衬托烘云托月，深化主旨；排比一气呵成，造成气势；层递递升递降，事理严密；反复特意重复，加深印象；设问引起注意，便于思考；反问加强语气，不容置疑。这些方法都能获得鲜明突出的修辞效果。

三、修辞效果含蓄幽默的修辞格

（一）双关

在一定的语言环境中，利用字词的同音近音或词句的多义等条件，故意使语言表达有双重意义，以便言在此而意在彼，这种辞格叫双关。根据构成双关所凭借的词语音义条件，双关可分为谐音双关和语义双关两种。

1. 谐音双关

凭借词语音同或音近的条件构成的双关叫谐音双关。例如：

① 这也税，那也税，东也税，西也税，样样东西都要税，民国万岁（税）万万岁（税）。

② 杨柳青青江水平，闻郎江上唱歌声。东边日出西边雨，道是无晴（情）却有晴（情）。

③ 孔夫子搬家——净是书（输）。

例①的"税"与"岁"谐音,顾及"万岁"与"万税"两种意思。例②的"晴"与"情"谐音,顾及"晴天"与"情感"两种意思。例③的"书"与"输"谐音,顾及"书籍"与"输赢的输"两种意思。

2. 语义双关

利用词语或句子的多义关系在特定的语言环境中构成的双关,叫语义双关,例如:

④ 母亲和宏儿都睡着了。我躺着,听船底潺潺的水声,知道我在走我的路。

⑤ 那伙土匪的行动很隐秘,走山路时用麻布片将马蹄包上,可是走久了,麻布片破了,掉在路上,终于露出了马脚。

⑥ 黑夜,寂静得像死一般的黑夜,但是,黎明的到来,是无法抗拒的。索洛警告美国人当心枕木下的尸首,我也想警告某一些人,当心呻吟着的那些锭子上的冤魂。

例④中的词语"我的路"顾及"我从乡下回城里的路"和"我的未来人生之路"两种意义。例⑤中的词语"露出了马脚"顾及"马的蹄子裸露出来了"和"土匪的秘密暴露了"两种意义。例⑥中的词语"黑夜"顾及"漆黑的夜晚"和"黑暗的社会制度"两种意义,"黎明"顾及"天亮的时候"和"光明的社会制度的出现"两种意义。

双关关顾两种意义,一种是字面上的,一种是字里蕴含着的,这两种意义都说得通,即所用的词语与句子所表示的意思可做两种解释。如果只能做一种解释,则不是双关。不过双关顾及两种意思,一个是表面的,次要的(字面上的),一个是实质性的,主要的(字里蕴含的)。表达者言在此而意在彼,说出表面的次要意思,让人去领会其中蕴含的真正意思。

双关的表达效果是:生动形象,幽默风趣,含蓄有力,给人以无穷的余味。例如:

⑦ 雾里看花,水中捞月,你能分辨这变幻莫测的世界?涛走云飞,花开花谢,你能把握这摇曳多姿的季节?……温存未必就是体贴。你知道哪句是真,哪句是假?哪一句是情思凝结?借我借我一双慧眼吧!让我把这纷扰看个清清楚楚,明明白白,真真切切。

这是曾流行一时的歌曲《雾里看花》的部分歌词。听着这意境深邃、充满哲理的歌词,人们总以为是对热恋情人的善意提醒,或者是对亲朋好友的谆谆忠告。然而,这首歌的词作者空政歌舞团的著名歌词作家阎肃先生告诉我们:"其实,这首歌是为电视台的一场'打假晚会'创作的……当时也很费琢磨,市场上商品很多,很丰富,卖家都是笑脸相迎,客客气气,老百姓也搞不清哪个是真的,哪个是假的。所以,我用'借我一双慧眼'提醒大家要看真切,弄明白……"歌词中多处巧妙地运用了语义双关的修辞方法,表面上似一首情歌,极具文学色彩和传唱性,实质上又道出了提高警觉识破假冒伪劣商品的真谛。

(二) 反语

故意使用跟本来意思相反的词语或句子来表达本意,这种辞格叫反语。也就是通常所说的说反话,又可分为"反话正说的"和"正话反说的"两类。例如:

① 假若当时我已经能够记事儿,我必会把联军的罪行写得更具体、更"伟大"、更"文明"(残暴、野蛮)。

② 好! 他不打就不打,咱给他门上埋个守门雷,明天是大年初一,叫他来个开门见喜(丧)。

③ 每当夜间疲倦,正想偷懒时,仰面在灯光中瞥见他黑瘦的面貌,似乎正要说出抑扬顿挫的话来,便使我忽又良心发现,而且增加勇气了,于是点上一支烟,再继续写些为"正人君子"(卑鄙小人)之流所深恶痛绝的文字。

④ 邻居内一个人道:"胡老爹方才这个嘴巴打的亲切(狠毒),少顷范老爷洗脸,还要洗下半盆猪油来!"

⑤ 也有解散辫子,盘得平的,除下帽来,油光可鉴,宛如小姑娘的发髻一般,还要将脖子扭几扭。实在标致(难看)极了。

以上几例是"反话正说"的反语。例①中的"伟大""文明"表示卑劣、野蛮的意思。例②中的"喜"表示丧的意思。例③中的"正人君子"表示卑鄙小人的意思。例④中的"亲切"表示狠毒的意思。例⑤的"标致"表示难看的意思。

⑥ 这个"小笨蛋"还真行,语文得了满分。

⑦ 大刚有了转变,他的妻子打心眼里高兴,说:"我恨死你了!"

⑧ 几个女人有点失望,也有些伤心,各人在心里骂着自己的狠心贼。

以上几例是"正话反说"的反语。例⑥的"小笨蛋"用来表示"小聪明、小机灵"的意思。例⑦的"恨"用来表示"爱"的意思。例⑧引自孙犁的小说《荷花淀》,其中的"狠心贼"用来表示"心上人"的意思。

反语适用于敌人,也适用于人民内部。对象不同,对待的态度也不同,这就有了不同的作用。就一般情况而言,用褒义词,表示的是贬斥的意思;用贬义词,表示的是亲昵的意思。同是贬斥意思,用于敌人的作用在于深刻地揭露,辛辣地讽刺;用于人民内部的作用在于造成轻松的气氛,诙谐的情趣,使语言风趣活泼。

(三) 拈连

利用上下文的联系,故意把只适用于甲事物的词语巧妙地顺势连用于乙事物,这种辞格叫拈连。例如：

① 线儿缝在衣服上，情意缝进我心里。
② 我们的眼泪流啊流！总也流不尽那难言的痛苦和无尽的怀念。
③ 蜜蜂是在酿蜜，又是在酿造生活；不是为自己，而是为人类酿造最甜蜜的生活。

例①"情意"是不能"缝"的，这里顺势从上文将动词"缝"拈来，"连"在下文里，让"缝"同"情意"巧妙地连在一起了。例②中本来流的是眼泪，这里顺势将"流"拈至下文，用它连出"难言的痛苦和无尽的怀念"来。例③中"酿"的宾语本是"蜜"，这里顺势将"酿"拈至下文，再用它构成"酿造"一词，连出"生活"和"最甜蜜的生活"来。

拈连中的甲乙两事物，内容上是有联系的，语言表达上却无共通之处。由于甲事物往往是具体的，乙事物往往是抽象的，运用拈连就赋予抽象事物以具体形象。由于把不适用于乙事物的词语临时用到乙事物上，便使人感到明快而又别致。

拈连与比拟有共同点，都是把适用于甲对象的词语移用到乙对象。它们也有明显的区别：拈连要"连"，两种不同语言环境都出现，或先或后地"连"在一起，比拟只把甲事物当作乙事物表现，没有"连"的形式。比如："汽车装来了工人阶级的情谊"，这是比拟，把"情谊"这种不能装的抽象事物当作可以装的具体事物来表现。如果说成"汽车装来了机器，也装来了工人阶级的情谊"，就是拈连了。

（四）仿词

在现成词语的比照下，更换现成词语中的语素或构成材料，临时仿造出语言中本没有的新词语，这种辞格叫仿词。更换的语素或构成材料与原来的语素或构成材料之间往往有对义、反义等关系。例如：

① 作诗的人，叫"诗人"，说作诗的话，叫"诗话"。李有才作出来的歌，不是"诗"，明明叫作"快板"，因此不能算"诗人"，只能算"板人"。这本小说既然是说他作快板的话，所以叫作"李有才板话"。
② 20年代，他去巴黎高等美术学校学习油画，在勤奋掌握人体素描技巧的同时，也就开始研究马的骨骼、经络等生理结构，并对活马写生，速写稿达一千多幅。从此他做到了画马时胸有成马。
③ 这一套，不但汪精卫在演出，更严重的就是还有许多的张精卫、李精卫，他们暗藏在抗日阵线内部，也在和汪精卫里应外合地演出，有些唱双簧，有些装红脸。

例①仿照"诗人"，临时造出个"板人"，仿照"诗话"临时造出个"板话"。例②仿照"胸有成竹"临时造出个"胸有成马"。例③仿照"汪精卫"临时造出"张精卫"和"李精卫"。这里换用的语素或构成材料和原来的语素或构成材料之间是对义的关系。

④ 后来这终于从浅闺传进深闺里去了。
⑤ 那些年,正经的人成了坏蛋,搞打砸抢的人倒成了好蛋。
⑥ 用明星去做广告,花费不免有点大,后来只好用暗星去做广告了。
⑦ 我不知道上了多少级石级,一级又一级,是乐趣也是苦趣,好像从我有生命以来就在登山似的。

例④仿照"深闺"造出个"浅闺"。例⑤仿照"坏蛋"造出个"好蛋"。例⑥仿照"明星"造出个"暗星"。例⑦仿照"乐趣"造出个"苦趣"。这里的"深、浅","好、坏","明、暗","苦、乐"是反义关系。

仿造的词和被仿的词可以同时出现,这样,仿造的词在意义上就有了依托,同时反义或对义可以相互映照。也可以只出现仿造的词语,不过未出现的被仿的词语,应是人们熟悉的,或者能领会到的。例如:

⑧ 你刚才告诉我的只能算作一条"旧闻"。

这里仿照"新闻"一词造出"旧闻"来,虽然"新闻"一词在表达时没有出现,但人们还是能理解"旧闻"的含义。

仿词的作用在于使语言表达幽默、诙谐,或具有讽刺的色彩,它是临时造出来的,给人以新鲜、风趣的感受。运用仿词这种辞格,应注意仿造的词语表义的明确性,否则人们会不知所云。单用仿造的词,应加引号,以引起读者注意。既然是仿,那么仿造的词语换用的部分不宜过多,结构也应与被仿的词语一致。

另外,与仿词类似的还可以仿句,这可以看作是仿词的扩大化。例如:

⑨ 有一出戏,叫《林冲夜奔》,唱词里说:"男儿有泪不轻弹,只因未到伤心处。"我们现在有些同志,他们也是男儿(也许还有女儿),他们是"男儿有泪不轻弹,只因未到评级时"。

(五) 移就

把只能用来对甲从性状方面进行修饰的词语故意用来对乙从性状方面加以修饰,这种辞格叫移就。例如:

① 啊,那是怎样的宁静而幸福的夜啊!
② 然而悲惨的皱纹,却也从他的眉头和嘴角出现了。
③ 他苦读十年,寂寞的书桌从来没有人陪伴。

例①把适用于人的感受的"幸福"移属于"夜"。例②把适用于命运的"悲惨"移属于"皱纹"。例③把适用于人的心情的"寂寞"移属于"书桌"。

从上述各例可以看出移就有以下特点:第一,移用的词语是表示性状的;第二,移就所关涉的两项一般构成限定关系(修饰与被修饰关系)。

恰当地运用移就可获得以下几个方面的效果:

第一,表现人们对事物的感情,如例①表现了对"夜"的喜爱,例②表现了对生活的不幸的怨恨,例③表现了对苦读的叹息。

第二,造成一种特殊的情调。上例中的"幸福""悲惨""寂寞"本来适用于人,却分别与"夜""皱纹""书桌"发生联系,这就显得生动、活泼、风趣。

移就同比拟很接近,但它们在内容上和结构上都有差别。从内容上看,比拟是把乙当作甲来表现,说人有物的属性,或说物有人的属性,乙已经异化为甲了。移就只是把修饰甲的词语用来做修饰乙,乙还是乙,并没有异化为甲。从结构上看,移就所移的词语用来做修饰语,而比拟强加给事物的属性大多对事物加以陈述。

(六) 通感

通感又叫移觉,借助人的感觉的转移,用这种感觉器官的感受去描写那种感觉器官的感受,有意使听觉、视觉、味觉、嗅觉、触觉等感觉沟通起来,这种辞格叫通感。例如:

① 微风过处,送来缕缕清香,仿佛远处高楼上渺茫的歌声似的。
② 光与影有着和谐的旋律,如梵婀玲上奏着的名曲。
③ 她那略带东北土音的普通话甜丝丝的。

例①用听觉"歌声"来形容嗅觉"清香",把听觉和嗅觉沟通起来了。例②用听觉形象"梵婀玲上奏着的名曲"来形容视觉形象"光与影有着和谐的旋律"。例③把听觉和味觉沟通起来了。

通感的主要修辞作用表现在以下方面:

第一,由于能把两种或多种感觉沟通,因此能调动多种感觉器官从不同角度去捕捉形象的内涵,使人们领会更加深刻,艺术享受更加丰富。

第二,由于一种感觉沟通另一种感觉,往往出人意料,别有一番情趣,显得新颖,别致,耐人寻味。

运用通感应注意的是:不是任何感觉都可以无条件地随意通用,而是不同感觉之间要有一定联系才能沟通。如例①中嗅觉感受到的香,由于是"清香",所以不浓烈,由于是"缕缕清香",所以细微,由于是"微风过处"才"送来"的,所以时断时续。而歌声呢,它是"远处高楼上"的,距离远,所以"渺茫",若有若无,模糊不清,这与"微风过处,送来缕缕清香"有相似之处,使嗅觉与听觉沟通起来了。例②中的"光"与"影"由于影动,照在荷塘上的月光也相应地动,是和谐的,合拍的,使人感到旋律;小提琴上所奏的名曲,也是有旋律的。这样把视觉与听觉沟通起来。例③"她的普通话"动听、悦耳,所以使人产生了"甜丝丝"的舒服的感觉。例④因为"眼光像刀"一样厉害,所以才有被"刺"的感觉。如果无条件地把毫无联系的不同感觉随意通用,将会令人费解。

(七) 顶针

用上一句末尾的词语做下一句的开头,使相邻的句子首尾蝉联,上递下接,这种辞格叫顶针(真),也叫联(连)珠。例如:

① 他比先前并没有什么大改变,单是老了些,但也还未留胡子,一见面是寒暄,寒暄之后说我"胖了",说我"胖了"之后即大骂其新党。

② 竹叶烧了,还有竹枝;竹枝断了,还有竹鞭;竹鞭砍了,还有深埋在地下的竹根。

③ 青青河畔草,绵绵思远道。远道不可思,宿夕梦见之。梦见在我傍,忽觉在他乡。他乡各异县,辗转不相见……

还有段与段蝉联的,这种又叫连环体。如:

④ 此身常想向天游,无奈双脚被地留。踊跃奔驰离不得,九州万国共一球。

九州万国共一球,东方自在西方囚。安得一夜似电变,人间净化塑琼州。

人间净化塑琼州,万方亿兆喜心头。应知人定胜天定,看我中华跃上游。

运用顶针,首尾相连的词语最好不止一处,这样就具有环环相扣的气势和令人回味的风趣。当然,只有一处的也是顶针,只是气势略差些。例如:

耳闻不如目见,目见不如实践。　/见过不如做过,做过不如错过。/干柴近不得火,火上加不得油。　/一人为大家,大家为国家。

顶针的主要作用是:可以更好地反映事物之间的有机联系,阐明事物之间的辩证关系,可以使语句结构严密,气势贯通;可以使声音流畅,节奏鲜明。因此,用来说理,则逻辑严密,条理清楚;用来叙事,则轮廓鲜明,一目了然;用来抒情,则格调清新,引人入胜。

(八) 回环

前一句结尾部分作后一句的开头部分,前一句的开头部分作后一句的结尾部分,

利用语句循环往复的形式表达不同事物间的有机联系,这种辞格叫回环。例如:

① 人民需要艺术,艺术更需要人民。
② 在普及的基础上提高,在提高的指导下普及。
③ 理性认识依赖于感性认识,感性认识有待于发展到理性认识。
④ 毛竹青了又黄,黄了又青。
⑤ 人不犯我,我不犯人。
⑥ 好事不瞒人,瞒人没好事。
⑦ 阿呀阿呀,真是愈有钱,便愈是一毫不肯放松,愈是一毫不肯放松,便愈有钱……

汉语的传统修辞格有一种"回文",可以逐字按逆反顺序来说,即正读也可,回读也可,故称为回文。如宋代李禺的诗《两相思》:

枯眼望遥山隔水
往来曾见几心知
壶空怕酌一杯酒
笔下难成和韵诗
途路阻人离别久
讯音无雁寄回迟
孤灯夜守长寥寂
夫忆妻兮父忆儿

这是一首典型的回文诗,既可以顺着读,也可以倒着读,是一种独特的体裁。今天现代汉语中的回环辞格要求没有那么严格,只要语句大体上构成循环往复即可。

回环的主要作用在于表现两种事物或现象相互依存相互制约的辩证关系,抒发回环跌宕的感情,加深读者或听者的认识和理解,增加语言循环往复的情趣。

用回环或回文这种方式表达,易于理解,便于记忆,为人们喜闻乐见。不少谚语格言就是运用了回环这一形式的,如"开水不响,响水不开""难者不会,会者不难""来者不善,善者不来""疑人不用,用人不疑"等等。古今对联中也常用到回文。如:"雾锁山头山锁雾,天连水尾水连天"(福建厦门鼓浪屿联)、"客上天然居居然天上客,僧游云隐寺寺隐云游僧"(清代北京"天然居"酒楼联)"天洞流泉,泉流洞天"(四川省兴文石林石洞联)等。《中国青年报》也曾出过"上海自来水来自海上"这样一个回文形式的上联,征对下联。后来刊出的下联中有一个对的是"山东落花生花落东山"。运用回环要注意事物内在的联系,避免单纯在词序上玩花样。

(九) 婉曲

婉曲,也称为讳饰,是指因忌讳而掩饰,避免直露。在不能直说、不愿直说或不便

直说的时候,用委婉曲折的话来表达本意,这种辞格叫婉曲。例如:

①3月14日下午两点三刻,当代最伟大的思想家停止思想了。让他一个人留在房里还不到两分钟,等我们再进去的时候,便发现他在安乐椅上安静地睡着了——但已经是永远地睡着了。

②但是他们有时候很固执,我有时候也不耐烦,这便用着叱责了,叱责还不行,不由自主地,我的沉重的手掌便到他们身上了。

③审问没有多久,秘密警察弗立德里赫很不小心地"碰"了我一下,我又在昏迷中被运了回来。

例①引自恩格斯的《在马克思墓前的讲话》,作者不忍用"死了""去世了"之类的伤感的字眼儿,而用"停止思想了""安静地睡着了""永远地睡着了"来表示。例②不直说"狠打",而用"沉重的手掌便到他们身上了"来表示。例③不直说"严刑拷打",而用"很不小心地'碰'了我一下"来表示。

婉曲的主要作用是避免刺激,使人思想上接受得了,感情上承受得了,从而获得好的表达效果。

运用婉曲,要考虑时间、地点、人物、事件等多种因素,必要时才用,避免滥用。

(十) 引用

援引现成的语言材料来表达自己的思想,借以增强自己语言的说服力和感染力,这种修辞格叫引用。

①刘勰说得好:"句有可削,足见其疏;字不得减,乃知其密。"无论繁简,要是拿"无可削""不得减"作标准,就都需要提炼。

②然而既然有了血痕了,当然不觉要扩大。至少,也当浸渍了亲族、师友、爱人的心,纵使时光流驶,洗成绯红,也会在微漠的悲哀中永存微笑的和蔼的旧影。陶潜说过:"亲戚或余悲,他人亦已歌,死去何所道,托体同山阿。"倘能如此,这也就够了。

③秦岭的下半截让厚厚的白云封住,那白云的顶部那么平齐,好像用一支画线尺画过似的。韩昌黎的诗有"云横秦岭"的话,我们亲眼看见了,而且体会到那个"横"字下的实在贴切。

引用的内容可以说明出处(作者、书名等),也可以不说明;可以使用引号,也可以不使用。恰当地运用引用,可增强文章的说服力和感染力。引用先哲前贤的话可作理论依据,引用格言、俗语、诗句可使说理透彻,表现生动,引用反面观点并有的放矢地批驳,可增强针对性和辩驳力。

四、修辞格的综合运用

前面讲的修辞格,为了便于说明不同修辞格的特征和作用,都是一个一个地介绍的,有的则是有侧重的,这种用法一般称之为单用。其实,在实际语言实践中,修辞格有单独运用的,也有综合运用的。

修辞格的综合运用,大致可分为连用和兼用两种形式,有时还可以是修辞格的连用、兼用出现在同一段语言环境中,可称之为混用。

(一) 辞格的连用

同一种辞格或不同的辞格在一段话中的接连使用,叫连用。

① 魔鬼头像堡垒,手像铁叉,腿像桅杆,口像山洞,牙齿像白石块,鼻孔像喇叭,眼睛像灯笼,样子非常凶恶。

② 难道还有比这更惊人的奇迹吗?难道还有比这更伟大的壮举吗?

③ 如果离开充分发扬民主,这种集中,这种统一,是真的还是假的?是实的还是虚的?是正确的还是错误的?当然只能是假的、虚的、错误的。

④ 有几个"慈祥"的老板到菜场去收集一些菜叶,用盐一浸,这就是他们的佳肴。

⑤ 果实的事业是尊贵的,花的事业是甜美的,但是让我们做叶的事业吧,叶是谦虚地专心地垂着绿荫的。

⑥ 姓陶不见桃结果,姓李不见李花开,姓罗不见锣鼓响,三个蠢材哪里来?

⑦ 山下的灯把黑暗照亮了,山上的灯把黑暗照淡了,淡如烟,淡如雾,山也虚无,树也缥缈。

⑧ 我爱热闹,也爱冷静;爱群居,也爱独处。像今晚上,一个人在这苍茫的月下,什么都可以想,什么都可以不想,便觉是个自由的人。

例①是比喻的连用,例②是反问的连用,例③是设问的连用,例④是反语的连用,例⑤是比拟的连用,例⑥是双关的连用,例⑦是对偶的连用,例⑧是对比的连用,都是同一修辞格的连用。同一修辞格的连用,可使该修辞格的作用更突出,更鲜明,可使气势得到强化。

⑨ 八点五十分,满船人都在仰头观望。我也跑到甲板上,看到万仞高峰之巅,有一细石耸立,如一人对江而望,那就是充满神奇色彩的传说的神女峰了。

⑩ 有几棵高粱,不知是人碰的还是穗子压的,深深地弯着腰。几朵野

花在路旁地边,星星似的闪着幽幽的蓝光。

⑪ 小山整把济南围了个圈儿,只有北边缺着点口儿。这一圈小山在冬天特别可爱,好像把济南放在一个小摇篮里,它们安静不动地低声地说:"你们放心吧,这儿准保暖和。"

⑫ 当年毛委员和朱军长带领队伍下山去挑粮食,不就是用这样的扁担么?他们肩上挑的难道仅仅是粮食?不,他们挑的是中国的无产阶级革命。

⑬ 从火车上遥望泰山,几十年来有好些次了,每当想起"孔子登东山而小鲁,登泰山而小天下"那句话来,就觉得过而不登,像是欠下悠久的文化传统一笔债似的。

⑭ 层层的叶子中间,零星地点缀着些白花,有袅娜地开着的,有羞涩地打着朵儿的;正如一粒粒的明珠,又如碧天里的星星,又如刚出浴的美人。微风过处,送来缕缕清香,仿佛远处高楼上渺茫的歌声似的。

⑮ 工作,工作,衰弱到不能走路还是工作,手脚像芦柴棒一般的瘦,身体像弓一般的弯,面色像死人一般的惨,咳着,喘着,淌着冷汗,还是被压迫着工作。

⑯ 惨象,已使我目不忍视了;流言,尤使我耳不忍闻。我还有什么话可说呢?我懂得衰亡民族之所以默无声息的缘由了。沉默呵,沉默呵!不在沉默中爆发,就在沉默中灭亡。

这些都是不同修辞格的连用。例⑨说:"神女峰"有"万仞"高,是夸张;说"细石耸立"如"人对江而望",是比喻。例⑩说"高粱""深深地弯着腰",是拟人;说路旁地边的"几朵野花""星星似的闪着幽幽的蓝光",是比喻。例⑪把"这一圈小山"比作"小摇篮",是比喻;小山会说话,是拟人。例⑫是反问和拈连的连用。例⑬是引用和比喻的连用。例⑭是比拟、比喻、通感的连用。例⑮是反复、比喻、层递地连用。例⑯是对偶、反问、反复、对比的连用。

不同辞格连用的作用是:互相配合,互相补衬,使内容丰富多彩,鲜明有力,生动感人。

(二) 修辞格的兼用

一种表达形式兼用了多种修辞格,是修辞格的兼用。也叫兼格。兼格,即兼有不同修辞格的特征,从这个角度看是甲格,从那个角度看是乙格。例如:

① 刀不磨要生锈,人不学要落后。
② 这是全连的喝彩声,全党的喝彩声,全世界无产阶级的喝彩声。
③ 他赢了又赢,铜钱变成角洋,角洋变成大洋,大洋又成了叠。
④ 船如离弦之箭,稍差分厘,便会撞得粉碎。
⑤ 你们应该和我们一道去把日本占领的地方统一起来,把鬼子赶出去

才是正经,何必急急忙忙地要来"统一"这块巴掌大的边区呢?

例①从甲乙两事物性质不同而凭相似点起比况作用这个角度看,是比喻,从结构相同、字数相等、两两相对角度看,是对偶。例②从意思相关联,语气贯通,层层递进的角度看,是层递;从有意重复使用"喝彩声"这个角度看,是反复。例③从层层递进的角度看,是层递;从上句的末尾作下句的开头这个角度看,是顶针。例④从不同性质的甲乙两事物凭相似点起比况作用看,是比喻,从过甚其词的角度看,是夸张。例⑤的结尾兼用了反问与夸张两种辞格。这些例子中的不同修辞格,是相融的关系,兼有两种或两种以上修辞格的特征。

⑥ 桃树、杏树、梨树,你不让我,我不让你,都开满了花赶趟儿。

⑦ 几十年、几百年、几千年的时间,一转眼就过去了。

⑧ 从小就会推车,可那时是赤臂滚钉板,推得腰弓背弯,推不完的冤深仇重,推不完的苦难;如今推的是啥?推的是胜利,推的是希望,越推腰背越直,越推心越甜。

⑨ 有的作品内容确实不错,因为写得拖沓累赘,读起来就像是背着一块石板在剧场里看戏,使人感到吃力、头疼。而读大师们的名著呢,却有如顺风行船,轻松畅快。

⑩ 在这千万被饲养者中间,没有光,没有热,没有温情,没有希望……没有法律,没有人道。这儿有的是20世纪的烂熟了的技术、机械、体制和对这种体制忠实服役的16世纪封建制度下的奴隶!

这些例子,从总体看是甲种修辞格,但看某些局部又用了乙种修辞格,是甲修辞格套上乙修辞格。例⑥从总体看是拟人,它内部的"你不让我,我不让你"是回环。例⑦从总体看是夸张,从"几十年、几百年、几千年"这个局部看是层递。例⑧从总体看是对比,而相对比的两部分内部又各自含有拈连。例⑨从总体看是对比,而相对比的两部分内部又各自含有比喻。例⑩从总体看是对比,而相对比的前一部分内部又含有排比,后一部分内部又含有"20世纪"与"16世纪"的对比。

辞格的兼用,是由于某些修辞格关系密切,互相借助而形成的。它的作用是:使多种修辞格的作用相得益彰,使语言多姿多彩,从而使表达的力量得到加强。

(三) 修辞格的混用

修辞格的连用和兼用有时还会交织在一起。例如:

① 智识高超而眼光远大的先生们开导我们:生下来的倘不是圣贤、豪杰、天才,就不要生;写出来的倘不是不朽之作,就不要写;改革的事倘不是一下子就变成极乐世界,或者,至少能给我,有更多的好处,就万万不要动!

② 我们亲爱的国民党先生们,你们指使张涤非写电文时何以对于这样多像瘟疫一样,像臭虫一样,像狗屎一样的所谓"主义",连一个附笔或一个但书也没有呢?难道在你们看来,一切这些反革命的东西,都是完好无损,十全十美,唯独一个马克思列宁主义就是破产干净了吗?

③ 你看,你看,这不又是一批新砍的毛竹滑下山来了吗?这些青翠的竹子,沿着细长的滑道,穿云钻雾,呼啸而来。它们滑下溪水,转入大河,流进赣江,挤上火车,走上迢迢的征途。井冈山的翠竹啊!去吧,去吧,快快地去吧!多少工地,多少工厂矿山,多少高楼大厦,多少城市和农村,都在殷切地等待着你们!

例①从全局看,是反语和排比的连用;而排比的前两项又可看作是后一项的喻体,因而这个排比又与比喻兼用。例②从总体看,是两个反问的同类修辞格连用,而这两个反问又与前面的反语形成异类修辞格的连用,在前一个反问句的内部又含有一个排比兼比喻的修辞格,而这个比喻又是三项比喻的同类修辞格连用。例③从总体看,是反复、反问、排比、呼告、反复、排比、拟人的连用,其内部,前一处排比又兼属层递。这当中,有两处反复和两处排比都没有同类修辞格连用,而是与其他修辞格交错使用,构成错综的异类修辞格连用(混用)。

修辞格的单用、连用、兼用的交错使用,可以调动多种因素从不同方面发挥作用,把复杂的思想感情恰当地表达出来。

思考与练习

1. 下面的句子,表达效果有何不同。

① 别的奢望,并没有什么,至多,但愿这本书能够暂时夹杂在书摊上的书堆里……

② 别的奢望,并没有什么,至多,但愿这本书能够暂时躺在书摊上的书堆里……

2. 下面的句子用的是哪种夸张形式?

(1) 在海南岛,有许多美丽而奇怪的山峰,如飞鱼岭、笔架山、抱虎山、和尚山、仙槎石……真是长一身舌头也说不完结。

(2) 千万条腿来千万只眼,也不够我走来也不够我看!

(3) 一夏天不见下雨,庄稼干得能点着火。

(4) 隔壁千家醉,开坛十里香。

(5) 红军不怕远征难/万水千山只等闲/五岭逶迤腾细浪/乌蒙磅礴走泥丸。

3. 指出下列各句借代的形式。

(1) 三个臭皮匠顶个诸葛亮。

(2) 江山如此多娇/引无数英雄竞折腰。

(3) 这时候,小朋友们便不再原谅我会读"秩秩斯干",却全都嘲笑起来了。

(4) 不拿群众一针一线,是三大纪律八项注意里的一条。
(5) 风筝花花绿绿,各式各样,有"老鹰",有"鹦鹉",有"仙鹤",有"蜈蚣"……

4. 指出下列句子中用了什么修辞格。
(1) 我要说,我要说,我闷了 30 年了。
(2) 农民兄弟们,伫立在田野上,瞩望你;工人同志们,肃立在机器旁,呼唤你;千万名战士持枪站在哨位上,悼念你。
(3) 好个"友帮人士"! 日本帝国主义的兵队强占了辽吉,炮轰机关,他们不惊诧;阻断铁路,追炸客车,捕禁官吏,枪毙人民,他们不惊诧。
(4) 有缺点的战士终竟是战士,完美的苍蝇也终竟不过是苍蝇。
(5) 千里马之所以被伯乐发现,还不是因为千里马长啸一声地表现自己吗?
(6) "不表现自己"的"美德"误了多少事? 如果有可能做个统计,误事的总数,平均分配到每个中国人头上,怕是谁都不会有一张笑脸的。
(7) 她的声音是那么甜,那么脆,实在美极了。
(8) 那年,他住进了医院,虽说是儿孙满堂,可是病榻从来没有人陪伴。
(9) 我家住在石头山,山腰有个天门关,关口就是我儿时的乐园。
(10) 为了旱涝保收,我们整个冬季都在搞水利建设,大家担呀,担呀,担出了一口山湾大塘,也担来了全村的幸福。
(11) 说是寂寞的秋的清愁,说是辽远的海的相思。假如有人问我的烦忧,我不敢说出你的名字。我不敢说出你的名字,假如有人问我的烦忧。说是辽远的海的相思,说是寂寞的秋的清愁。

(戴望舒《烦忧》)

(12) 一位男性公民向男士们呼吁:做家庭的贤夫良父。
(13) 十个/百个/千万个……/雷锋 雷锋 雷锋……/啊,雷锋/就是我们! /我们/就是雷锋!
(14) 古老的济南,城内那么狭窄,城外又那么宽敞,山坡上卧着些小村庄,小村庄的房顶上卧着点雪,对,这俨然是张水墨画。
(15) 有的石头像莲花瓣,有的像大象头,有的像老人,有的像卧虎,有的错落成桥,有的兀立如柱,有的侧身探海,有的怒目相向。

第四节 修辞知识在小学语文教学中的运用

在小学语文教学中,教师要有意识地运用修辞知识指导教学和训练,并注意从教材中提取便于启发学生领会修辞技巧的实例。在小学语文教学中,运用修辞知识的主要内容是:以修辞知识为指导,设计教学程序;运用词语锤炼知识,指导小学生理解课文中使用精当的词语;运用句式选择知识,指导学生理解课文中使用精当的常用句式;运用修辞格知识,指导教学生理解比喻、夸张、排比等修辞手法。

一、领会课文用词的贴切精当

在小学词语教学中,教师应当运用词语修辞的有关知识,引导学生结合语境深入感受课文用词的贴切和精当,体会用词需要精心选择、反复锤炼的道理。教师可以采用词语替换的方法,让小学生分辨,一同体会优劣。如小学课文《在天晴了的时候》是现代著名作家何其芳所作。诗不长,仅三节。很精粹,但容量大,而且画面感很强。课文如下:

在天晴了的时候,
该到小径中去走走:
给雨润过的泥路,
一定是凉爽又温柔;
炫耀着新绿的小草,
已一下子洗净了尘垢;
不再胆怯的小白菊,
慢慢地抬起它们的头,
试试寒,试试暖,
然后一瓣瓣地绽透;
抖去水珠的凤蝶儿
在木叶间自在闲游,
把它的饰彩的智慧书页
曝着阳光一开一收。

到小径中去走走吧,
在天晴了的时候;

现代汉语

　　赤着脚，携着手，
　　踏着新泥，涉过溪流。

　　新阳推开了阴霾了，
　　溪水在温风中皱，
　　看山间移动的暗绿——
　　云的脚迹——它也在闲游。

这里"炫耀""闲游""推开"都是使用非常精当的词语，教师可以这样教学：
　　师：同学们，这里的"炫耀"换成"露出"怎么样？
　　生：不好。
　　师：为什么？
　　生："炫耀"是拟人手法，表达更生动形象，能让人进一步体会到"小草"的勃勃生机。
　　师：这里说到"凤蝶儿""在叶间自在闲游"中的"闲游"换成"飞动"怎么样？
　　生：不好。
　　师：为什么不好？
　　生："飞动"没有自由自在的意思，而"闲游"却能表现"凤蝶儿"的自由和随性，也是一种拟人的手法，很生动，很有趣。
　　师：这里"推开"换成"替代"好不好？
　　生：不行。
　　师：为什么不行？
　　生："推开"动作感很强，用了这个词语，"新阳"就像人推开障碍物一样推开"阴霾"，非常生动有力，而且样子很坚定。"替代"就没有这个意思了。

　　教师在教学过程中采用词语替换法，让学生体会到词语的贴切和准确是多么的重要，同时一些修辞手法的运用，使文章熠熠生辉，收到非常好的效果。

二、理解句子修辞的技巧

　　在句子教学中，教师可以运用句子修辞和修辞格的有关知识，引导学生结合语境认识某些重点句子的修辞技巧，以加深对各种修辞手段的理解运用能力。教学中可以通过提问进行层层深入的分析，引导学生从不同角度对句子运用的修辞技巧进行观察和理解。例如：
　　课文片段1（统编版小学语文六年级上册第一单元第2课《丁香结》）：

有的宅院里探出半树银枝妆,星星般的小花缀满枝头,从墙上窥着行人,惹得人走过了,还要回头望。

教学片段:

师:这句运用了什么修辞手法? 好在哪里?
生:运用了拟人的修辞手法,写出了丁香花的动人姿态。
师:对。这句话运用拟人的手法,写丁香花呈现的样貌,"探""窥"两个动词形象地突出了丁香花的体态娇小,姿态动人。

课文片段2(统编版小学语文六年级上册第2课《丁香结》):

在细雨迷蒙中,着了水滴的丁香格外妩媚。花墙边两株紫色的,如同印象派的画,线条模糊了,直向窗外的莹白渗过来。让人觉得,丁香确实该和微雨连在一起。

教学片段:

请学生读第4至6自然段。
师:雨中的丁香具有什么特点? 作者运用了什么修辞手法来表现雨中的丁香?
生:雨中的丁香格外妩媚,给人美的感受,作者运用了比喻的手法。
师:是的。雨中丁香格外妩媚,作者运用了比喻的修辞手法把紫色的丁香比作印象派的画,表现了雨中的丁香色彩仿佛流动一般,紫色与白色自然交融,给人极美的感受。

教师通过简明的提问,引导学生在领会内容的同时学习了修辞知识。

三、理解和运用篇章修辞的技巧

首先,在小学语文高学段教学中,有很多写景的诗歌或者散文,都不仅仅停留在纯粹写景色的美,更多的是借景抒情、托物言志,或者从自己对自然现象的观察中得出自己的感悟,其中渗透着作者的追求,或对人生的思考,这也引发学生对哲学思想的感知,激发学生探索宇宙、人生道理的兴趣。如六年级上册第16课《夏天里的成长》,课文开篇以"夏天是万物迅速生长的季节"这个一中心句引领全文,以"迅速生长"点明夏天事物成长的特征。围绕中心句,第2—4自然段分别从动植物的生长,山河大地,铁轨柏油路等事物的"长",以及学生的成长三个方面进行具体描写。从有生命的事物写到无生命的事物,再写人的成长,万事万物尽在其中,说明"夏天是万物迅速生长的季节"这一中心,选材贴切,构思巧妙,结构清晰。下面是课文片段:

夏天是万物迅速生长的季节。

生物从小到大,本来是天天长的,不过夏天的长是飞快的长跳跃的长,活生生的看得见的长。你在棚架上看瓜藤,一天可以长出几寸;你到竹子林、高粱地里听声音,在叭叭的声响里,一夜可以多出半节。昨天是苞蕾,今天是鲜花,明天就变成了小果实。一块白石头,几天不见,就长满了苔藓;一片黄泥土,几天不见,就变成了草坪菜畦。邻家的小猫小狗小鸡小鸭,个把月不过来,再见面,它已经有了妈妈的一半大。

草长,树木长,山是一天一天地变丰满。稻秧长,甘蔗长,地是一天一天地高起来。水长,瀑布长,河也是一天一天地变宽变深。俗话说:"不热不长,不热不大。"随着太阳威力的增加,温度的增加,什么都在生长。最热的时候,连铁路的铁轨也长,把连接处的缝隙几乎填满。柏油路也软绵绵的,像是高起来。

第2自然段采用总分结构,写出了生物在夏天里飞快生长的状态。这三个自然段以描写为主,语言优美,表达富有特色。文中有不少结构相同的句子。如:"你在棚架上看瓜藤,一天可以长出几寸;你到竹子林、高粱地里听声音,在叭叭的声响里,一夜可以多出半节。"又如:"一块白石头,几天不见,就长满了苔藓;一片黄泥土,几天不见,就变成了草坪菜畦。"再如:"草长,树木长,山是一天一天地变丰满。稻秧长,甘蔗长,地是一天一天地高起来。水长,瀑布长,河也是一天一天地变宽变深。"从不同方面说明一个意思,画面鲜明,节奏感强。作者在最后运用俗语,如"不热不长,不热不大""六月六,看谷秀""处暑不出头,割谷喂老牛",朗朗上口,生动形象地表达了要赶时候尽量长的意思。

学生学习语文时,朗读的运用在语文课堂教学中也是很重要的,但是怎样读却有讲究:一是读得正确流利;二是读懂文字的意思,读出自己的理解;三是让学生说说作者是怎样写的,为什么这样写,教师教授写法,为阅读和作文作铺垫;四是带感情地读,读出感悟,完成语言的内化过程。课堂指导过程层层递进,有效地进行了思维和语言的训练,在读中学写法、读中感悟,读出语言的美感,应该说是驾驭篇章修辞非常好的方法,可以达到事半功倍的效果。

其次,在小学语文教学中,中高年级经常安排一些为课文划分段落,概括段落大意等有关段落篇章的训练。教师要运用篇章修辞的有关知识,使学生了解课文结构的基本类型,掌握为课文划分段落的基本方法,并能将篇章段落知识应用于说话和作文,学会按一定顺序叙述事情,说明事物,做到条理清楚。

小学语文课本中的文章大部分属于记叙文和说明文,课文的结构主要有:顺连式、平列式、顺平交错式、总分式四种形式。要结合不同课文的教学,让学生逐步了解课文结构的基本类型。顺连式结构以事情发展变化为线索组织材料,如《飞夺泸定桥》《参观人民大会堂》《景阳冈》;平列式按照事情的性质并列地组织材料,一些以记人状物为主的记叙文和说明文常采用这种结构方式,如《我的伯父鲁迅先生》《松鼠》;顺平交错式结构是以一种结构为主,综合运用其他方式的结构方法,如《凡卡》《将相和》;总分式结构是把全文内容先做总的叙述说明再分别叙述说明的方法,如《富饶的西沙群岛》《赵州桥》等。

由理解自然段到合并自然段是划分段落常用的方法。文章的逻辑段大部分是由几个自然段构成的,因此,划分段落首先要了解自然段的大意,然后引导学生思考哪些自然段内容上联系紧密,可以合并成一个意义段,哪个自然段内容上相对独立,可以单独构成一个段落。如小学课文《李时珍》全文共有五个自然段,各个自然段的大意是:① 立志为穷人治病,② 跟父亲学医,③ 重编药物书,④ 为重编药物书做准备,⑤ 编成了药物书《本草纲目》。①②自然段都可以单独构成一段,③④⑤自然段可以合并成一个意义段,全文分三个段落。

由大体摸清文章思路到具体划分段落,也是划分段落常用的方法。划分段落是对课文深入认识、归纳概括的结果,充分感知是划分段落的基础。

思考与练习

1. 辞格的综合运用有哪几种形式?各有什么修辞效果?

2. 下列句子各用了哪些修辞格?请一一指出来。

(1) 桂林的山真秀啊,像翠绿的屏障,像新生的竹笋,色彩明丽,倒映水中。

(2) 一个老城,有山有水,全在天底下晒着阳光,暖和安适地睡着,只等春风来把它们唤醒,这是不是个理想的境界?

(3) 海底有声音吗?海底有各种动物发出的细微的声音。

(4) 谈到这儿,老人又慨叹说:"这真是座活山啊,有山就有水,有水就有脉,有脉就有苗,难怪人家说下面埋着聚宝盆。"

(5) 生我养我的故乡,我怎么能忘怀呢?

(6) 古时歌谣说:"滟滪大如马,瞿塘不可下;滟滪大如猴,瞿塘不可游;滟滪大如龟,瞿塘不可回;滟滪大如象,瞿塘不可上。"这滟滪堆原是对准峡口的一堆黑色巨礁。

(7) 别看小草的身躯是那样的柔弱,却有着惊人的生命力。狂风暴雨休想摧垮它;洪水、干旱,不能灭绝它;即使是车轮将它碾压的粉碎,不用多久,它又从地下挺直身躯,开始新的生活。

(8) 我端起搪瓷碗,觉得这碗有千斤重,怎么也送不到嘴边。

(9) 姑娘一闪身向外跑,屋子里连扫帚也在欢笑。

(10) 人误地一时,地误人一年。

参考文献

[1] 黄伯荣,廖序东.现代汉语[M].北京:高等教育出版社,2017.

[2] 张斌.现代汉语[M].上海:复旦大学出版社,2002.

[3] 胡裕树.现代汉语(增订本)[M].北京:三联书店,2007.

[4] 张凤芹,孙敬东.现代汉语[M].昆明:云南人民出版社,2012.

[5] 人民教育出版社中学语文室.现代汉语知识[M].北京:人民教育出版社,1999.

[6] 张志公.修辞概要[M].上海:上海教育出版社,1982.

[7] 张弓.现代汉语修辞学[M].天津:天津人民出版社,1963.

[8] 倪宝元.大学修辞[M].上海:上海教育出版社,1994.

[9] 倪宝元.词语的锤炼[M].兰州:甘肃人民出版社,1981.

[10] 郑远汉.辞格辨异[M].武汉:湖北人民出版社,1982.

[11] 谭永祥.汉语修辞美学[M].北京:北京语言学院出版社,1992.

[12] 王希杰.汉语修辞学(第三版)[M].北京:商务印书馆,2014.

[13] 王希杰.修辞学通论[M].南京:南京大学出版社,1996.

[14] 谭学纯.接受修辞学[M].上海:上海教育出版社,1992.

[15] 裘锡圭.文字学概要[M].北京:商务印书馆,1988.